바 그 너 는

Five Lessons on Wagner

위 험 한 가

바그너는 위험한가

현대 철학과 바그너의 대결

알랭 바디우 지음 / 슬라보예 지젝 발문 / 김성호 옮김

북인더갭
BOOKintheGAP

일러두기

1 이 책은 Alain Badiou, *Five Lessons on Wagner*, trans. Susan Spitzer(London: Verso 2010)를 완역한 것이다.
2 옮긴이 주는 따로 표시했다.
3 저서는 『 』로, 논문과 학술대회 발표문, 오페라, 연극, 영화는 「 」로, 개별 노래나 기타 음악작품은 ' '로 표시했다.
4 강조의 경우 고딕체는 저본의 이탤릭체를, 일반 볼드체는 일반명사로서 대문자로 시작하는 낱말을 옮긴 것이다(예: staging→**연출**, Subject→**주체**). 대문자로 시작하되 관용적 표현인 경우에는 볼드체를 사용하지 않았다(예: the Real→실재).

| 영문판 번역자의 말 |

내게 이 저작을 번역할 기회를 주었으며 텍스트, 즉 이 책의 기초가 된 강연원고를 다듬는 일을 성심을 다해 도와준 알랭 바디우에게 우선 감사의 뜻을 전하고 싶다. 우리는 로스엔젤레스에서 여러 차례 만나 함께 번역작업을 진행했는데, 일을 마치고 돌아올 때마다 나는 내가 보기에 뜻이 불명료한 문장들을 그가 흔쾌히 삭제하고 아무 불평 없이 다시 써나가는 것이 놀랍다고 느꼈다.

번역에 긴요한 도움을 준 다른 여러 사람에게도 감사해야겠다. 남편 패트릭 콜먼Patrick Coleman은 번역문 전체를 읽고 값진 제언을 해주었을 뿐 아니라 하루하루 정신적으로 지원해주었다. UCLA의 프랑스·프랑스어학과에 있는 그의 동료 에릭 간스Eric Gans는 초고를 읽어나가면서 프랑스어에 관한 해박한 지식으로 내게 너그러이 도움을 베풀어주었다. 켄 레인하드Ken Reinhard를 명민한 독자이자 가장 좋은 친구 중 한 사람으로 두는 영광도 안았다. 그의 변함없는 지원에 깊이 감사한다. 몇몇 음악용어들에 관해 친절하게 도움을 준 브루스 화이트먼Bruce Whiteman에게도 마지막이지만 같은 마음으로 고마움을 전한다.

수전 스피처Susan Spitzer

| 서 문 |

지금 기억나는 아주 어린 시절부터 바그너Richard Wagner의 오페라는 언제나 내 삶의 일부였다. 어머니는 그의 오페라들을 엄청나게 좋아했고, 집에는 낡고 검은 78rpm 레코드판들이 있어, 나는 여기저기 긁히는 소리들 사이로 들려오는 「지크프리트Siegfried」의 숲의 속삭임이라든가 '발퀴레의 기행騎行The Ride of the Valkyries', 또는 오케스트라가 연주하는 이졸데Isolde의 죽음에 귀를 기울이곤 했다.[1] 일찍이 1952년 여름 아버지는 툴루즈의 시장이셨던 연고로 빌란트 바그너Wieland Wagner가 감독한 '신新 바이로이트 축제'[2]에 초대받았다. 우리는 여전히 폐허 상태였던 패전국 독일의 황량한 땅을 가로질러 갔다. 쓰레기더미로 화한 대도시들의 광경을 접하면서 어느새 우리는 조금 뒤 「반지」에서 보게 될 재난이나 「탄호이저」에서 보게 될 유기遺棄[3]를 순순히 받아들일 준비가 되어 있었다. 한때 바

---

1 리하르트 바그너(1813~83)가 북구의 신화를 바탕으로 1876년에 완성한 오페라 「니벨룽의 반지」(*Der Ring des Nibelungen*)는 서곡에 해당하는 「라인의 황금」(*Das Rheingold*)과 그에 이어지는 「발퀴레」(*Die Walküre*), 「지크프리트」, 「신들의 황혼」(*Götterdämmerung*) 등 총 4부로 구성된 대작으로, 전야제를 포함하여 4일에 걸쳐 공연되었다. '발퀴레의 기행' 은 이 중 「발퀴레」에 나오는 곡이다. 「니벨룽의 반지」는 흔히 「반지」 또는 「반지」 연작(*The Ring Cycle*)으로 약칭된다. 이 외에 이 책에서 언급하는 바그너의 오페라와 초연 연도는 다음과 같다. 「떠도는 네덜란드인」(*Der Fliegende Holländer*, 1843), 「탄호이저」(*Tannhäuser* 1845), 「트리스탄과 이졸데」(*Tristan und Isolde*, 1865), 「뉘른베르크의 명가수」(*Die Meistersinger von Nürnberg*, 1868), 「파르지팔」(*Parsifal* 1882) — 옮긴이.

그너에서 나치주의의 공포를 연상케 했던 그 모든 '독일적' 특수주의를 없애는 데 주안점을 둔 빌란트의 준準추상적 연출에 나는 흠뻑 매료되었다.

고등학생 전국 학력경시대회Concours Général des Lycées에서 나는 "천재란 무엇인가?" 비슷한 주제로 쓴 에세이를 「파르지팔」로 마무리했다. 또한 바이로이트에서 상연되었던 작품에 직접적으로 영감을 받은 「트리스탄과 이졸데」 공연을 아버지가 툴루즈 시청市廳 극장에 유치했을 때는 고등학교 친구들을 초청해서 함께 시장석에 앉아 오페라를 관람했다. 열일곱살에 이미 나는 잦은 험담에 시달린 이 음악의 지지자이자 옹호자가 되어 있었다. 내가 난생 처음 써본 기사 가운데 하나가 학생잡지 『뱅 누보*Vin Nouveau*』에 실렸는데, 그것은 다름 아닌 빌란트 바그너가 1956년에 감독한 「반지」 연작의 기념비적 공연을 다룬 글이었다. 이 공연은 나의 아내가 된 프랑수아즈Françoise와 함께 보았고 그녀는 곧바로 바그너 애호가가 되었다. 훗날, 그러니까 세월이 많이 흐른 1979년 바이로이트에서 일하던 프랑수아 레뇨François Regnault[4]가 그곳으로 나를 초대했을 때 나는 피

---

2 바이로이트 축제(Bayreuth Festival)는 리하르트 바그너의 오페라 작품만 공연하는 연례 음악축제로 바그너 자신이 설계한 바이로이트의 원형극장에서 열린다. 제2차 세계대전 이후 공연이 중단되었다가 1951년에 재개되었는데, 이때 동생 볼프강(Wolfgang)과 함께 총감독을 맡은 바그너의 손자 빌란트 바그너(1917~66)는 정교하고 화려했던 바그너 오페라의 무대를 텅 빈 공간과 어둠으로 특징지어지는 현대적인 무대로 완전히 바꾸어버린다. 본문의 '신'(新)이라는 말은 음악축제가 전후에 다시 시작되었다는 의미와 오페라가 전혀 새롭게 해석되었다는 의미를 모두 함축한다. 빌란트 바그너의 오페라 해석에 관해서는 다음 사이트를 참조할 수 있다. www.wagneroperas.com/indexwielandwagner.html — 옮긴이.

3 버려짐이나 방기됨, 따라서 구원의 부재를 뜻하는 '유기'(dereliction)의 개념은 뒤에서 아도르노의 미학 및 바그너의 오페라와 연관하여 재차 등장한다 — 옮긴이.

에르 불레즈Pierre Boulez와 파트리스 셰로Patrice Chéreau가 이른바 프랑스적으로 연출한 공연을 보러 갔는데 이번에는 쥐디트 발소Judith Balso와 함께였다.[5] 원래 베르디Giuseppe Verdi를 드러내놓고 추종했던 그녀는 이 놀라운 장관을 다룬 장문의 기사에 "어느 베르디 흠모자의 변절"이라는 웅변적인 제목까지 달아서 내가 창간을 도운 잡지 『랭파르나시앙*L' Imparnassien*』에 실었다.

나의 이런 열정을 보여주는 일화는 이밖에도 수없이 많다! 사실을 말하자면 모계의 유산은 눈에 잘 띄지도 않았고 제대로 인정받지도 못했지만, 따지고 보면 집요했고 결정적이었다. 경건한 마음으로 귀를 기울였던 레코드판이 얼마나 많았으며, 놀라운 공연들은 얼마나 많았는가! (지난 수십년간으로 국한시키자면 내가 특히 염두에 두는 공연은 페터 슈타인Peter Stein의 「라인의 황금」, 하이너 뮐러Heiner Müller의 「트리스탄과 이졸데」, 얀 파브르Jan Fabre의 「탄호이저」, 크쥐슈토프 바를리코프스키Krzysztof Warlikowski의 「파르지팔」이다.[6]) 새로이 발견한 가수는 얼마나 많았고, 상상력 풍부한 지휘자들이 해석해낸 오케스트라 곡은 또 얼마나 많았는가! 또한 저 뛰

---

4 (1938~) 프랑스의 철학자이자 극작가. 프랑스 고등사범학교에서 루이 알튀세르(Louis Althusser)와 자크 라캉(Jacques Lacan)의 세미나에 참석했고, 푸코(Michel Foucault)가 파리 8대학의 철학과 학과장으로 있던 시절에 철학과 교수로 부임했다가 같은 대학교 정신분석학과로 자리를 옮겼다 — 옮긴이.

5 불레즈(1925~)는 프랑스의 작곡가 겸 지휘자, 피아노 연주자이며 셰로(1944~)는 프랑스의 오페라감독이자 연극연출가, 영화제작자, 배우이기도 하다. 발소는 스위스의 유럽대학원(EGS, European Graduate School)에서 시학을 강의하는 교수다 — 옮긴이.

6 슈타인(1937~)은 독일의 오페라감독이자 연극연출가, 뮐러(1929~1995)는 독일의 추앙받는 극작가 · 연극연출가이자 시인, 파브르(1958~)는 벨기에의 극작가이자 무대감독 · 안무가, 바를리코프스키(1962~)는 폴란드 태생으로 폴란드, 프랑스, 독일, 이탈리아 등지에서 활동해온 연극연출가이다 — 옮긴이.

어난 예술가 안젤름 키퍼Anselm Kiefer[7]가 격렬하다 싶게 독일과 그 운명을 숙고 하면서 바그너에게 바친 일련의 작품들에 담긴, 그와의 강력하고도 양가적인 관계가 내 속에 불러일으킨 모든 것이 떠오른다. 지버베르크Hans-Jürgen Syberberg[8]의 영화들, 그리고 다른 많은 것들도 생각난다.

그러나 이 책을 쓰기 전까지 나는 바그너에 대해 사실상 아무것도 쓴 적이 없고, 그의 이름은 나 자신이 발명한 '비미학inaesthetics'이라는 범주 안에서조차 나의 철학서들에 등장하지 않는다.

어쩌면 이 책에는 어떤 수줍음이, 순전히 우연적으로 깨진 어떤 깊은 침묵이 담겨 있다.

바그너에 관한 이 다섯 편의 강의는 나의 친구이자 작곡가이며 평론가인 프랑수아 니콜라François Nicolas의 굉장한 활약 없이는 사실상 빛을 보지 못했을 것이다. 그 활약에 관한 모든 사항은 웹페이지(www.entretemps.asso.fr/Nicolas)를 참조하기 바란다. 나는 다만 여기서 세 가지를 언급하고 싶다.

1. 프랑수아 니콜라는 오늘날 활동하는 가장 독창적인 작곡가들 가운데 한 사람이다. 나는 그가 만들어온 중요한 작품들 중에서 특히 '뒤엘르Duelle'라는 곡에 여러분이 주목했으면 하는데, 왜냐하면 우선 그것은전통악기와 디지털로 생산된 소리를 결합하는 새로운 방향을 제시하기 때문이고, 또 대단히 화가 났던 일이지만 그 작품이 처음 공연되었

---

7 (1945~) 독일의 화가이자 조각가 — 옮긴이.

8 (1935~) 독일의 영화감독. 영화 「히틀러」(1978)로 유명하며, 좌파에 대한 비판을 포함하고 있는 이 영화의 대본이 출간되면서 좌파로부터 격렬한 비판에 시달리기도 했다 — 옮긴이.

을 때 사람들이 그것을 크게 오해했기 때문이다.

2. 프랑수아 니콜라는 뛰어난 음악이론가다. 지금까지 그는 자신이 '음악의 지성知性'이라고 부르는 것의 상대적 자율성을 아주 분명하게 보여주었고 그 예를 풍부하게 제시했다. 여기서 역시 나는 하나의 두드러진 예만 언급하겠다. 그것은 그의 저서 『쇤베르크 사건*The Schoenberg Event*』으로, 이 책에는 음악사에 있어 '쇤베르크'[9]라는 이름이 대표하는 단절의 모든 다양한 측면들이 놀라우리만치 새로운 방식으로 명확히 기술되어 있다.

3. 프랑수아 니콜라는 무엇보다 사유의 경계들, 특히 음악과 수학, 정치, 철학을 분리하고 연결하는 경계들에 관해 해박한 지식을 지니고 있다. 그의 사유가 보여주는 이런 준準백과사전적 면모—오늘날 이는 드문 것이다—로 인해 그는 지난 수년간 내가 대화상대로 가장 좋아하는 이들 가운데 한 사람이 되었다.

새천년의 첫 몇년간 프랑수아 니콜라는 내가 10년 이상 학생들을 가르쳐온 고등사범학교École normale supérieure의 강사로서 철학과 음악의 관계를 주제로 일련의 세미나를 열었다. 이 세미나들에서는 특히 아도르노Theodor Adorno에 초점을 두었는데, 그 자신 음악가였던 아도르노는 현대 음악계를 지속적으로 매혹시켜온 인물이다. 그는 바그너의 「파르지팔」을 분석한 글을 쓰기도 했는데, 이 글은 대단히 포괄적이고 설득력이 있

9 아르놀트 쇤베르크(Arnold Schönberg, 1874~1951)는 오스트리아 빈에서 태어난 작곡가로 12음기법과 무조음악을 정립했다. 조성음악을 파괴하는 그의 예술은 대중에게 배척받았고 나치 정권 하에서는 '퇴폐예술'로 낙인찍혔다. 나치를 피해 미국으로 망명한 쇤베르크는 자기 이름의 철자를 영어식인 'Schoenberg'로 바꾸었다—옮긴이.

었기에 좀 알쏭달쏭한 이 오페라에 관해 그때까지 씌어진 모든 것을 뒤집어버렸다.

프랑수아 니콜라가 진행한 세미나의 한 부분으로 나는 현대 철학—특히 아도르노—과 음악—특히 바그너—사이의 관계에 대해 강의를 하게 되었다. 후에 프랑수아 니콜라와 나는 바그너를 주제로 온종일에 걸친 행사를 조직했다. 「파르지팔」에 관한 그의 강좌의 일부로 우리는 이 오페라를 다루는 공개 학술대회를 조직했다. 지금 선보이는 이 책은 방금 말한 세미나와 바그너 행사 및 「파르지팔」 학술대회에서 내가 수행한 강의와 발표의 재현이라고 보면 정확하다. 프랑수아 니콜라와 나 자신 외에도 이자벨 보도즈Isabelle Vodoz, 슬라보예 지젝Slavoj Žižek, 드니 레비Denis Lévy 등이 참가했던 학술대회의 완전한 기록은 웹페이지를 참조하기 바란다. (www.diffusion.ens.fr/index.php?res=cycles&idcycle=206)

텍스트가 만들어진 과정은 좀 특이하다. 내 강의들은 물론 매우 상세한 노트들에 기초하고 있었지만 이 노트들은 깔끔한 글로 다듬어지지 못한 상태였다. 따라서 우리는 이 노트들을 해독해나갔는데, 그 결과 나온 것은 매우 불완전한 텍스트였으니 여기에는 아직도 즉흥적이고 구어적인 문체가 두드러졌기 때문이다. 이 텍스트가 영어본의 기초가 되었는데, 번역자는 영웅적이라고밖에 표현할 수 없는 탁월한 기량을 발휘하여 영어 텍스트를 만들어냈다. 실로 수전 스피처는 프랑스어로 된 원재료를 가지고 용케도 유려하고도 뜻이 분명한 영어 텍스트를 벼려냈으며, 따라서 우리는 이 텍스트를 글로 된 형식의 원본으로 보아야 한다. 수전 스피처가 이 저서의 공동저자라고 말하는 것은 과장이 아닐 것이다. 훗날 프랑스어본이 생겨난다면[10] 그것은 이 영어본의 번역이 될 수밖에 없다는 것이 그 증거다!

마지막으로, 나만큼이나 바그너에 미쳐 있는 친구 슬라보예 지젝에게 「파르지팔」 학술대회에 참가해준 것과 혜안이 돋보이는 발문을 써준 데 대해 감사해야겠다. 바그너에 관한 우리의 대화는 오늘날의 철학적 풍경 속에 우리 둘이 맺고 있는—어느 면에서는 놀라운—연합pairing의 중요한 구성요소다. 물론 오늘날 '공산주의'라는 단어의 부활을 부추기고 있는 두 철학자가 또한 리하르트 바그너의 공적 운명을 열정적으로 추종하는 자들이라는 사실, 이들이 이스라엘 국가뿐만 아니라 친親팔레스타인 진보주의자들 대다수에 의해서도, 또 하이데거Martin Heidegger가 낳은 심오한 해석학자들뿐만 아니라 분석철학 쪽의 따분한 합리주의자들에 의해서도 바그너에게 들씌워지는 오명에 대항해 싸우고 있는 자들이기도 하다는 사실은 이상하게 보일는지 모른다.

마지막으로 한 가지만 더 언급해두자. 구소련 외딴 지역의 작디작은 동네들에서 연주하기를 좋아했고 스탈린 장례식 때 피아노를 연주하기도 했던 저 위대한 피아니스트 스뱌토슬라프 리히터Sviatoslav Richter[11]는 언제나 자신을 열렬한 바그너 숭배자로 소개했으며 바그너의 오페라 전부를 외워서 연주할 수 있었다.

---

10 영어본이 나오고 몇달 후에 책의 프랑스어 번역본 *Cinq leçons sur le 'cas' Wagner*(Isabelle Vodoz 옮김, Nous 2010)가 출간되었다 — 옮긴이.

11 (1915~1997) 우크라이나 태생으로 아버지는 독일에서 건너온 피아니스트이자 작곡가였다. 다양한 레퍼토리를 가지고 연주하였으며 20세기 최고의 피아니스트 가운데 한 사람으로 꼽힌다 — 옮긴이.

차례

강의 I

현대 철학과 바그너의 문제

_필립 라쿠라바르트의 반反바그너적 입장

나는 바그너가 (과거에도 수없이 그랬듯이) 오늘날 철학에서, 좀더 넓게는 이데올로기에서 음악이 차지하는 역할에 관한 리트머스 시험의 역할을 할 수 있다고 보고 그러한 시험으로서의 바그너의 문제로부터 주제에 접근해 들어갈 것이다.

글을 시작하는 마당에 밑에 깔린—나 스스로 증명할 뜻은 없는—한 가지 명제를 밝혀두는 게 좋겠다. 이 명제에 따르면 음악은 오늘날의 이데올로기에서 하나의 근본적 동인으로 자리매김된다. 나는 여기서 '음악'을 가장 느슨한 의미로 이해하고 있다. 예술이나 지성이나 사유로서가 아니라, 단지 자기 자신을 음악으로 선언하는 어떤 것으로서 말이다. 어쨌거나 우리의 목적에 필요한 어떤 다른 형식적 정의가 있는 것도 아니다.

이런 면에서 필립 라쿠라바르트Philippe Lacoue-Labarthe가 '바그너의 형상들'Figures of Wagner이라는 부제가 붙은 자신의 책『무지카 픽타*Musica Ficta*』에서 했던 말은 하나의 참조가 될 수 있다. 비중있는 프랑스 철학자 라쿠라바르트는[1] 이 책에서 음악 전반—특히 바그너—과 오늘날의 이데올로기, 특히 정치적 이데올로기 사이의 구성적 연관에 관해 여러 가지 생각을 펼쳤다. 라쿠라바르트는 오늘날의 이데올로기 구성체들 안에서 음악이 차지하는 결정적으로 중요한 역할을 분명하게 지적했다.

> 바그너의 자취를 따라서 허무주의가 지배하게 되면서 바그너 자신이 발명한 기술technique보다 더욱 강력한 기술을 지닌 음악이 지속적으로 우리 세계를 침범하고 시각예술을 포함한 다른 모든 예술형식에 대해 명확히 우위를 점하게 되었다는 사실, 우상숭배가 떠나간 곳에 '음악숭배musicolatry' 가 자리를 차지했다는 사실이 아마도 먼저 해야 할 답변일 것이다.[2]

이 책이 교훈적인 것은 이 책 역시 음악이 오늘날의 이데올로기 지형에서 중심적 벡터의 역할을 한다는 명제를 제시하기 때문이다. 이 책은 우리가 "음악숭배"의 시대에 살고 있다고 주장한다. 이 표현은 흥미롭다. 음악은 우상이 되었고, 우상숭배가 떠나간 곳에 들어와 자리를 차지했으며, 따지고 보면 바그너가 이에 대해 가장 먼저 책임져야 할 사람이라

---

1 필립 라쿠라바르트(1940~2007)는 하이데거, 데리다, 라캉, 첼란, 독일 낭만주의, 해체론, 비극 등에 관해 많은 글을 썼다. 첼란(Paul Celan, 1920~70)은 루마니아 태생의 유대계 시인이자 번역가로 본명은 안첼(Paul Antschel)이었다. 나치 독일 치하에서 강제노동수용소를 경험했으며 종전 후 오스트리아를 거쳐 프랑스 파리에 정착했고 프랑스 시민이 되었다. 첫 시집이 빈에서 독일어로 출간되었다. 첼란은 여러 언어에 능숙했으나 거의 모든 시를 자신의 모어(母語)이자 어머니를 수용소에서 살해한 나치의 언어인 독일어로 썼다. (첼란 관련 설명은 옮긴이)

2 Philippe Lacoue-Labarthe, *Musica Ficta (Figures of Wagner)*, trans. Felicia McCarren (Stanford: Stanford University Press 1994), 115쪽. 영문은 수정 번역됨.

는 것이다. 데이빗 보위David Bowie, 랩 등등이 출현한 것은 "바그너의 자취를 따라서"이다! 음악의 테러리즘적 기능이라 부를 만한 것이 바그너 탓으로 돌려진 셈이다.

이 방향을 가리키는 많은 표지들이 언급될 수 있을 텐데, 가령 음악이 이미지보다 더 중요하다는 발상이 있다. 사실 사람들이 지니는 관습적 이해에 따르면 우리는 이미지의 세계에 살고 있고 이미지들이 이데올로기적 우위를 점해왔다. 그러나 라쿠라바르트의 생각은 다른데, 오늘날의 세계에서 우리의 정신을 규율에 따라 조직하는 데 있어 실은 음악이 이미지보다 더욱 근본적이라는 것이다.

나는 이런 발상에 동의하는 편이며, 이를 뒷받침하는 몇가지 산재한 사실들을 여기서 잠깐 언급하고자 하는데, 이 사실들은 뒤에서 더 전면적으로 펼쳐 보일 이론에는 포함되지 않을 것이다.

첫째, 1960년대 이래 음악이 젊은층에서 광범위하게 정체성의 상징이 되었고, 이런 역할은 음악에서 가장 두드러지며 아이코노그래피(시각예술)나 영화조차 그에 비견될 수 없다는 것은 어김없는 사실이다. 오늘날 일정 규모의 청소년 집단에 실제로 음악숭배가 존재함은 부인할 수 없다. 이 음악숭배는 아주 특정한 시기에 출현했는데, 이 시기가 겨우 지난 50여 년 동안에 발전된 음악의 대중적 재생산 기술과 연관됨은 자명하다.

둘째, 음악은 소통 네트워크라 부를 만한 것을 조직하는 데서 핵심적 역할을 수행하는데, 이 네트워크는 음악을 전송하고 교환하며 축적하는 데 이용된다. 5만이나 10만, 혹은 12만 곡을 저장할 수 있는 그 모든 장치들, 비상한 '음악숭배적' 메모리를 내장한 그 장치들을 보면 정말 놀라움을 금할 수 없다. 같은 맥락에서 음악은 또한 자본의 순환에서 주요 주자들의 대열에 합류했다.

셋째, 음악은 새로운 형식의 사회적 교류에서 일익을 담당하는데, 이런 면은 1960년대의 대중집회에서부터 오늘날의 현상들(가령 떠들썩한 파티)에 이르기까지 뚜렷하게 나타난다. 더 포괄적으로 말해서, 음악은 예전에 이 방면에서 주변적인 역할을 담당할 뿐이었지만, 그간 그 중요성이 엄청나게 확대된 결과 이제는 음악이 젊은층에서, 그리고 그들을 넘어서까지도 사회적 교류의 핵심적 요소가 되었다.

넷째, 나는 음악이 구별의 미학aesthetics of distinction을 제거하는 데 매우 중요한 역할을 했다고 생각한다. 내가 '구별의 미학'이라고 부르는 것은 예술과 비예술 사이에 잠재적으로 이해 가능하고 합리적인 경계가 있으며 또한 잠재적으로 전파 가능한 구별의 기준이 있다고 여기는 미학을 가리킨다. 오늘날 이런 관념이 도처에서 공격을 받고 있으며 그 대신 비非구별의 미학이라고 부를 만한 것이 선호된다는 것은 모두가 아는 바다. 이 비구별의 미학에 따르면 우리는 음악이라는 제목 아래 들어오는 그 어떤 것이라도 음악으로 받아들여야만 한다. 비록 우리가 음악을 새로운 저널리즘적 범주들에 따라 세분하고 있지만 말이다. 가령 '음악'의 하위범주들로 우리는 '클래식' '록' '블루스' 등등을 발견한다. 분명 오늘날의 '클래식'은 예전 같으면 예술적 구별의 기준에 따라 전혀 다른 방식으로 분류되었을 어떤 것을 가리킨다. 내 생각에 취향의 민주화 및 다양성에 발맞추어 비구별의 미학이 처음 우리 앞에 나타난 것은 바로 음악에서였다. 심지어 그것은 정치적 주제가 되기도 했다. 예컨대 잭 랭Jack Lang[3]의 경우가 그러한데, 그는 (복수의) '음악들'이 있다는 관념, 평등

주의에 입각한 다양성이 관건이라는 관념을 고취한 최초의 정치가였다.

음악은 또한 지금까지 어떤 박물관식 분류법 같은museographic 역사주의, 즉 과거를 보존하고 박물관처럼 분류하는 데 강력하게 기여해온 힘이었다. 여기서 가장 먼저 눈에 띄는 것은 바로크 작곡가들로, 반동적인 것에 대한 어떤 가치부여에 연루되어온 이들은 오늘날 과거를 완전히 복원한 것처럼 보이는 음악의 형상, 수정되고 재해석되기 이전에 실제로 존재했던 역사상의 모습에 접근해야 하는 것으로서의 음악의 형상을 이루는 구성요소들로서 기능한다.

이 모든 이유에서 나는 가장 넓은 의미의 예술형식과 이데올로기적 경향 또는 반향resonances 사이의 연관에서 음악이 독특한 역할을 맡고 있다는 이 생각을 우리의 주제에 대한 소개말로 삼아도 좋지 않을까 싶다.

그러나 어떻게 바그너가—특히 프랑스에서—이 모든 것에 연루될 수 있을까? 나는 오늘날의 세계에서 음악이 비할 데 없이 독특한 미학적 역할을 수행한다면 바그너가 이 현상의 진정한 선구자라고 하는 라쿠라바르트의 주장을 살펴볼 것이다. 바그너에 관한 프랑스에서의 논쟁이 이 문제에 대한 나의 두번째 접근이 될 것이다.

이와 연관된 두 가지의 매우 기본적인 참조사항을 언급할까 한다.

첫째, 1970년대 말에 바이로이트에서 바그너의 「반지」 연작이 공연되었다. 피에르 불레즈가 지휘를, 파트리스 셰로가 감독을 맡고 프랑수아 레뇨가 예술고문 가운데 한 사람으로 참여한 이 공연은 특히 독일인들에 의해 '프랑스적'인 공연으로 간주되었다. 공연이 강력한 울림을 지녔

---

3 잭 랑은 프랑스의 사회주의 정치가로서, 문화부 장관을 역임(1981~86, 1988~92)한 사람으로 잘 알려져 있다.

기 때문에 이 프랑스 팀은 말하자면 신전의 심장부를 깊숙이 강타한 셈인데, (축제가 개막된 밤의 떠들썩한 논란 이후) 공연에 대한 반응은 찬사로 일관됐다. 이 공연과 관련해서 이른바 바그너 문제는 전혀 제기되지 않았다.

1970년대 말의 이 바그너 4부작 공연에서 매우 놀라운 점은, 내가 볼 때 그것이 바그너 작품 공연의 영역에서 하나의 급진적 변화를 대표했다는 사실이다. 여기서 바그너 공연의 전 역사—이는 심히 꼬이고 뒤엉킨, 그렇지만 또한 매혹적이고 정말로 중요한 역사인데—를 건드릴 뜻은 없다. 단적으로 말해서, 그 역사를 이해하려면 전쟁 이후에 바이로이트 축제가 재개된 상황을 돌아보아야 한다.

축제의 재개는 전혀 과장없이 말해서 쉬운 일은 아니었다. 바그너주의와 나치주의 사이의 이데올로기적 타협, 바그너 가족과 총통(히틀러) 사이의 인간적 타협, 상당수의 고위직 나치당원들이 바그너를 숭배한 그 방식 등등에 대해서는 모르는 사람이 없었다. 따라서 전쟁 후에 무슨 일이 일어날까 하는 것은 그야말로 심히 우려되는 문제였다. 해결책을 들고 나온 것은 빌란트 바그너였다. 음악의 면에서는 달라진 게 아무것도 없었다. 전통을 지켜온 자들이 음악 제전을 예전의 방식 그대로 계속해서 치를 뿐이었던 것이다. 그러나 연출은 바그너의 손자에 의해 근본적으로 수정되었다. 빌란트 바그너의 기획은 기본적으로 어떤 내용을 담고 있었는가? 이는 매우 중요한 논점인데, 왜냐하면 이후에 다루게 될 라쿠라바르트와 그 밖의 평론가들의 글에서 바그너를 둘러싸고 벌어지는 모든 논쟁들 역시 이 문제를 축으로 하고 있기 때문이다.

내가 생각할 때 빌란트 바그너는 이 공연에서 민족신화에 대한 어떤 언급도 완전히 없애버리고 순수한 신화소神話素, mytheme[4]라고 할 수 있는 것, 즉 추상의 과정을 거쳐 민족과 관련된 모든 것에서 단절된 신화소로 그런 민족신화의 요소들을 대체하고자 했다. 이 추상화 과정은 완전히 초민족적이고 영원한, 그래서 다른 면으로 보면 '그리스적'인 어떤 것에 도달하도록 예전의 모든 이데올로기적 언급들을 제거함으로써 바그너 공연양식을 정화淨化하는 것을 뜻했다. 바그너의 작품이 어느 정도까지 그리스 비극을 재현했는가 하는 점은 사실 뒤따르는 논쟁들의 주요 논점 가운데 하나다. 그러나 여기서 '그리스적'이란 비민족주의적 의미로 이해되어야 하는데, 이는 이미 그리스에 관한 논쟁—하나의 패러다임으로서의 그리스에 관한 미학적 논쟁—은 그러한 패러다임이 민족주의적 패러다임일 수 있는가, 혹은 그래야 하는가의 문제와 긴밀히 결합되어 있다는 점을 시사한다. '신화'가 하나의 민족 또는 국민의 창건신화로 이해된다면, 결국 펼쳐진 공연은 바그너의 비신화적 상연이라고 부를 만한 것이었다.

이 작업은 빌란트 바그너의 공연이 (바이에른의 부르주아 보수주의자들이 제기한 불만을 제쳐놓고 보면) 미학적 견지에서 즉시 인정을 받았다는 점에서 성공적이었다. 그것은 바그너와 나치주의의 타협이라는 역사적 현실을 시야의 뒤편으로 물러나게 만드는, 극의 진정한 혁신으로 간주되었다. 이처럼 바그너는 빌란트 바그너의 노력 덕분에 되살아나 다시 무대에 오를 수 있었다.

4 구조주의에서 신화의 핵심이 되는 불변적 모티프를 가리키는 개념으로, 동일한 신화소들이 상이한 방식으로 조합되거나 변주되면 상이한 신화들이 탄생한다—옮긴이.

1968년 5월 혁명의 열기가 남아 있던 시기—정치적 행동주의, 혁명 이념의 부활 등으로 특징지어지는 시기—인 1970년대 말 프랑스인들의 바그너 공연 뒤에는 바로 이런 배경이 자리잡고 있었던 것으로 보인다. 내가 주장하려는 바는 불레즈-셰로-레뇨의 공연이 바그너의 탈신화적 상연이었다는 것이다. 사실 여기에 내포된 것은 민족주의적인 신화에서 비민족주의적인 혹은 정화된 신화로의 이행이라기보다는 바그너를 진실로 극화하는 방식, 즉 그를 극화하는 이질적인 힘들의 작용을 드러내고 인물들에 대한 그 어떤 신화화神話化도 일체 거부하는 방식으로 바그너 작품을 연출하려는 시도였다. 그 결과는 바그너의 극화였는데, 이 경우 '극화'가 하나의 신화체계가 지닌 총체화의 이념과 정반대를 의미한다는 점을 유의해야 한다.

불레즈의 지휘 역시 바그너 음악의 연속성을 드러내려 시도하기보다 그 저변의 불연속성을 강조하려 애썼다. 사실 바그너의 음악을 자세히 살펴보면 그것은 실로 끊임없이 변화하며 흩어지는 소小세포들의 매우 복잡한 운동으로 이루어져 있음을 알 수 있다. 따라서 '무한선율endless melody'에 관한 추상적 이론—감상성이 그의 음악의 지배적 특징이라고 말하는 것이나 다름없는 이론—으로 바그너를 얽매야 할 본질적 이유는 없다. 우리가 여기서 다루고 있는 것은 (불레즈의 경우 언제나 그렇듯이) 분석적인 방식의 지휘, 즉 신화화에 복무하는 음악적 흐름의 뒤편에서 바그너의 작곡기법의 복잡성을 들려주는 것을 목적으로 삼는 지휘다.

그렇다면 실제로 출현한 것은 새로운 「반지」 연작이었다고 하겠는데, 그것은 두 가지 의미에서 새로웠다. 하나는 (신화화보다) 극화에 초점을 둔 새로운 배경 연출이었다는 점이고, 다른 하나는 바그너 전全 작품에서의 연속성과 불연속성의 원리를 전과는 다르게 표현하기 위해 크나큰 노력을 기울인 새로운 음악 연출이었다는 점이다. (목표는 연속성을 불연속성으로 대체하는 것이 아니었으며, 그보다는 오케스트라와 성악에서 바그너의 기술에 내재한 연속성과 불연속성 사이의 관계를 다른 방식으로 제시하는 것이었다.)

요컨대 1970년대 말에 하나의 전적으로 새로운 현상이 나타났다. '프랑스인들'(주의 따옴표scare quotes를 몇개라도 달고 있는), 다시 말해 당시의 이데올로기적 선택지는 바그너를 하나의 논평 주제로만 전유한 것이 아니라—예전에 보들레르Charles Baudelaire, 말라르메Stéphane Mallarmé, 클로델Paul Claudel에 의한 전유가 이런 식이었다—바그너 공연에 직접 개입하고 그 공연을 새롭게 변화시키는 수단으로서 전유했던 것이다. 사실 이것이 바이로이트 공연을 조직한 사람들이 당시에 의도했던 바였다. 빌란트 바그너가 지나친 소동 없이 바이로이트 축제가 재개될 수 있도록 예방적precautionary인 뛰어난 접근방식을 택했던 것처럼, 프랑스인들은 새롭고 차별적인 어떤 공연을 다시 선보이려고 했던 것이다. 나 자신이 열렬한 찬사를 보낸 빌란트 바그너의 작업을 단지 예방적인 어떤 것으로 폄하하고 싶은 생각은 없지만 그런 식으로 해석될 수도 있음은 부인할 수 없다.

그러고선 1991년에 필립 라쿠라바르트의 『무지카 픽타』가 나왔는데 거기 실린 에세이들은 1980년대부터 씌어진 것이었다. 1970년대 말의 셰로-불레즈-레뇨의 「반지」 연작에서 1980년대와 1990년대의 『무지카 픽타』로 이행하면서 바그너의 형상이 겪은 변화는 엄청난 중요성을 지니지 않나 싶다. 『무지카 픽타』의 마지막 에세이는 사실 아도르노에 바친 것으로 쇤베르크의 「모세와 아론*Moses und Aron*」[5]에 대한 아도르노의 논평을 바탕으로 씌어졌으며 그 때문에 『무지카 픽타』는 본 저서의 「강의 2」와 「강의 3」에서 시도할 아도르노 사상의 검토와 완벽하게 어울린다는 점에 주목하기 바란다. 진실로 놀라운 것은 아도르노가 아직 충분히 반反바그너적이지 않았다는, 즉 그가 바그너주의에서 완전히 벗어날 수 없었다는 라쿠라바르트의 견해다. 결국 우리가 여기서 다루는 것은 극단적인 이론적 폭력으로 특징지어지는 반바그너적 입장이다. 왜, 그리고 어떻게 그러한지는 후에 보게 될 것이다.

1980년대에 이르러 다른 여러 유사한 현상들과 더불어 바그너와 관련한 일종의 징후적 반전反轉이 일어났다고 주장할 수 있을 듯하다. 말하자면 극화되고 분석적으로 다시 균형을 잡은 1970년대 말의 바그너주의는 일소되고, 바그너의 작품을 배격하기 위한 특히 악질적이고 교활한 반바그너 운동이 대신 들어서게 되었다. 이쯤에서 라쿠라바르트의 책에 대해 몇마디 해보기로 하자.

이 책은 어떻게 구성되어 있고 어떤 목표를 지니고 있는가? 라쿠라바르트는 자신의 책이 바그너와 관련된 상이한 네 '장면', 곧 그와의 갈등, 다툼, 혹은 그에 대한 경탄의 변증법적 상황의 네 가지 경우를 묘사한다고 말한다. 그것은 보들레르, 말라르메, (이 측면에서 어느 정도 동일하게 간주되는) 하이데거-니체Friedrich Nietzsche, 그리고 아도르노의 장면으로, 결국 프랑스인 둘과 독일인 둘이 만들어낸 장면이다. 이 네 경우에 대한 고찰은 바그너와의 서로 다른 네 가지 관계를 선명히 부각시키면서도 모두

---

5 12음기법으로 만들어진 오페라로, 쇤베르크가 1930년에 작곡을 시작하여 1951년에 완성을 시도하였으나 결국 미완성으로 남긴 작품이다. 일설에 의하면 제목의 '아론'은 원래 철자법에 맞는 'Aaron'으로 표기되었으나, '숫자 13 공포증'이 있던 그가 'Moses und Aaron'의 알파벳이 13개임을 알고 'Aaron'을 'Aron'으로 바꾸었다고 한다 — 옮긴이.

동일한 결론에 이른다. 그것은 외견상 뚜렷한 그와의 갈등—말라르메의 경우에는 경쟁의 형태로, 하이데거의 경우에는 바그너와 결별할 필요성이 충분치 않다는 면에서, 아도르노의 경우에는 그를 넘어서고자 하는 욕망에서 아주 자명하게 드러나는 갈등—에도 불구하고 이 사상가들이 바그너주의에서 본질적으로 위험한 어떤 것에 여전히 사로잡혀 있었다는 생각이다. 한층 강력한 논증이 이 책의 극도로 가혹한 어조를 설명해준다. 노골적인 반바그너주의자, 혹은 자신이 반바그너주의자임을 공언하지는 않았지만 바그너에 맞섰던 사람들—말라르메가 그러한데, 그의 목표는 시대가 요구하는 과제를 달성하는 데 바그너의 극보다 시가 더 효과적이라는 점을 입증하는 것이었다—의 경우를 검토함으로써 라쿠라바르트는 사상가들의 반바그너주의가 사실상 아직 대단히 불충분했다는 점, 그들은 바그너의 기획의 진정한 핵심에 도달하는 데 실패했다는 점을 논증한다.

그렇다면 바그너의 음악과 극과 오페라를 거듭 공격한 그들조차 어찌됐건 놓쳐버린 바그너주의의 진정한 핵심은 과연 무엇인가? 라쿠라바르트가 보기에 그것은 정치를 미학화하기 위한 수단으로서의 바그너적 장치다. 다시 말해 그것은 음악을 이데올로기적 작인operator으로 변화시켜버린 바그너인데, 예술에서 이 변화란 하나의 국민people을 구성하는 것, 다시 말해 하나의 정치를 형상화figure하거나 구상configure하는 것을 언제나 포함한다. 여기서 정교하게 다듬어지고 있는 것은 바그너를 원原파시스트proto-fascist(나는 이 표현을 기술적記述的 의미로 쓴다)로 바라보는 시각인데, 그 근거란 바그너가 오페라에 민족의 운명이나 정신ethos을 구상하는 과제를 부여함으로써 오페라의 종결closure의 한 측면을 발명했으며 이런 식으로 결국은 미학 자체를 궁극적으로 정치적인 기능으로 연출했다는 주장에 따른 것이다.

바그너는 (라쿠라바르트가 결정적인 것으로 간주하는) 하나의 시도를 통해 그러한 일을 달성했다고 이야기되는데, 그것은 바로 순수예술high art의 복원이었다. 라쿠라바르트가 이로부터 이끌어내는 기본적 교훈—이는 아도르노가 이끌어낸 교훈과 아주 유사하다—은 순수예술의 기치를 내건 예술적 창조는 이제 불가능하다는 것, 그리고 근본적으로 절제sobriety, 예술적 야심의 소박함이 현대 예술에 핵심적인 규범적 가치로서 그 중대한 요구사항이라는 것이다. (나는 아도르노 역시 자기 나름대로 제기한 바 있는 이 교묘하고 민감한 주장을 뒤에 다시 다룰 것이다.) 라쿠라바르트에 따르면 바그너는 순수예술의 이념을 옹호할 수 있었던 최후의 위대한 예술가이며, 바로 그런 옹호를 통해 그는 다음과 같은 점을 명백하게 드러냈다. 즉 현대 세계가 순수예술의 견지에서 생산할 수 있는 것은 이제 극도로 반동적이고 위험하며 심지어 암암리에 범죄적인 정치적 구상configurations 외에 아무것도 없다는 것이다.

꼭 『무지카 픽타』에 실린 것만이 아니더라도 라쿠라바르트의 몇몇 에세이들에는 진실로 파시즘 예술의 비길 데 없는 원형으로 간주되는 바그너에 대한 적개심이 뚜렷하게 드러난다. 이는 저변의 불연속성이 되살려진 탈신화화되고 극화된 바그너(불레즈, 셰로, 레뇨의 바그너)는 날조된 어떤 것, 눈속임용 장식에 불과한 것, 혹은 그저 **본질적** 바그너—신화, 민족, 숭고 미학 등의 해묵은 범주들 안에 암호화된 상태로 존재하는 자—위에 발라붙인 위장물로 간주되어야 함을 의미한다. 여기서 우리는 대단히 복잡한 논쟁 속으로 들어가고 있는데, 주어진 사안에 대해 판단을 내리기 위해서는 먼저 바그너에 잠시 귀를 기울일 필요가 있을 것이다.

내가 제시하는 명제는 다음과 같다. 라쿠라바르트의 전략은 그 자신이 취하겠다고 표명한 전략과 어느 면에서 정반대다. 그는 액면 그대로 받아들여진 (진정으로 심문당하지 않은) 바그너에서 시작하려고 하는데, 결국 그는 바그너가 신학-정치적 영역에서 하나의 명銘, inscription, 하나의 토대를 구성한다는 점, 그리고 그가 생산하는 효과에서 명명백백히 확인되는 이런 바그너의 본질은 궁극적으로 정치의 미학화, 원原파시즘 등등에 있는 것으로 밝혀지리라는 점을 입증하고자 한다. 라쿠라바르트의 전략적 목표는 이런 바그너에 관한 논쟁들이야말로 그가 떠맡은 일이 결국은 원파시즘적인 정치의 미학화라는 사실을 보여주는 확실한 표지라는 점을 입증하는 것이다. 라쿠라바르트가 자신의 책을 막 시작하면서 "바그너 자신이라기보다 그가 생산한 효과가 이 책의 대상이다"[6]라고 말하는 이유가 바로 그것이다. 나 자신이 초두에 말했듯이 그 효과는 엄청났는데, 따지고 보면 라쿠라바르트가 명시적으로 주장하는 바대로 바그너는 최초의 대중예술을 정초했기 때문이다.

책의 대상이 바그너 자신이 아니라 오로지 그가 생산한 효과라면, 이는 바그너가 생산한 효과를 통해 바그너, 혹은 바그너라는 이름 아래에 놓인 것을 이해하는 것이 어느 면에서 실로 가능하기 때문이고, 이 점은 똑바로 지적될 필요가 있다. 그러나 내 생각에 라쿠라바르트의 책은 이와 정반대의 일을 수행하는데, 그것은 미학화로서의 정치라는 이론에 입각해서 모종의 바그너를 **규정하는** 것이다. 일단 라쿠라바르트의 책을

---

6 Lacoue-Labarthe, *Musica Ficta*, xix쪽.

읽게 되면 독자는 좋든 싫든 바그너에 대한 모종의 관념을 지니게 된다—결국 책은 궁극적으로 바그너에 관한 것이다! 어떻게 온통 바그너가 생산한 효과에 관한 책을 쓰면서 모종의 바그너 자신의 형상을 만들어내지 않을 수 있겠는가? 이는 절대적으로 불가능하며, 바그너 형상은 여기서 미학화로서의 정치에 관한, 따라서 정치에 있어서의 예술의 미학적 역할에 관한 라쿠라바르트의 가설을 통해 그 윤곽이 그려진다. 사태의 이런 측면은 매우 흥미로운데, 우리가 아도르노로 눈을 돌리면 이와 동일한 유형의 작업이 어떤 다른 모습을 띠고 진행됨을 보게 되기 때문이다. 이렇게 모종의 바그너를 구축構築하는 데 일조하는 변별적 특징들을 강조하는 것은 긴요하다. 왜냐하면 나는 우리가 여기서 실제로 다루고 있는 것이 바로 그것이라고 믿기 때문이다. 모종의 바그너 형상이 사실상 신학-정치적인 것, 또는 (이 표현이 낫다면) 정치의 미학화, 즉 예술적 종교로서의 정치(파시즘을 이렇게 정의하는 것도 가능하다)와 연관이 있는 사변적인 철학적 결정에 기초하여 구축되거나 재구축되고 있는 것이다.

이 바그너 형상을 창조하는 데 점차적으로 일조하게 될 변별적 특징들은 어찌 되었든 분명 바그너 자신에게서 취해져야 할 터이므로, 우리는 실로 바그너의 **구축**construction에 해당하는 것을 보고 있는 셈이다. 더욱이 바그너라는 이름은 이데올로기 영역에서 중요한 의미를 지니기 때문에, 바그너의 이름 아래 무슨 일이 진행되고 있는지, 즉 '바그너'라는 이름이 어떻게 구축되어왔는지를 우리는 언제나 알 필요가 있다.

이제 나는 바그너에 관한 논쟁에서 지속적으로 등장하는, 이 구축의 네 가지 특징을 지적하고자 한다. 그런 구축이 실제로 존재한다는 점이 인정된다면, 내가 말하려는 바가 결국은 해체deconstruction라는 점도 궁극적으로 인정돼야 할 것이다. 이 바그너 형상이 어떻게 창조되는지를 보여준 후에 나는 그 형상의 해체를 시도할 테니 말이다.

1. 신화의 역할

첫번째 특징이자 아마도 가장 분명한 특징—특히 말라르메가 이것의 구축에 관여했다—은 **신화의 역할**이다. 이에 따르면 바그너는 필연적으로 재현의 신화적 규범에 의존하거나 그것을 공식화한 사람, 다시 말해 극과 오페라의 재현적 세계 전체를, 이 세계를 구성하며 그 토대가 되는 기원적 신화 위에 정초한 사람으로 간주된다. 여기서 나는 다만 다음과 같은 사실을 독자들에게 상기시키고 싶다. 즉 그런 사실은 부인할 수 없지만, 불레즈-셰로-레뇨의 공연은 그것을 반드시 바그너 작품의 **본질적** 특징으로 해석할 필요가 없다는 점을 증명했다는 것이다.

라쿠라바르트가 불레즈-셰로-레뇨의 공연, 또는 그 실패—아마 그의 눈에는 그들의 공연이 그렇게 비쳤을 것이다—를 언급하지 않는다는 사실은 놀랍다. 그러나 그 공연의 실패로 인해 신화적인 것이 바그너 작품의 본질적 성분임이 증명된다고 주장하려면, 먼저 그 공연에 대한 엄밀하고도 일관된 비평이 이루어져야 할 것이다. 바그너에게 신화적 요소가 존재하지 않는다고 주장할 사람은 아무도 없다. 하지만 그것만으로는 충분치 않다. 진짜 문제는 바그너의 예술과, 그 안에서 어김없이, 분명하게 발견되는 신화적 요소 사이의 본질적이고 유기적인 연관의 문제다. 이 모든 거주장스런 신화에서 바그너를 해방시키려는 시도가 과거에도 있었고 오늘날에도 여전히 있다. 이런 시도는 엄밀히 말해서 그의 예술창작에 내포된 가능성이 반드시 라쿠라바르트가 이해하는 그런 방식으로 신화적인 것에 의존하는 기획일 필요는 없다는 점을 보여주려는 것이다.

이어 논의하게 될 세 가지의 다른 특징들은 이보다 더 구체적이고, 더 적절하며, 또 절대적으로 중요하다. 그 특징들은 첫째, 기술공학technology의 역할(즉 양적인 것의 역할 같은 어떤 것), 둘째, 총체화의 역할, 셋째, 통일 또는 종합의 역할과 관련된다.

2. 기술공학의 역할

라쿠라바르트의 관점에서 볼 때 이것이 의미하는 바는 오페라적, 오케스트라적, 음악적 기술의 총동원이 바그너의 본질적 특징 가운데 하나라는 것이다. 라쿠라바르트에 의하면 "음악적 확대amplification — 그리고 미적 축적 — 는" 바그너에서 "정점에 달했"으며,[7] 이런 확대는 본질상 기술공학적이었다. 기술공학이라는 주제는 바그너에서 음악적 기술의 확대가 전적으로 어떤 효과의 창출에 기여하며 일단 기술의 확대가 그 효과에 기여하게 되면 기술공학을 합당하게 언급할 수 있다는 생각에서 비롯된다. 또 라쿠라바르트는 말한다. "사실은 최초의 대중예술이 음악을 통해 (기술공학을 통해) 이제 막 탄생했던 것이다."[8] 음악과 기술공학 사이에 이렇듯 손쉬운 유비관계가 설정되면서 바그너는 기술력technical power으로서의 음악을 개척한 선구자처럼 이야기되는데, 여기서 기술력을 정의하는 것은 효과의 창출로서, 이는 음악적 기술을 최대한 광범위하게 활용할 것을 요구하는, 예술적 배치의 내적 규범이다.

그런데 이런 입장을 라쿠라바르트가 하는 말에서 더 밀고 나아가는 것도 가능할 것이다. 바그너를 위해 새 극장을 지어야 했고, 최대 규모의 음악인들, 기술적 능력이 평균을 훌쩍 넘어서는 가수들 등등이 필요했다면, 이는 단순한 우연의 문제도, 바그너 예술의 스타일상 특징의 문제도 아니었으며, 음악적 기술의 확대와 창출하려는 효과 사이의 상관관계가 바로 바그너 예술의 본질이라는 사실에서 그런 필요가 비롯됐다고 주장할 수 있는 것이다. 그러므로 바그너가 창조한 것이 결국은 기술공학적 창조물인 한, 그는 최초의 대중예술을 창조한 셈이다.

라쿠라바르트는 자신이 이 대목에서 니체의 생각을 빌려왔음을 밝힌다. (누구나 아는 사실이지만, 수많은 문제에서 니체의 생각은 뛰어났다. 그렇지 못한 경우도 많았지만 말이다.) 여기서 라쿠라바르트가 참조하는 글에서 니체는, 이미 공포와 성스러움의 효과를 창출할 수 있는 오케스트라의 역량이 최대로 동원됐음을 보여주는 모차르트W. A. Mozart의 「돈 조반니*Don Giovanni*」 서곡에서 서구 음악의 퇴조가 시작됐다고 설명한다. 따라서 「돈 조반니」 서곡은 그 기원에서 바그너적이었으며, 모차르트 내부에서 바그너를 가리켰다. 그런데 이는 틀린 말은 아니다. 우리가 이로부터 니체와 똑같은 결론을 이끌어낼 필요는 없지만 말이다.

너무나 분명한 이 첫번째 주장은 더 앞선 곳에서 지나치게 단순한 방식으로 표현된다. "바그너는 너무 시끄럽다" "들리는 건 금관악기 소리

---

7 앞의 책, xx쪽.

8 앞의 책, xx쪽.

뿐이다" 등의 이야기인데, 이를 더 세련되게 표현하면, 효과의 기술공학적 창출과 대중예술의 창조를 염두에 두고 최대한도로 음악적 기술을 확대했다는 것이다.

라쿠라바르트가 바그너의 작품에서 이용되는 기술의 진정한 목적을 따져보려 시도하지 않는다는 점은 놀랍다. 사실 이는 흥미로운 문제다. 바그너에게 기술의 폭넓은 사용에 대한 일정한 요구가 있었음은 부인할 수 없는 사실이지만, 그 기술은 도대체 어떤 효과를 위해 필요한 것인가? 이 문제를 회피한다면, 남는 것은 효과의 효과를 고려하는 것뿐이다—효과는 효과지, 더 말할 필요가 없다. 물론 효과의 핵심은 효과를 창출하는 것이지만, 바그너 음악의 극단적 다면성versatility을 생각하면 그것으로 만족할 수는 없다. 이따금씩 등장하는 주장과는 반대로, 바그너 음악은 유별나게 역동적이다. 효과란 사실 엄청나게 복잡한 문제이며, 그런 효과를 창출할 기술에 대한 요구는 그 자체로 대단히 가변적이다. 바그너의 관현악법 전체는 갑작스런 단절과 엄청나게 다양한 분지分枝로 이뤄지며, 결코 하나의 거대한 덩어리로 나타나지 않는다. 이 문제는 제기조차 되지 않지만 우리는 여기서 그 문제에 답해야 한다. 기술공학에 대한 흔치 않은, 또는 혁신적인 요구가 바그너에게 있음은 분명하지만, 그 효과가 존재한다는 단순한 사실—이것이 아무리 부정할 수 없는 사실이라 해도—이 아니라 그 효과의 본질에 대해서 판단을 내릴 필요가 있다. 내가 보기에 그 효과가 존재한다는 사실 자체는 바그너를 기술공학이라는 표제 아래 집어넣어 일괄처리하려는 이유로서 전혀 충분치 않다.

3. 총체화의 역할

이 경우에 역시 라쿠라바르트는 바그너의 계획적programmatic 차원에 관심을 국한시키는데, 그런 차원은 '총체적 예술작품'total artwork, 종합예술작품을 창조하겠다는 그의 야심으로 정리된다. 바그너는 분명히 그 표현을 사용했다. 그는 총체적 예술작품을 창조하려 결심했고, 그 결과—라쿠라바르트의 주장에 따르면—종결closure의 제스처를 행했다. "총체화하는 제스처는 종결의 제스처다."[9]

그러나 '총체적 예술작품'이라는 슬로건은 그야말로 슬로건에 불과하다. 바그너가 자신의 의도를 표명하는 중에 실제로 그 슬로건이 등장한다고 해도, 예술창작이 결국 예술가의 의도로 환원될 수 있을까? 이는 되풀이되는 논쟁으로 나도 종종 거기에 끼어들곤 한다. 예술은 무언가를 창조하는 과정(나로서는 진리를 창조하는 과정이라고 말하고 싶다)이라는 사실을 진지하게 받아들인다면, 우리가 예술을 그에 수반하여 표명된 의도로 환원할 수 없음은 명백하다. 표명된 의도가 무관하다거나, 또는 하나의 예술작품을 미적 견지에서 종합적으로 평가할 때 그 의도가 고려되어선 안된다고 말하려는 것은 아니다. 그러나 예술창작의 실제 과정을 논할 때 예술가의 의도를 체계적으로 강조하는 그런 방식은 현대의 한 병폐라는 생각이 드는데, 예술가의 의도가 때로는 매우 풍요롭지만 또 어떤 때는 매우 빈곤할 수도 있기 때문에 그 병폐는 더 치명적이다. 어떤 예술가들은 자기 자신에 대해서조차 헛소리를 해대는 것이다. 한편으로 예술작품이 예술가의 심리를 직접적으로 표현하지 않는다고 주

9 앞의 책, 12쪽.

장하면서, 다른 한편으로 예술가의 의도가 작품의 진리를 드러낸다고 주장할 수는 없다. 이는 논리 모순이다.

물론 바그너에게 총체화의 야심이 있었음은 의심할 수 없다. 그러나 이 경우에는 그가 자기 의도를 표명한 문헌만 놓고 이야기하는 셈이다. 이것 대신 요구되는 일은 바그너의 작품 **자체가** 어떤 의미에서 총체화인가를 보여주는 것이다. 나는 당분간 이 문제를 밀쳐둘 작정이다. 그 문제는 당연히도 총체화의 계획을 밝힌 문헌으로는 해결될 수 없고, 특히나 라쿠라바르트 자신이 바그너가 그런 총체화를 달성한 적이 있다고는 생각하지 않으니 말이다. 가령 무대의 변형에 관한 한, 라쿠라바르트는 바그너가 그 어떤 근본적인 변화도 도입하지 않았고, 더군다나 그가 바란 총체화는 사실상 그런 변화를 내포하지 않았다고 말한다. 여러 가지 이야기를 하는 가운데 라쿠라바르트는 특히 바그너가 이탈리아 양식의 무대를 어떤 식으로든 진정으로 변형시키지는 않았다고 주장한다(이 주장은 논란이 될 법하다). 요컨대 여기서 다시 모순이 고개를 쳐든다. 라쿠라바르트는 거대한 총체화의 장치가 바그너에게서 비롯되었다고 말하고 나서, 그런 총체화가 어떤 식으로든 작동한 적이 없다고 주장하는 것이다.

이로써 명확해지는 사실은 문제를 더 자세히 살펴야 한다는 것, 총체화 과정이 어떤 것인지 따져봐야 하고, 바그너 작품에서 총체화가 실제로 무엇을 의미하는지 이해해야 한다는 것인데, 이는 훨씬 더 큰 작업이다. 더욱이 오케스트라 지휘가 어땠다거나 당대의 연기가 대체로 어떻다고 적어놓은 바그너의 메모를 보면, 그는 모든 것이 일반적으로 매우 과장되며 소란스럽고 엉망이라고 생각했음을 알 수 있고, 따라서 바그너 역시 사실은 절제sobriety의 이상을 선호했다고 말할 수도 있겠다.

아울러 라쿠라바르트는 총체화의 문제를 논하려면 바그너 작품의 체계적 성격을 다시 살펴봐야 한다고 말한다. 이 대목에서 바그너가 헤겔과 은밀히 등치되고 있음은 분명하다. 즉 바그너의 체계성은 실제로 헤겔 체계의 음악적 등가물이고, 헤겔이 어떤 의미에서는 일정한 유형의 형이상학을 종결지은 것과 마찬가지로 바그너는 서구 음악사에서 일정한 유형의 오페라를 종결지었다는 주장이다. 라쿠라바르트에 의하면 바그너는 후대에 하나의 과제를 남겼는데, 그 과제는 헤겔이 자신의 위대한 후계자들에게 남긴 과제만큼이나 전적으로 해결 불가능하다. 그것은 이미 완결된 것을 계속 추구해야 하는 과제다. 라쿠라바르트는 말한다.

> 바그너의 작품이 표현수단에서 판을 키운다up the ante—이미 니체는 이런 시도를 효과의 추구에 종속된 예술로서 배격한 바 있다—는 점뿐만 아니라, 그의 작품이 엄밀한 의미에서 체계적 성격을 지녔다는 점 때문에 우리는 다음과 같이 말할 수 있을 것이다. 바그너의 작품은 후대에 하나의 과제를 남겼는데, 그 과제는 철학에서 독일 관념론(헤겔)이 자신의 위대한 후계자들에게 남긴 과제만큼이나 전적으로 해결 불가능하다. 그것은 완결된 것을 계속 추구해야 하는 과제다.[10]

여기서 라쿠라바르트의 견해는 모호하기 짝이 없다. 바그너 작품으로 대표되는 이 정점은 단지 계획상의, 가공의 정점인가, 아니면 실제로 구현된 것인가? 라쿠라바르트가 말하는 것은 실제의 역사적 사실인가, 아

---

10 앞의 책, 118쪽.

니면 기만적이고 이데올로기적인 가짜 야심인 총체화의 야심이 그 스스로 종결시키기를 열망하는 것을 사실상 열린 상태로 놓아두는 것인가? 여기서 결정이 불가능하다는 점—내가 보기에 이는 모종의 하이데거적 사유에 전형적이다—은 자명하다. 그것은 사실상 계획에 불과한 어떤 요소와 실제의 역사적 사실 가운데 하나를 선택하는 일이 불가능하다는 것이다. 바그너는 실제로 오페라를 종결지었는가? 이는 확실히 하나의 진정한 문제지만(나는 결코 이 점을 부인하지 않겠다), 그 문제가 이런 식으로 제기될 수 없다는 점도 분명하다. 만일 오페라의 바그너적 종결이 실제로 있었다면, 그런 일이 발생한 이유를—음악, 무대, 극 등의 견지에서—설명할 필요가 있을 것이다. 빈번히 거론되는 바 총체적 예술작품에 관한 바그너의 선언에 일방적으로 기대지 말고 말이다.

4. 통일의 역할

어쨌거나 이 특징과 더불어 우리는 음악에 좀더 가까이 다가선다. 총체화의 문제와 관련해서 총체적 예술작품을 언급하는 라쿠라바르트는 똑같은 방식으로 통일의 문제에 관한 한 '무한선율'이라는 주제를 언급하는데, 이는 바그너가 오페라를 만들 때 기초로 삼은 것이 바로 그것이기 때문이다. 라쿠라바르트는 '무한선율'을 포화saturation로 해석하는데 이는 재미있는 논점이다. 그가 보기에 '무한선율'은 '과다한 음악'[11], 즉 포화로 인해 막히는 음악을 뜻하며 이런 음악의 이름이 '무한선율'이다.

'포화'가 의미하는 바는 바그너가 분절된 말의 고유한 기능을 없애버린다는 것이다. 즉 라쿠라바르트에 따르면, '무한선율'이 음악을 통해 오페라의 모든 변수들parameters을 통일시키고 포화시키는 것을 뜻하는 한, 오페라의 잠재적 연극성을 구성하는, 말과 음악 사이의 놀이공간은 '무한선율'에 의해 제거된다. 따라서 과다한 음악—라쿠라바르트는 확실히 바그너를 이런 식으로 이해하거나, 적어도 이렇게 비판한다—이 의미하는 바는 음악이 자신이 풀어놓는 오페라적 변수들에 대해 **종합적** 기능을 수행하며, 이 종합적 기능은 사실상 말의 효과를 없애버린다는 것이다.

여기서 우리는 아도르노에 매우 근접해 있다. 그의 최우선적인 관심은 동일성의 원리였다. 형이상학적 견지에서 아도르노는 헤겔 변증법이 전형적으로 차이를 용인하지 않는 변증법, 동일성으로 차이를 덮어버리는 변증법이라고 보았다. 실로 부정 변증법이 아닌 긍정affirmative 변증법으로서 헤겔 변증법은 결국 차이를 동일성으로 환원한다. 어떤 의미에서 라쿠라바르트는 바그너에 대해 이와 동일한 이야기를 하는데, 그가 보기에 바그너는 오페라의 변수들 간의 모든 가능한 차이를 '무한선율'로 환원한다. '무한선율'은 헤겔의 '정신'의 여정과 매우 비슷하다. 즉 말의 불연속적 발화와 선율의 연속적 흐름 사이의 차이를—궁극적으로는 심지어 음악 내적 참조점들references까지도—음악의 흐름 자체로 끊임없이 환원하는 역할을 맡은 그 무엇과 비슷한 것이다. 라쿠라바르트에 따르면 바그너는 종합적 음악을 창조했다. 이 음악은 자신의 다양한 요소들을 빨아들여 하나의 무차별적 가락melos 안에 녹여버린다.

라쿠라바르트의 책에는 (무엇보다 중요한) 이 문제와 관련해서 흥미로운

---

11 앞의 책, 118쪽.

대목들이 많다. 가령 그는 그런 문제점 때문에 바그너에게 복잡성이 결여되어 있다고 비판한다. 이 맥락에서 흥미로운 대목은 라쿠라바르트가 쇤베르크에 관한 아도르노의 견해를 검토하는 부분이다. 그에 따르면 궁극적으로 아도르노는 쇤베르크 역시 음악적 포화의 입장에 있던 사람으로 간주한다. 라쿠라바르트가 아도르노를 여전히 너무 바그너적이라고 생각하는 이유가 바로 그것이다. 아도르노는 쇤베르크에게서 바그너와는 전혀 다른 일이 벌어지고 있다는 사실을 보지 못한다는 것이다. 아도르노는 쇤베르크의 「모세와 아론」에 드러난 음악의 종합적 역할을 진단하는데, 라쿠라바르트는 다음과 같이 말한다. "이번에도 (쇤베르크의—옮긴이) 포화 양식은 바그너적이지 않다. 곡이 너무 복잡하고, 더이상 가락의 요구imperative에 종속되지 않는다는 점만 봐도 그렇다."[12] 이어서 그는 말한다. "그러나 역시 포화이긴 하다."

비非바그너적 유형의 포화는 더 복잡한 종류의 작곡, 즉 가락의 요구, '무한선율'의 요구에 종속되지 않는 작곡에 기초할 것이다. 이것이 가장 큰 난점이다. 무엇보다, 바그너의 작곡에 복잡성이 결여되어 있다는 것이 사실인가? 또 만일 그렇다면, 그런 복잡성의 결여가 '무한선율'에, 즉 외부지향적인 힘을 부여받은 음악적 흐름 자체에 모든 음악적 변수들이 종속된 탓이라는 것이 사실인가? 다시 말하지만 나는 핵심적 문제는 여전히 제기되지 않았다고 본다. 라쿠라바르트는 '무한선율'에 관한 계획적인 논평에서 시작하지만, 사실 그로부터 그가 이끌어내는 결론—복잡성의 결여, 흐름의 통일성에 대한 다수성의 종속 등—은 바그너

---

12 앞의 책, 121쪽. (영문은 약간 수정 번역됨.)

의 작품 자체에 관한 한 여전히 입증되지 않은 것들이다.

바그너에서 또 하나의 교묘한 논점인 라이트모티프leitmotif[13]에 관해 말하자면, 이 문제는 바그너의 음악 자체가 신화적이라는 점을 증명하는 데에 달려 있다고 라쿠라바르트는 주장한다. 그가 제기하는 모든 반대의 중핵이 바로 여기에 있는데, 그것은 바그너가 자신의 음악을 통일시키기 위해 사용하는 방법은 오로지 신화적 테두리 내에서만 상상할 수 있다는 것이다. 라쿠라바르트는 신화적인 것의 문제를 플롯과 신화들과 신들, 즉 오페라에서 들려주는 이야기에만 연관시키는 것이 아니라 음악의 조직texture 자체에까지 연관시키려 한다. 그의 말에 따르면 바그너가 찾은 해법은 "신화적 요소와 기표는 물론, 무대 위의 연기까지 음악적으로 중층결정되어야overdetermined 한다는 것이다(라이트모티프는 그 귀결이다)."[14] 앞서 '무한선율'의 이론이 등장했듯이, 이제는 신화적 요소를 음악적으로 중층결정하는 라이트모티프 이론이 등장한다. 그에 의하면 바그너의 민족주의적인 — 그리고 결국은 정치적인 — 기획이 지닌 본질적으로 신화적인 성격은 음악을 깊숙이 관통하여 신화적 구성요소가 마침내 음악적으로 중층결정되는 지경에 이른다. 이는 라이트모티프가 신화적인 것들의 음악적 종합으로 해석되고 있음을 의미한다. 가령 칼劍의 모티프를 보자. 그 이론에 따르면 이 특정 라이트모티프는 반복될 때마다 사실상 음악 안의 신화적 세포 요소cellular element가 되어 궁극적으로

13 오페라에서 특정 인물이나 장소 등에 결부되어 반복적으로 등장하는 동기를 가리키며, 주도동기(主導動機), 시도동기(示導動機), 또는 주악상(主樂想)이라고도 한다. 모차르트 등 이전의 오페라에도 등장했지만 바그너에 와서 일관되게 쓰였다 — 옮긴이.

14 앞의 책, 133~34쪽.

음악 자체의 통일성 안에 편입된다.

여기서 라쿠라바르트는 뭔가 간과하고 있는데, 그것은 때로는 하나의 라이트모티프가 이런 역할을 수행함과 동시에 어떤 다른 역할에도 종속될 수 있다는 가능성이다. 바그너에서 라이트모티프가 확실히 두 가지 역할을 한다는 사실은 불레즈가 힘주어 강조했던 점으로, 그의 생각이 옳았다. 분명 라이트모티프는 신화적이거나 서사적이라고 볼 수 있는 극적 발화發話를 수반하지만, 극적이거나 서사적인 함의가 전혀 없는, 비서술적인 내적 · 음악적 전개부로 기능하기도 한다. 그러므로 라이트모티프는 하이든F. J. Haydn이 세포적인 소小모티프들을 다루는 방식에 비견되는 편이 나을 텐데, 하이든의 교향곡에서 이 모티프들은 뒤틀리고 변형되면서 엄밀히 말해 하나의 전개부도, 선율도 아닌 어떤 독특한 것을 만들어낸다.

그리하여 불레즈가 드러내준 사실은, 바그너의 악보를 분석해보면 서사와 연관된 음악적 제스처로서의 이른바 라이트모티프는 바그너의 음악에 독특한 현상이 아니라는 점을 깨달을 수밖에 없다는 것이다. 오히려 라이트모티프들에는 종종 어떤 불확실성, 하나의 라이트모티프와 또 다른 라이트모티프의 혼합이 발견된다. 이는 라이트모티프들 자체가 일종의 음악적 모듈 같은, 변형 가능한 화성和聲적 또는 통시通時적 세포들에 의존하기 때문이다. 음악적 모듈은 사실 세포 차원에서는 불연속적이며 그 변형원칙이 바그너의 음악적 담론을 직조하는데, 라쿠라바르트처럼 라이트모티프가 궁극적으로 음악적 조직fabric 자체 내의 신화적 명령dictates을 구성한다고 주장할 때 모듈의 그러한 기능은 완전히 무시된다.

이런 관점에 볼 때, 바그너의 라이트모티프에 대한 체계적 꼬리표달기의 폐해는 유감스럽기 짝이 없다. 예를 들어 우리는 음악이 어떤 다른 선율로 바뀌는 데 이용되는 세 개의 음을 알아보고 "아, 칼의 모티프구나" 하고 말할 수 있는데, 그럴 경우에도 여기에 지크프리트나 칼이 연관되지 않는다는 사실을 잘 알고 있다. 등장인물이 실제로 무대 위에 있을 때도 있지만 그렇지 않을 때도 있는 것이다.

라이트모티프의 문제가 중요한 것은 그 문제가 바그너를, 아마도 그 자신의 고유한 혁신에 해당할 어떤 것의 중심에 위치시키기 때문이다. 그리고 바로 거기에서 특정 형태의 양가성ambiguity이 출현한다. 바그너적 양가성은 분명히 존재하는데, 이를 라쿠라바르트가 설명하는 것과 같은 일차원적 형태로 환원할 수는 없다. 그 양가성은 바그너가 자기 음악의 질료뿐 아니라 무대나 서사의 질료, 심지어는 시적 질료에서 환기하는 어떤 것의 이중기능에 매우 체계적으로 존재한다. 바로 여기에서 선언과 설명과 서사의 기능 외에도, 명백히 음악적 낭송을 위해 고안된, 유운類韻, assonance[15]에 의한 반복의 기능이 나타나는 것이다. 그리하여 바그너 예술의 거의 모든 구성요소에서 이중기능의 체계적 사용을 볼 수 있는데, 당연히 이런 기능은 바그너를 신학적·정치적인 것으로 환원하려는 그 어떤 해석의 도식도 넘어선다.

이제 이 첫번째 강의를 마무리하자면, 이런 신화적이고 기술공학적이며 총체화하는 바그너 형상의 구축—여기서 음악은 신화적 요구들의 종합을 달성한다—은 라쿠라바르트의 선재先在하는 이념, 즉 절제라는 횔덜린Hölderlin적 이상에 발맞추어 진행되고 있다고 생각된다. 다시 말해

15 시에서 언어의 리듬감을 살리기 위한 모음 반복을 말함—옮긴이.

사실상 그런 형상의 구축은 현대 예술은 어떠해야 한다는 입장의 비호 아래 진행되고 있으며, 그렇게 구축된 바그너는 그런 예술이념을 돋보이게 하는 정반대의 사례 역할을 하는 것이다. 따라서 바그너에 대한 이런 형상화 대부분은 그의 창작과정에 대한 그 어떤 실질적 검토와 도무관하다. 상황이 이러하므로, 이제 절제라는 이 횔덜린적 이상을 그 반대 방향에서 묘사해보고, 라쿠라바르트가 현대 예술의 과제를 상상할 때 준거가 되는, 그리고 그와 아도르노가 (비록 그가 아도르노를 반박하기는 해도) 일치하는 지점이기도 한 이 이상의 본질을 따져보는 것도 좋을 것이다.

무엇보다도, 그 이상은 순수예술이라는 관념을 던져버려야 한다는 것이다. 그리하여 절제란 또한 일종의 빈곤을, 즉 탈총체화의 의지가 수반된, 예술적 포부의 겸손을 함축한다. 이것은 정반대로 하나의 예술과 다른 예술의 혼합 및 그들 사이의 횡단을 금해야 한다는 것을 의미하지 않으며, 단지 그런 혼합과 횡단이 언제나 파편화, 탈총체화, 실험으로서 일어나리라는 것을 의미한다. 순수예술이, 라쿠라바르트가 보기에 명백하게 그것을 대표하는 최후의 일인, 즉 바그너로 이전되는 이유는 바로 그것이다.

현대 예술에 관한 이와 같은 논의에서 또 하나의 논점은 예술과 비예술 사이에 설정된 지나치게 엄격한 경계에 대한 도전이다. 이런 경계 역시 절제 및 겸손에 연관되는데, 예술과 비예술을 구별하는 그 어떤 기준도 완전히 자명하게 신뢰할 만하지는 않다는 의미에서 그렇다. 가령 라쿠라바르트의 경우에 이런 발상은 현대시를 산문-되기로 보는 이론, 즉 현대시의 본질이 시의 산문-되기에 있다고 주장하는 이론을 걸치고 등장한다. 시와 산문을 나누는 경계야말로 시가 문제삼아야 할 것이기 때문에, 시의 본질은 순수한 또는 위대한 시가 되기를 꿈꾸는 데 있다기보다 자기 자신을 불순하게 만들고 산문이 되는 데 존재할 것이다.

아울러 규정되는prescribed 것은 숭고한 것의 직접적 형태도, 숭고한 효과로서의 숭고한 것도 단념하라—간단히 말하면 효과를 단념하라—는 것이다. 예술은 효과의 부재라는 어떤 규정을 겸손히 받아들여야 한다. 이 규정의 목적은 효과 없는 효과effectless effect를 생산하는 것, 다시 말해 결국에는 예술가 주체와 사회적 주체public subject로 추정되는 주체 사이의 결별을 초래하는 것이다. 이 두 가지 주체는 이제 한쪽이 다른 쪽에 어떤 효과를 생산하는 식으로 서로 관계를 맺어서는 안되며, 서로 갈라서야 한다. 내가 효과 없는 효과, 또는 결별 효과divorce effect라고 부르는 것은 바로 이런 갈라서기다.

물론 그 과정이 자기반성적self-reflexive이어야 한다는 잘 알려진 관념을 잊어서도 안되는데, 이런 예술적 과정은 그것 자체의 생성 가운데 반성되어야 하기 때문이다.

그리하여 다음과 같은 점에 주목해보면 흥미로울 듯하다. 여기서 우리는 라쿠라바르트의 책을 참조했지만, 더 일반적으로 바그너는 앞서 설명한 내용이 아닌 모든 것을 대표하는 이름이라는 것, 그리고 이것이야말로 그가 미학에 관한 논쟁에서 계속해서 부정적 위치를 점하고 있음을 설명해준다는 것이다. 바그너는 순수예술의 기획, 총체화의 기획, 시는 산문과 구별되는 어떤 것이라는 관념의 기획을 옹호한다. 그는 숭고한 것의 직접적 형태와 숭고한 효과를 결코 단념하지 않는다. 그는 효과 없는 효과를 위해 분투하지 않고 미학의 영역 안에 머문다.

이 지점에 도달해서, 이제 우리는 두 가지 질문과 마주치게 된다.

1. 이처럼 현대 예술을 위해 규정된 일단의 규칙은 과연 정당화될 수 있으며, 만일 그렇다면 무엇으로 정당화되는가?

2. 바그너를 이런 의제agenda를 돋보이게 하는 반대 사례로 만드는 것은 타당한가?

기울어가는 제국의 키치kitsch라고 부를 만한 것과 대면하여 우리가 어떤 입장을 취할 필요가 있는 것이 사실이다. (이는 그다지 새롭지 않은 문제로서, 사태는 점점 나빠지고 있다.) 어떤 제국이든 몰락이 가까우면 자신의 고유한 키치를 생산한다는 데는 의심의 여지가 없다. 그 키치를 나는 소음과 허무주의의 결합, 또는 소란한 허무주의로 정의하겠다. 가령 오늘날의 영화 가운데 의도적인 키치 영화를 알아보기란 어렵지 않다. 그것이 할리우드 영화라는 점을 감안해야 함은 물론이다. 그러나 그런 작품은 어떤 특정한 형식을 띠고 있는데, 이 형식을 더 자세히 살펴보면 소음과 허무주의의 결합, 다시 말하면 어떤 확대amplification를 내포한다는 것을 알 수 있다. 기술공학적 수단들은 계속 확대되는데(이에 비하면 바그너는 사실 아무것도 아니다!), 사태의 핵심을 보자면 동시에 두 가지 요인이 이런 확대 양상을 결정한다. 내적으로는 보통 미래에 대한 극도로 허무주의적인 전망이 작동하고, 이와 함께 완전히 외적인 논리로서 신흥종교적이고, 추상적이며, 의심스러운 구원의 논리가 전적인 영향력을 행사한다. 소음과 허무주의의 이런 결합은 사실 불안정한 사회 또는 기울어가는 제국과 무관하지 않다. 바그너는 어느 정도 이런 경향에 소급적으로 연루되었음이 분명하다. 그는 이런 전개과정의, 아직은 예술적인 현존을 대표하는 어떤 역할을 하는 것이다.

바그너에게 할당된 위치는 사실 아주 자명하다. 그는 예술의 역사에 종지부를 찍고 그것을 종결하며 완성하는 자, 최후의 오페라 작곡가 같은 자다. 라쿠라바르트가 바그너의 계승자들을 일별한 것을 보면 좀 묘하다. 라쿠라바르트는 베르크[16]에게서 탈총체화를 발견하고 그의 작품 「룰루*Lulu*」의—자신이 보기에 의미심장한—미완성에 기쁨을 느끼지만, 사실대로 말하면 베르크를 약간 따분하게 여긴다. 「펠레아스와 멜리장드*Pelléas et Mélisande*」[17]는 라쿠라바르트에 의하면 해체의 오페라다. 그의 관점에서 슈트라우스Johann Strauss는 이미 종결된 오페라에 대한 막연한 향수를 대표할 뿐이며, 푸치니Giacomo Puccini는 순수예술에 마지막 숨결을 불어넣으려다 실패한 사람이다—이뿐이고, 그 이후로는 완전히 끝이다.

그러므로 오페라의 역사를 종결지은 사람이라는, 지금까지 바그너에게 할당된 위치는 아주 분명하다. 이미 완성된 것을 더 추구할 수는 없다. 그러므로 바그너는 이 역사의 긴요한 일부이며, 또한 기울어가는 제국의 키치를 구현한 최초의 위대한 예술가다. 그리고 바로 이런 의미에서 그는 원原파시스트이기도 하다. 이렇게 그는 무언가를 종결짓는 동시에 무언가를 새로 여는데, 대중예술의 미래를 맞아들인다는 의미에서 그렇다. 그는 모차르트와 베토벤Ludwig van Beethoven 등등을 포함하는 하나

16 베르크(Alban Maria Johannes Berg, 1885~1935)는 오스트리아의 작곡가이며 쇤베르크의 제자다. 20세기 최고의 작품 중 하나로 평가받는 오페라 「보체크」(*Wozzeck*, 1925년 초연)를 작곡했다. 3막극 오페라 「룰루」의 제1막과 제2막을 완성하고 생을 마감했으며, 그가 써놓은 제3막의 단편들을 토대로 그의 사후에 완성된 3막극이 1979년 피에르 불레즈의 지휘하에 초연되었다—옮긴이.

17 1902년 초연된 드뷔시(Claude Achille Debussy, 1862~1918)의 서정극—옮긴이.

의 전통을 종결짓는 동시에 대중예술의 기초를 놓는다.

이미 아도르노는 자신의 책 『바그너를 찾아서*In Search of Wagner*』[18]의 도입부에서 이 점을 암시한 바 있다. 여기서 그는, 모든 것을 고려할 때 바그너는 모종의 소부르주아적 허풍의 전형이라고 말한다. 자신의 목적에 필요한 수단을 실제로는 더이상 가지고 있지 않으며, 진정한 역사적 내용이 결여되었기 때문에 과도한 표현기술에 의존할 수밖에 없는 어떤 것의 전형이라는 것이다. 기울어가는 제국의 키치예술에 대해서도 얼마간 이와 동일한 말을 할 수 있을 것이다. 역사적 서사시에 창조적 내용이 결여되었기 때문에 역사적 허풍을 가지고 그 내용을 위조한다고 말이다. 사실 차기 선거를 빼면 진정으로 중요한 일이라고는 없는 시대라야 「반지의 제왕*The Lord of the Rings*」이나 그 비슷한 작품이 나올 수 있다.

그러나 이것이 정말 바그너가 지니는 의미의 전부인가라는 문제가 아직 남아 있다. 이런 유형학은 전적으로 적실한가? 이는 복잡한 문제인데, 왜냐하면 이 문제는 우리가 종결과 개시라는 바그너의 양 측면 모두에 대해 동시에 어떤 의견을 지닌다는 점을 전제하기 때문이다. 바그너에게 이중의 역할이 부과되었다. 어느 면에서 그는 모든 오페라 기술 확대의 정점을 대표하는 한편으로 대중예술의 최초 사례를 대표한다. 그의 시사성actuality은 다름 아닌 역사적 시사성이다. 결국 그것은 대규모 록 콘서트와 비슷하다는 말이다. 아무튼, 시끄럽기로는 벌써 그 정도였다.

---

18 원제는 *Versuch über Wagner*로 1952년 주어캄프(Suhrkamp) 출판사에서 초판이 나왔으며, 영문 번역본은 1981년 버소(Verso) 출판사에서 출간되었고 2005년 번역본에 지젝의 서문이 달려 나왔다 — 옮긴이.

강의 II

아도르노의 『부정 변증법』

이제 나는 철학에서 바그너가 점하는 자리와 연관된 문제를 살피되, 아도르노에게 제기되는 특정 질문을 중심으로 그것을 고찰하려 한다. 아도르노의 철학은 얼마나 바그너의 자리에 기초를 놓거나 그 자리를 구축했는가? 본 강의의 기본 텍스트인 『부정 변증법*Negative Dialectics*』을 보면, 거기에는 바그너가 완전히 빠져 있다는 점이 쉽게 눈에 띈다. 이 책은 『바그너를 찾아서』를 썼던 바로 그 아도르노가 쓴 책이지만 말이다.

어떻게 하나의 철학적 조건이 부재하면서도 실제로 작동하는가, 또는 (우리 경우에는) 어떻게 바그너 자신이 꼭 언급되지 않으면서도 음악과 바그너가 하나의 특정한 자리를 점할 수 있는가. 이런 문제에 답하려는 접근법에 나는 커다란 흥미를 느낀다. 당연히 바그너는 이 자리를 점하게 될 텐데, 결국은 그것이 그의 자리, 더 폭넓게 말해 음악의 자리이기 때문이다. 따라서 우리는 어떻게 아도르노 철학의 특정 측면들이 방금 살핀 바그너의 그런 기능을 가능하게 하는가 하는 문제를 중심으로 그 철학적 측면들을 살필 것이다.

여담이지만, 아도르노를 아주 꼼꼼하게 다시 읽으면서 나는 그가 일찍이 얼마나 많은 현대적 주제들에 대해 입장을 개진했었는가 하는 데 놀라움을 금치 못했다. 1980년대를 주름잡은 분석들 가운데 수많은 것이 초보적 형태로 아도르노에게 이미 존재하지 않았었나 싶다. 이런 관점에서 볼 때 진정 그는 어떤 새로운 것을 발명했다는 평가를 받아 마땅하며, 특히 현대 프랑스 지성계와 관련한 그의 중요성—오늘날 그의 저작을 읽으면 이 점은 아주 명백하다—은 강조되어야 한다.

그러면 이번에는 아도르노가 1966년에 완성한 중요한 저서 『부정 변증법』에서 시작해볼까 한다. 여기서도 나는 바그너 형상이 들어설 잠재적인 자리를 구축하는 데 있어 은밀히 작동하는 어떤 것을 뚜렷이 드러내기 위해 노력할 것이다. 그 다음 나는 바그너와 그를 위해 마련된 자리를, 뭔가 다른 것을 제안하는 방식으로 해체하면서 논의를 마무리할 것이다.

기본적 정향에서 『부정 변증법』은 철학의 새로운 방향을 제안한 것이나 다름없다. 그러므로 모든 철학 저서는 철학의 자리를 재구성하거나 새롭게 제안하는 것이라는 데 동의한다면, 『부정 변증법』은 가장 강력한 의미에서 철학 저서다. 『부정 변증법』의 경우는 철학의 새로운 방향을 제안하되 독일 관념론, 즉 칸트와 헤겔을 토대로 그런 작업을 벌인다. 왜 그런지는 곧 보게 될 것이다. 그 책에는 한편으로 칸트와 헤겔의 전통이 있으며, 그리고 다른 편으로는 이 전통에 토대를 두면서도 여러 가지 면에서 그것을 포기하는 새로운 정향을 정식화해야 한다는 절대적 요청이 들어 있다.

이제 이 유별나게 빡빡한 책(이 책을 그저 읽는 것만 해도 대단한 일이다!)에 담겨 있다고 생각되는 아도르노의 기획을 다섯 가지 요점으로 제시해보고자 한다. 이는 내가 이 책의 주제로 여기는 바를 요약한 것이다.

1. 독일 관념론은 계몽주의적 합리주의의 사변적 정점이다. 따라서 계몽주의적 합리주의, 더 일반적으로는 서구 철학을 살피려면 어떤 면에서 독일 관념론, 즉 헤겔과 칸트에 관심을 집중해도 좋다.

2. 독일 관념론, 다시 말해 이 계몽주의적 합리주의에는 두 가지 측면이 있다. (물론 칸트에서 아주 명백하지만 헤겔 변증법에서도 부정적으로 나타나는) 부정 또는 비판의 측면과, 헤겔의 절대적 또는 긍정적positive 변증법에 내재한 총체화의 측면이 그것이다. 이처럼 독일 관념론은 비판과 총체화, 비판과 절대성, 요컨대 부정과 동일성의 결합이다. 이것이 독일 관념론의 본질적 구성으로, 이는 칸트-헤겔의 쌍으로 대표된다. 그리고 내가 보기에 이 쌍이 아도르노에서 논의의 기본틀을 구성한다.

엄밀히 말해 아노르노의 흥미를 끄는 것은 '칸트 대 헤겔'의 대립이 아니며, 헤겔에 의한 칸트의 초월도, 칸트의 비판으로 회귀할 필요성조차도 아니다. 아도르노에서는 이 모든 제스처들을 발견할 수 있지만, 무엇보다 그의 흥미를 끄는 것은 칸트-헤겔의 쌍인바, 계몽주의적 합리주의를 종결짓는 것이 칸트와 헤겔 중 어느 한편이 아닌 바로 그 쌍인 한에서 그러하다.

3. 이런 진단이 서고 나서 아도르노의 기획은 헤겔의 변증법적 부정성과 나란히 칸트의 비판적 부정성을 (넘어서는 동시에) 보존하는 데 놓인다. 아도르노는 이성의 주장들을 분리하거나 제한하는 칸트의 비판적 제스처에 헤겔의 변증법적 부정성을 결합시키는데, 비록 오늘날 긍정적positive 절대성에서는 단절되었을지라도 그 부정성은 여전히 유지된다.

헤겔적 부정성은 이처럼 순전히 부정적인 부정성으로서 보존된다. 이 때문에 아도르노의 학설, 더 폭넓게 말해 1960년대에 결국 프랑크푸르트학파로 불리게 될 집단의—'비판 이론'이라는 이름이 붙은—학설에 아도르노 자신은 비판 이론과 부정 변증법의 결합, 이제는 초월된 칸트와 헤겔의 결합으로서의 '부정 변증법'이라는 이름을 확실하게 부여했다. 다음 문장은 아도르노의 기획이 지니는 특징을 특히 잘 묘사한다. "헤겔적 방법의 정신에서 못지않게 칸트적 경계설정의 정신에서 예지적인 것the intelligible은 이 양자에 의해 설정된 경계를 초월하는 것, 부정 안에서만 사유하는 것일 것이다."[1] 이처럼 그것은 순전히 부정적인 사유에 도달하기 위해 이 칸트-헤겔의 결합을 초월하는 동시에 보존하는 문제다. 이 진술은 진정으로 아도르노의 분석과 기획을 요약하는데, 그것은 계몽주의의 정점으로서의 독일 관념론에 기초해서 부정 변증법을 산출하는 것, 그것도 새로운 조건 하에서 그렇게 하는 것이다.

4. 『부정 변증법』은 어느 면에서 하이데거의 존재론에 대한 긴 논의로 시작하는데, 이는 그 존재론이 계몽주의적 합리주의—하이데거는 이를 형이상학 역사의 한 계기에 불과하다고 보았다—를 넘어서기 위한 또 다른 제안으로 제시되기 때문이다. 그러나 아도르노가 보기에 하이데거의 존재론은 실제로 계몽주의적 합리주의를 넘어서지 못한다. 아도르노가 (라쿠라바르트를 그토록 분개하게 만들면서) 하이데거가 철저한 파시스트였다고 주장하기를 주저하지 않는 이유가 바로 그것이다. 그리하여 아도르노는 자기 존재론의 경쟁상대인 하이데거의 존재론을 궁극적으로 불

1 Theodor W. Adorno, *Negative Dialectics*, trans. E. B. Ashton (New York: Continuum 1973), 392쪽.

신하는데, 이는 그것이 계몽주의적 합리주의를 넘어서는 데 실패하기 때문이다. 칸트의 비판과 헤겔의 변증법을 결합하여 그들을 새로운 방식으로 초월하는 부정 변증법과는 달리 말이다.

5. 아도르노의 기획 전체에서 핵심적인 참조대상은 하나의 역사적 단절이다. 그의 철학의 가능성 자체가 나치주의와 강제수용소로 대표되는 일단의 역사적 사실들에 연결되어 있으며, 역사상의 이 파열rupture은 아우슈비츠라 불린다. 칸트의 비판적 유산과 헤겔의 변증법적 유산을 회복하되 이 유산들을 아우슈비츠를 가능하게 했던 것—합리성 자체의 과잉에 대한 동일주의적identitarian 주장—에서 분리해낼 본질적으로 부정적인 사유라는, 아도르노가 제의하는 방법은 그처럼 하나의 역사적 사실에 의해 가능해진다.

이것이 아도르노의 책에 담긴 공격의 전반적 구상이라고 할 수 있다. 여기에 음악은 거의 등장하지 않을 뿐 아니라, 쇤베르크, 베토벤, 베르크에 대한 몇마디 말을 제외하면 그 엄청난 텍스트 전체에 음악이 줄곧 부재한 점이 눈에 띌 정도다. 그러나 내 주장은 음악의 자리가 그 안에 충분히 설정되고 있다는 것, 그리고 음악 이론에서 아도르노가 차지하는 중요성을 이해하기를 궁극적으로 원한다면, 그가 음악에 대해 쓴 글을 직접 읽기보다 순전히 사변적인 텍스트 안에 어떻게 음악의 자리가 구축되는지를 연구하는 편이 훨씬 더 유용하리라는 것이다.

이제 아도르노가 『부정 변증법』에서 어떻게 이 자리를 구축하기 위해 동분서주하는가를—일반적으로는 예술의, 특수하게는 음악의 자리에 기초를 놓기 위해 사용한 기술技術을—대략적으로 제시하고자 한다. 이에 따라 음악과 바그너 양자에 관한 일련의 물음들 전체를 제기하게 될 것이고, 이는 다음에 이어지는 강의의 틀을 구성할 것이다.

1. 아도르노의 주요 관심사에서 시작해보자. 이 엄청난 기획에서 아도르노의 주된 적은 그에게 계몽주의적 합리주의의 기본 가정으로 여겨지는 것, 즉 동일성 원리의 결정적 역할이다. 『부정 변증법』은 서구 합리주의에서 동일성 원리가 행한 역할에 대한 분석이자, 동일성 원리의 전반적 효과에 대한 하나의 거대한 논박이라고 말할 수 있다. 동일성 원리는 칸트의 비판 속에 이른바 잠재적인 형식으로 존재하는데, 이 비판에서는 경험의 통일성, 초월론적 **주체**의 영속성, 그리고 다양한 비판들의 궁극적 통일성을 발견할 수 있다. 칸트의 비판이 경계구분demarcation, 능력들faculties의 분리 등의 비판이기는 하지만, 따지고 보면 그 비판 안에는 결국 동일성 원리가 암묵적으로 작동하고 있다. 동일성 원리는 또한 헤겔 안에, 즉 모든 것을 지양하는 **절대**의 통일성 안에 명시적으로 존재한다.

그리하여 아도르노는 서구 합리주의에서 동일성 원리가 행하는 역할을 표적으로 삼는다. 이에 따라 보편주의가 의심스러워지는데, 이는 보편주의란 바로 **일자**the One의 강요, 즉 하나가 모든 이에게 적용될 수 있게 만드는 동일성의 강요에 있기 때문이다. 달리 말하면 보편주의는 동일자가 이 보편적 규범인 한 모든 이를 동일자로 환원하는 데 있기 때문이다. 이렇게 보면 아도르노는 오늘날의 이데올로기에서 더할 나위 없이 진부하게 된 주제들을 이미 20년이나 앞서 펼치는 셈이다. 아도르노의 책에 나오는 어떤 구절들은 정말로 복잡하지만(그는 쉽게 쓰는 사람이 아니다), 그럼에도 불구하고 오늘날 신문 · 잡지들 어디서나 눈에 띈다. 다음 발췌문이 하나의 예다.

> 모순을 억누름으로써 적대를 영속화하는 것은 바로 물릴 줄 모르는 동일성 원리다. 자기와 같지 않은 것은 무엇이든지 참지 못하는 어떤 것은 스스로를 조화라고 착각하지만 실은 조화를 방해한다. 동등함을 선동하는 행위의 폭력은 그것이 제거하는 바로 그 모순을 재생산한다.[2]

차이의 가치를 인정할 필요성, 타자성에 대한 존중, 차이에 대한 동일주의적 무시의 범죄적 성격, 보편적 동일성에 대한 불가피하게 폭력적인 의지 등 상호 연관된 주제들이 『부정 변증법』을 관통하는 기본적 주제들이다. 이 관점에서 무엇보다 중요한 것은 사실 동일성 원리가 가져온 재난의 문제로, 자연히 이는 나치주의의 형상으로 나타나는 타자의 절멸에서 극에 달한다. 나치주의의 본질은 동일성 원리—아도르노가 이 책에서 관심을 가지고 있는 폭력—가 극한까지 추구된 것에 불과하다.

바로 이 모든 것이 부정 변증법에 의해 완전히 봉쇄되고 한계지어지고 가능하다면 제거되어야 할 대상이다. 나아가 아도르노는 그 특유의 간결한 경구로 이렇게 말한다. "동일성은 이데올로기의 근원적 형식이다."[3] 달리 말하면 당대의 어휘로서 이데올로기—여기서 '이데올로기'는 1960년대로부터 유래한 말로, 이 시기에 그 말이 새로운 의미를 띠었음은 자명하다—와의 싸움은 동일성과의 싸움이다.

이는 우리를 첫번째 질문으로 인도한다. 새로운 음악의 자리를 구축하는 데 정말로 동일성과의 싸움이 내포되어 있다면, 이는 따라서 현대 예

2 앞의 책, 142~43쪽.

3 앞의 책, 148쪽.

술, 미래의 음악은 동일성에서 빠져나올 수 있는 예술이라는 뜻인가? 그것은 동일성의 지배가 끝장남으로써 가능해질 예술 고유의 역할이 동일성에서 빠져나오는 능력을 보여주는 것이라는 뜻인가? 이와 상응하여, 그것은 바그너가 동일성이 지배하는 음악 중 최고의 예들 가운데 하나라는 뜻인가? 「강의 1」에서 보았듯이 사실 이것이 라쿠라바르트의 명제인데, 그에 따르면 통일, 통일하는 언어, 또는 종합이 바그너 음악담론의 본질적 특징이다. 만일 동일성이 실제로 서구 합리주의의 약한 고리이고 그로부터 어떤 다른 것—즉 부정 변증법—이 구축되어야 한다면, 그리고 이와 관련해서 음악이 수행할 고유한 역할이 있다면, 이는 음악이 다른 무엇이기에 앞서, 감각적인 것의 세계에서 동일성으로부터 빠져나올 수 있다는 점을 뜻할 것이다. 이것은 또한 '앵포르멜 음악 musique informelle, 비정형 음악'의 계획programme을 구성할 것이다. 음악은 동일성에서 빠져나올 수 있는가? 이런 것이 아도르노의 목표라는 문제에서 연역할 수 있는 첫번째 요점이다.

2. 적敵이 동일성이라면 목표는 차이가 되어야 한다는 점, 차이는 궁극적으로 부정 변증법의 목적telos이라는 점은 당연한 귀결이다.

타자인 것what is other에 사유가 베푸는 정의正義는 『부정 변증법』의 핵심적 요소다. "비동일성은 동일화의 은밀한 목적이다. 구조될salvaged 수 있는 부분은 그 비동일성이다…"[4] (그런데 이것이 헤겔을 거꾸로 세우는 하나의 완벽한 예라는 점에 주목해야 한다.) 동일화에서 구조되어야 할 것은 비동일성이다. 아도르노는 이어 말한다. "전통적 사유의 오류는 동일성을 목표로 여

4 앞의 책, 149쪽.

긴다는 점이다. 동일성의 외양을 깨부수는 힘은 사유의 힘이다…"[5]

사유에 관한 아도르노의 명제는, 그것이 동일성의 외양을 깨부수고 비동일성을 목적으로 정립하는 힘이라는 것이다. 다름 아닌 아도르노 방식의, 이 비동일성의 사유가 계획적인 동시에 윤리적이라는 점에도 주목해야 한다. 그 사유는 단순히 이론적 구조물이 아니며, 아마 근본적으로도 그런 것이 아닐 것이다. 게다가 쉽게 상상할 수 있는 대로, 책 전체에서 개념에 대한 상당한 불신이 눈에 띄는데, 개념은 언제나 합리성의 동일성 강박을 재생산하기 때문이다. 그리하여 이 책은 비동일성의 사유에 관한 명제, 또는 비동일성이라는 목적, 계획적이고 윤리적인 차이라는 목적에 관한 명제를 제시한다. "다르게 될 것what would be different은 아직 시작되지 않았다."[6]

우리는 아도르노에서 차이가 어느 정도까지 하나의 계획을 구성하는지를 가늠할 수 있다. 우리는 앞서 언급된 일단의 근본적인 역사적 상황과 다시 한번 마주친다. 차이는 그저 동일성에 의해 억압된 것이 아니다. 자기 자신의 표현 또는 주장으로서 차이는 아직 시작조차 되지 않았다. 아직 우리는 다른 것이 과연 무엇인지조차 진정으로 알지 못한다.

윤리에 관해서는 다음과 같이 말한다. "주체는 자신이 지금까지 비동일성에 행한 바에 대해 보상해야 한다."[7] 차이의 계획적 측면에서 바라볼 때, 차이는 시작되어야 하지만 그것은 이론적이라기보다 근본적으로 **윤리적인** 맥락 속에서만 가능하다. 따라서 본질적으로 보상의 맥락 속

5 앞의 책, 149쪽.

6 앞의 책, 145쪽.

7 앞의 책, 145쪽.

에서 차이는 시작될 수 있다. 우리는 동일성이 지금까지 차이에 가한 피해를 재고해야 한다.

그러므로 아도르노의 체계는 윤리적 역사성이라고 말할 수 있다. 즉 그것은 시작을 위한 계획인데 이 계획은 이러한 연유에서 연역이 아닌 규정prescription의 영역에서만 시작될 수 있는 것이다. 우리가 여전히 음악의 자리를 구축하는 문제를 다루고 있다는 가정 아래, 이것은 그 다음 질문으로 이어질 것이다. 음악은 차이를 위한 계획이 될 수 있는가? 그것은 차이의 시작을 위한 계획 속에 기입될 수 있는가? 차이가 아직 시작조차 되지 않았다면, 음악은 차이의 시작을 유발하는 데 기여하거나 심지어 거기서 결정적 역할을 할 수 있는가? 예술은 보상을 하는 장소가 될 수 있는가? 음악에, 일반적으로는 예술에 윤리적 역할—차이가 시작되게 하되, 보상의 맥락, 동일성이 자신과 다른 것에 대해 근본적으로 비폭력적인 그런 맥락에서 차이가 시작되게 할 윤리적 역할—이 존재하는가? 한편, 만일 우리가 역逆모델의 논리를 고수한다면, 바그너는 차이를 위한 계획의 적이며, 음악에서 차이가 시작되는 것을 불가능하게 만드는 데 기여한다는 주장을 굽히지 말아야 하는가? 이것이 바그너가 음악의 역사를 포화시키고 종결짓는다고, 그리하여 음악이 그 자체의 차이를 생산하지 못하도록 막는다고 주장하면서 라쿠라바르트가 벌이는 논변이다.

라쿠라바르트가 보기에는, 바그너가 음악 역사의 한 정점을 대표하는 한 그는 헤겔주의자인데, 왜냐하면 바그너는 음악이 차이의 생산에 기초하지 못하게 막고, 그럼으로써 타자성에 가해진 폭력을 영속화하기 때문이다. 유대인화된Judaized 예술에 대한 바그너의 비난도 물론 이런 맥락 속에서 언급될 수 있다. 이 경우 의심할 나위 없는 그의 반유대주의는 그저 개인적 특이성이 아니라 더 근본적인 어떤 특성으로 간주될 수 있을 것이다. 이 특성이 함축하는 바는, 바그너 예술의 본질은 차이의 윤리적 시작에 속하기보다 오히려 동일주의적 종결—분명 바그너에 의해 그 힘의 정점에 올랐고 그 때문에 더욱 위험한 종결—에 있다는 것이다.

다소 주변적이지만 내가 보기에 중요한 점은 아도르노가 이 모든 것을 다시 반反과학적 견지에서 풀어낸다는 것이다. 오늘날 과학의 전개는 "기계적 활동"이 되었다고 그는 말한다.[8] (그런데 아도르노는 과학에 대해 순전히 하이데거적인 관점을 가졌고, 더 자세히 살펴보면 놀라우리만치 하이데거와 가깝다는 점을 짚고 넘어가자.)

아도르노는 특히 수학을 심하게 대한다. 그의 말에 따르면 수학—헤겔이 대개는 그 특유의 방식으로 반발하는 학문—에서 무엇인가가 차용되었는데, 그것은 부정의 부정은 긍정이라는 관념이다. 궁극적으로 아도르노에게는 아주 묘한 명제가 있는데 그것을 돌이켜보면 대단히 흥미롭다. 그는 끊임없이 수학을 비난한다. 수학은 무한에 대한 진정하고 자명한 개념을 생산할 수 없다는 것이다. 그 대신에 수학은 무한의 대략적 근사치를 맹목적으로 창조하는 데 자신을 국한한다. 수학이 무한을 개념적으로 파악하기는 절대적으로 불가능하며, 따라서 수학은 문제의 순전히 직접적인 차원에 머문다. 그럼에도 아도르노가 보기에 수학은, 비록 무한을 개념화할 수는 없었지만, 그것을 전면에 내세운 공을 인정

8 앞의 책, 388쪽.

받아야 한다.

헤겔 역시 대체로 수학을 폄하한다. 그는 수학을 사유의 외적 형식으로 간주하며, 심지어는 수학에 관한 사변조차 기술技術의 한 단편이라고 비난한다. 그러나 아도르노는 진정한 논점이 다른 데 있고 그 논점은 다음과 같이 표현될 수 있다고 생각한다. 헤겔은 수학에서 더할 나위 없이 본질적인 어떤 것을 가져와 보존하는데, 그것은 부정의 부정은 긍정이라는 것이다. 결과적으로 헤겔은 수학이 부정 변증법을 금한다는 사실을 보존한다. 왜냐하면 부정의 부정이 긍정일 경우, 이중부정을 가지고 결국 절대적 긍정affirmative에 이르지 않을 수는 없기 때문이다.

> 부정의 부정을 긍정성positivity과 등치하는 것은 동일화의 진수다. 그것은 가장 순수한 형태의 형식적 원리다. 그리하여 변증법의 가장 깊은 중심에서 결국 승리하는 것은 반변증법적 원리, 즉 산수에서처럼 음수 곱하기 음수를 양수로 보는 전통적 논리다. 이것은 헤겔이 다른 경우에는 참으로 특유한 방식으로 반발하는 바로 그 수학에서 차용한 것이었다.[9]

그리하여 헤겔은 수학에 대해 올바른 문제를 제기하지 않았다. 무한의 문제가 사실 매우 중요하기는 하지만, 부정의 부정은 긍정이라는 논리적 명제—따라서 비변증법적 요소의 변증법 내로의 침투—가 부정성의 법칙을 존중하지 않는, 수학으로부터의 더욱 근본적인 차용에 해당한다는 점을 헤겔은 보지 못했다.

---

9 앞의 책, 158쪽.

그러므로 수학적 · 과학적 논리화의 기계적 활동에 사로잡히지 않으려면 긍정성positivity으로서의 이중부정이라는 원리는 포기해야 한다. 그 결과 예술과 음악이 과학성, 수학성, 더욱 근본적으로는 부정의 문제와 맺는 진정한 관계는 무엇인가 하는 문제가 제기된다. 예술, 특히 음악에 있는 부정적 요소는 궁극적으로 어떻게 작동하는가? 음악에는 과연 그것으로 하여금 이중부정, 즉 부정의 부정을 사용하도록 강제할 만한 어떤 것이 존재하는가? 가령 평범한 혹은 고전적인 유형의 음악적 피날레—작품의 결말, 즉 작품이 협화음의 해결을 맞는 긍정적 맥락—는 사실 음악의 전개부를 분투의 과정으로 구축하는 데 줄곧 따라온 부정적 요소의 부정이 아닌가? 작품을 형성해가는 분투, 모순, 부정의 요소들이 마침내는 부정을 통해 제거되는 점에서, 음악적 피날레에는 헤겔적인 어떤 것이 있지 않은가? 조성적 해결tonal resolution 역시—헤겔이 그렇듯이—부정의 부정이라는 논리에 사로잡힌 포로가 아닌가? 이 모든 것에서 완전히 해방된 음악, 부정 변증법의 음악인 그런 음악, 부정의 부정이라는 문제에 은밀히 통제되는 담론상의 그 어떤 과정에서도 스스로 떨어져나온 음악이 발명되어야 하지 않겠는가?

이는 조성음악에서 장조 대 단조의 역할, 피날레의 문제, 전개부 해결의 문제 등등 그 어떤 것에든 적용될 수 있을 것이다. 해결을 더 확실히 긍정하기 위해 그것을 지연시키는 것을 목적으로 하는, 전혀 독창적인 음악적 형상을 발명함으로써 이런 문제를 극한까지 밀고간 사람이 바그너 아니었던가? 그렇다면 바그너에서의 부정의 문제는 헤겔적 부정—부정 변증법에 포함되지 않는 부정—으로서 접근할 수 있을 것이다. 바그너의 음악이 어느 정도까지 구상적 음악configuring music인가 하는 점은 매우 중요한 문제다.

아도르노에게는 구상configuration과 성좌constellation 사이에 은유적이지만 매우 의미심장한 대립이 있다고 생각된다. 지금까지 서구음악은 근본적으로 구상적 음악이었다. 어느 면으로 보나 그것은 가지가 많이 뻗은, 가능한 정념들의 체계를 종국에는 하나의 형식적 규율에, **통일의** 형식적 규율에 종속시킨 음악이었던 것이다. 자신의 내재적 다수성을 구상configure하는 음악의 구상 능력을 구성한 것은 바로 이 점이었다. 아도르노는 이 모델을 포기하고 그것을 성좌의 모델—형식의 동일주의적 지배가 음악작품을 작곡하는 방식이나 듣는 방식을 결코 결정하지 않는 일종의 분산적 파편화dispersive fragmentation—로 대체할 것을 제안한다. 이는 중요한 논점인데, 왜냐하면 그 경우 바그너는 구상에 기초한 음악, 자신의 내재적 다수성의 체계를 구상하고, 결코 이 체계가 성좌의 형상 속으로 분산되도록 허용하지 않는 음악의 위대한 최후 모델로 간주될 수 있기 때문이다.

더 일반적인 견지에서 『부정 변증법』의 철학은 사유와는 다른 것을 사유하는 철학이라고 말할 수 있다. 만일 이런 관념, 진정한authentic 사유는 비동일성의 사유라는 관념이 철학에 엄밀히 적용된다면, 이는 우리가 또한 다음과 같이 생각해야 함을 뜻한다. 진정한 철학의 사유는 사유에 대해 비동일적인 것을 사유하는 것이라고 말이다. 이를 철학적으로 일반화하면, 그것은 단순히 논점이 되는 대상에서의 차이의 문제가 아니라, 사유 자체와 애초에 다른 어떤 것을 통해 차이에 접근하는 문제, 즉 사유와 다른 어떤 것을 사유하는 문제다. 또한 이것이 구상을 대체하는 성좌의 의미인데, 구상이란 아도르노가 철학에서의 전통적 정의로 간주하는 바에 따르면 사유를 구상하는 사유다. 그러므로 성좌 사유는 사유와 진정으로 다른 것이 사유 안에 출현하도록 놓아두는 사유일 것이다.

그러나 어떻게 사유에 대해 비동일적인 것이 나타나는가? 사유에 대해 비동일적인 것을 사유할 수 있게 만드는 경험은 어떤 것인가? 사유에 대해 비동일적인 것의 외양은 어떠한가? 사유에 대해 비동일적인 것이 사유로 현시present되지 않는다는 점은 자명하다. 필연적으로 그것은 정념으로, 심지어 몸으로 현시된다. 결과적으로 이것이 아우슈비츠로 대표되는 결정적 파열의 진정한 내용이다. 아우슈비츠에서 경험된 것은 결코 사유에 의해 선구상先構想, preconfigure될 수 없는 어떤 것이다. 거기서 일어난 일과 관계맺는 방법은 그것이 그 자신의 특수한 맥락 속에서 출현하도록 놓아두는 것밖에 없다. 그 맥락은 사유에 전혀 이질적이며, 따라서 아도르노가 본질적인 것과 비본질적인 것의 직접적 경험이라고 부르는 것 속에 드러난다.

그러나 그런 경험은 사유의 질서에 속하지 않는다는 것이 바로 나의 주장이다. 사유가 사유 아닌 것과 마주하고 있다는 사실에 대한 움직일 수 없는 단 하나의 궁극적 증거는 사유가 고통으로 나타난다는 점이다. 아도르노에게 본질적인 것과 비본질적인 것의 이런 직접적 경험은 주체가 객관적으로 자신의 고통으로 느끼는 것에서 나타난다. 여기서 우리는 '희생자적victimary'이라고 명명할 수 있는 어떤 양식이 극도로 강렬하고 어떤 면에서 매우 강력한 선구적 표현을 얻고 있음을 본다. 차이를 포착하는 것은 궁극적으로 우리가 희생자의 입장에 섬으로써만 가능하다. 사유와 다른 어떤 것을 구상 불가능한non-configurable 방식으로 포착하는 것은 오로지 이런 희생자적 입장에서, 그리고 경험의 성좌 속에서만 가능하다. 또한 『부정 변증법』의, 말하자면 **긍정적**positive 대응물이 발견될 법한 것도 바로 여기서다. "그러한 사회조직의 목적telos은 그 구성원 가운데 가장 작은 자의 경우라 할지라도 그의 육체적 고통을 부정하는 데 있을 것이다."[10] 이런 조직은 『부정 변증법』의 희망과 공명할 만한 조직이다.

덧붙여 말하자면, 여기서 고통은 가장 유물론적인 의미에서 이해되어야 한다. 그것은 육체이며, 매개되지 않은 무조건적 고통이다. 그리고 부정 변증법은 나름대로 최선을 다해서, 그 구성원 가운데 가장 작은 자의 경우라 할지라도 그의 육체적 고통을 부정하는 데 목적을 둔 사유의 조직으로 우리를 이끌 것이다. 아우슈비츠가 역사상 하나의 파열을 가리키는 이름이며, 그 파열의 토대 위에 완전히 다른 종류의 사유, 결코 유기적으로 선구상될 수 없는 어떤 것에 관심을 지닌 사유가 동원되어야 하는 이유가 바로 그것이다. 따라서 차이는 고통의 객관적 현실 속에 비로소 출현한다. 그러므로 우리는 예술, 특정하게는 음악의 문제가 어떻게 제시되는지 살펴야 할 것이다. 한편으로 음악과, 다른 편으로 고통의 객관적 현실로서의 차이의 출현 사이에는 어떤 연관이 있는가?

이 질문은 쇼펜하우어Arthur Schopenhauer와 바그너 사이의 관계에 대한 완전히 새로운 고찰로 우리를 이끌어가는데, 이들에게 연민의 문제, 따라서 고통의 문제는 신화적으로 중요하다. 아도르노의 변증법의 관점에서 이 문제는 어떻게 평가될 수 있는가? 『부정 변증법』의 관점에서 볼 때 「파르지팔」의 궁극적 의미는 무엇인가? 이 대목에서 당장 이런 질문들이 제

---

10 앞의 책, 203~204쪽.

기되고, 이로부터 복잡한 미로가 출현한다. 사람들이 주장해온 바에 따르면 바그너는 고통의 환원 불가능한 경험이 결국은 예고된 구원[11]에 이르도록 예정해놓았기 때문이다. 이는 사실 그가 고통을 그 타자성 속에 존재하도록 허용하지 않고 미리부터 그것을 동일성에 환원했다는 의미다. 그렇지만 「파르지팔」의 대본을 훑어보면 이런 주장이 곧바로 확증되는 것은 아니지 않은가 한다. 오히려 그것은 이렇게 고통을 동일성으로 환원하는 일이 어떻게 음악적 변증법 자체 안에 존재하는가를 논의할 기회를 마련해준다. 이것이 얼마나 골치 아픈 문제인지는 즉시 알 수 있다.

그런데 아도르노는 현시대를 어떻게 생각하는가? 내가 지금까지 논한 것은 변증법과 아우슈비츠 및 그 희생자 문제 사이의 관계에 관련된 것이었다. 아도르노에서 우리는 현시대—아우슈비츠 이후의 시대—의 특징을 기술하는 일련의 병렬적 진술 역시 발견할 수 있다.

이 시대는 어떻게 묘사되는가? 무엇보다도, 존재의 긍정성positivity of existence을 주장하기는 불가능해졌다는 사실의 견지에서 묘사된다. 존재의 긍정성을 아무 의심 없이 주장하는 그 어떤 것—가령 존재에 의미를 부여한다고 주장하는 그 어떤 것—도 아도르노가 보기에는 망측한obscene 것이 되었다. 『부정 변증법』에서 그는 자신이 전쟁 직후 내놓은 진술을 놓고 제한적인 자기비판을 행하는데, 그 진술의 요지는 아우슈비츠 이후 시를 쓴다는 것은 불가능하고 망측한 짓이 되었다는 것이었

11 여기서 '구원'에 해당하는 영어 표현은 'redemption'으로, 이는 'salvation'과 달리 대속(代贖) 또는 구속(救贖), 즉 남의 죄를 대신하여 속죄하는 '희생을 통한 구원'의 의미를 함축한다. 그러나 'salvation'과 의미상 별 차이 없이 사용되는 경우도 적지 않아 대체로 '구원'이라는 일반적인 용어로 옮기고, 필요할 경우에만 다른 표현을 사용하거나 영어를 병기하기로 한다—옮긴이.

다. 이제 그는 자기 말을 조금 수정해서 다음과 같이 말한다 — 아우슈비츠 이후, 예전에 문화였던 그 어떤 것의 긍정성도, 또 어쩌면, 존재였던 그 어떤 것의 긍정성까지도 이제는 주장할 수 없을 것이다. 이렇게 일반화를 시도하면서 아도르노는 미학적 명령에서 실존적 명령으로 이행한다. 애초의 미학적 진술이 존재에 관한 진술로 일반화되어야 하듯이, 우리는 현시대에 그 어떤 문화의 개념도 근본적으로 실패한다는 데 주목해야 한다. 문화 같은 것의 긍정성을 말하는, 또는 문화의 교화 기능을 말하는 그 어떤 주제도 다른 경우들처럼 완전히 불가능해졌다. 아도르노가 현명하게 말하듯이, 그런 면에서는 문화 **비평**도 문화 자체보다 더 나을 것이 없다. 문화 비평은 문화의 본질적 일부인 것이다. 이제 그것은 차이와 나란히 논할 수 있는 대상이 전혀 아니며, 사실상 동일성의 막판 전술로 보아야 한다. 그것은 "뭔가 야만적인 일이 벌어졌으니 우리 자신을 교화하자let' s be cultured"고 말하는 것이나 다름없을 것이다. 여기서 핵심이 되는 생각은 최초의 주체적 상황이 죄의식의 상황이라는 것이다.

여기서 다시 우리는 시작의 윤리적 맥락과 마주친다. 어떤 (매우 반反니체적인) 진술에 따르면, 새로운 사유는 **죄의식**의 맥락 속에서만 시작될 수 있다. 그것은 바로, 우리가 아우슈비츠를 넘어 살아남은 자들에 불과한 이상, 삶은 그 어떤 긍정적positive 가치도 부여받을 수 없기 때문이다. 살아있는 주체는 살아남은 자에 불과하고, 따라서 죽은 자를 영원히 애도해야 하기 때문에, 아우슈비츠에서 죽은 자들에게 정의가 실현되기는 불가능하다. 그들은 의미의 철저한 부재 속에 죽었고, 그 어떤 방법으로도 그들의 죽음을 구원redeem할 가망이 없는 것이다. 정의가 실현될 수 없기에 죄의식은 불가피하고, 아도르노에게 "존재 전반은 보편적 죄의식의 맥락이 되었다."[12] 이런 시각에서 그는 새뮤얼 베케트Samuel Beckett의 저작을 요약하는데, 그가 보기에 베케트는 오늘날 현존하는 것what is이 언제나 다소간 강제수용소 같다고 여긴다. 개인적으로 나는 베케트가 하고 있는 말이 이런 것이라고 생각하지 않지만 여기서 그것은 별로 중요하지 않다. 다만 베케트가 존재의 유일한 의미로서의 이 보편적 죄의식의 맥락을 증언하는 자로 불러내어진다는 점에 주목하자.

이런 묘사는 매우 암울한데, 이는 현시대가 처한 교착상태의 묘사나 다름없다. 현시대는 유기dereliction의 시대로서 철저히 부정적으로 이해되는데, 이는 우리가 불행하기 때문이라기보다 시작될 수 없는 차이가, 따라서 실현될 수 없는 정의가 있기 때문이다.

적어도 음악은 이런 유기를 표현할 수 있을까? 구원이나 위안으로서의 음악이라는 관념은 완전히 포기되어야 하는데, 이렇게 파악되는 현재에 그런 류의 것은 무엇이든 불가능하기 때문이다. 그래도 음악이 이런 유기, 이 보편적 죄의식, 모든 문화와 문화 비평의 이 망측한 성격을 표현할 수 있을까? 이것이 음악, 예술, 그리고 — 바그너의 음악과 유기 사이에 분명한 관계가 있고 그에 대해 수많은 예증이 가능한 한 — 바그너에게도 제기될 수 있는 추가적 질문이다. 그러나 바그너가 관계된 이 대목에서 다시 우리는 유기와의 **조작된**rigged 관계를 다루고 있지 않은가? 사실 바그너에서는, 실제로는 불가능한 용서나 구원을 연출하기 위한 바로 그런 목적으로, 음악이 증언하는 유기 상태를 수단화하는 어떤 관계를 볼 수 있다.

---

12 앞의 책, 372쪽.

현시대가 이런 식으로 정의된다면, 그로부터 어떤 요구imperative들이 연역될 수 있는가? 우리가 예상할 수 있듯이, 사실 아도르노는 현시대에 대해 순전히 부정적인 요구들만 제시한다.

1. 인류에 대한 근본적 명령은 "아우슈비츠가 반복되지 않도록, 그와 유사한 어떤 일도 발생하지 않도록 사고하고 행동하라"[13]는 것이다. 비록 당장의 관심사는 아니지만 여기서 지적하고 싶은 점이 있는데, 그것은 이런 요구가 정식화되는 방식이 모순적으로 보일 수도 있다는 것이다. 그 방식에서는 사실 비슷함, '유사함,' 따라서 일종의 동일성의 관념이 활용되는 반면, 아도르노는 아우슈비츠가 철저히 단일하며 따라서 그 무엇도 그것과 동일할 수 없다는 점을 수없이 되뇐 바 있다. 명령은 앞에서와 달리 다음과 같이 정식화되어야 할 것이다. "아우슈비츠와는 절대적으로 다른 어떤 단독성singularity이 아우슈비츠가 무엇이었는지를—피상적인 유사점을 통해서라도—결코 상기시키지 않도록 사고하고 행동하라." 어찌 됐든 우리는 오늘날 끊임없이 발생하는 일을 어떻게 해서든 피해야 한다. 아우슈비츠의 본질은 반복 불가능하다고 선언하면서도, 어디선가 어떤 잔인한 짓이 행해지는 순간 우리는 그 반복을 끊임없이 두려워하며 인정하는 것이다.

2. 위안이 없을 것이라는, 구원이 없다는, 정의가 실현되지 않았다는 느낌은 표현되어야 하고 명시적으로 드러나야 한다. 적어도 정의가 실현되지 않았다는 사실을 우리가 증언할 때, 아니면 어쨌거나 정의가 이미 실현되었다고 가장하지 않을 때 정의는 지극히 보잘것없게라도 시작

13 앞의 책, 365쪽.

된다. 『고도를 기다리며Waiting for Godot』의 베케트를 본따서 아도르노는 자신이 헛된 기다림의 느낌—이는 근본적 정념으로, 절대가 도래하지 않으리라는 느낌이다—을 표현하고 있다고 주장한다. 그가 바로 이 순간에 명시적으로 음악을 언급한다는 점은 주목할 만하다. 이 책의 다른 대목에서는 겨우 몇구절만 음악에 할애했는데 말이다. 그의 언급은 부정적으로 행동하는 문제, 헛된 기다림을 통해 자신을 실현하는 문제에 관련된다. 헛된 기다림이 실로 하나의 요구imperative라면, 『부정 변증법』은 음악만이 그것을 표현할 수 있다고, 정의가 실현되지 않으리라는 사실을 증언할 수 있다고 말한다.

그렇다면 오늘날의 유리한 시점에서 볼 때 헛된 기다림의 음악은 어떤 것인가? 헛된 기다림 역시 하나의 중요한 바그너적 주제로, 「트리스탄과 이졸데」 제3막 첫 3분의 2의 본질적 조직을 형성한다. 헛된 기다림의 음악을 창조했다고 말할 만한 사람이 있다면 그것은 바그너다. 그러나 「트리스탄과 이졸데」에서 기다림은 따지고 보면 정말 헛되지는 않았다는 반론도 가능하다. 이졸데는 트리스탄이 죽기 전에 그를 축복할 수 있으며, 마지막 으뜸화음은 결국 상황을 구원redeem하기 때문이다. 그럼에도 불구하고, 바그너의 극적 역학에서 이 헛된 기다림이 궁극적으로 구원에 이른다는 사실이 정말로 가장 중요한지, 아니면 반대로 바그너가 헛된 기다림의 본래적 가치를 비범하게 직관하여 그로부터 유례없는 시학—해결을 계속 미룸으로써, 기다림의 무익함을 표현하기 위한 화성和聲적 불안의 상태를 창조하는 놀라운 음악적 체계—을 만들어냈는지 물어보는 것이 온당하다.

3. 열려 있음the open의 이상은 과학적 이상에 대립되어야 한다. 아도르

노는 베르그송Henri Bergson, 하이데거, 들뢰즈Gilles Deleuze 및 그 밖의 인물들과 더불어 열려 있음의 이상을 지지한 사람들에 속한다. 이들 모두는 과학적 이상의 본질로 가정되는 닫혀 있음에 반대했는데, 그 닫혀 있음이란 '부정의 부정은 긍정이며 따라서 부정의 종결이다'라는 관념을 전달하는 것으로 이해되어야 한다. 이와 대조적으로, 열려 있음의 이상이 전달하고자 하는 것은 부정조차 부정을 제거하지 않는다는 그런 부정의 관념, 다시 말해 부정이 부정된다 하더라도 부정은 제거되지 않을 것이며 열려 있음은 유지될 것이라는 관념이다. 열려 있음은 형식을 형식의 변형으로 대체하는 상황이다. 이런 관점에서 볼 때 비정형적인 것the informal은, 어떤 형식이든 즉각 변형되기 위해서만 존재하고 이 변형 자체도 불규칙하거나erratic 그 어떤 형식도 결코 갖지 않을 것을 보장하는 어떤 맥락에서 무정형성formlessness과 대면할 수 있는 가능성이다.

형식의 그런 변형은 따라서 비-형식non-form에 근접할 수밖에 없다. 여기서 논점이 음악적 문제, 곧 '앵포르멜 음악'에 대해 말하는 것이 일리가 있는가의 문제라는 것은 즉시 분명해진다. 형식의 변형 자체가 절대적으로 무정형적일 수 있는가? 따라서 음악은 열려 있음을 표현하거나 재현할 수 있는가? 자신의 고유한 종결, 또는 종결 일반에 대한 내재적 제안을 언제나 필연적으로 담고 있는 것은 음악의 본질에 속하지 않는가? 음악이 애매한 구석 없이 열려 있음만을 지향할 수 있는가? 아니면 필연적으로 음악은 열려 있음과 닫혀 있음 사이의 독특한 상호작용을 담고 있는가?

바그너의 음악을 두고 벌일 논쟁은 바로 이런 것인데, 논점은 '무한선율'이 결국 열려 있음의 원리냐 아니면 종결의 원리냐 하는 것일 것이다. 라쿠라바르트에 관한 한 '무한선율'은 음악 또는 오페라의 모든 변수의 종결과 포화를 가능하게 하는 요인이지만, 어쩌면 그에 못지않게 열려 있음의 원리일 수도 있는데, 왜냐하면 원래 '무한선율'은 종결된 형식들을 끝내기 위한 방법으로 생각되었기 때문이다. 따라서 우리는 닫혀 있음에 대항하는 투쟁 자체를 종결의 덫에 걸리게 만든 이런 비틀린 변증법을 살필 것이다.

4. 마지막 요구는 의미 또는 본질에 의한 총체화하는 목조르기에서 현상appearance을 구출해야 한다는 것이다. 다시 말해 의미에 의한 총체화하는 목조르기에서 현상의 **불안정성**precariousness을 구해내야 한다. 사실 차이가 하는 일은 단지 현상하는 것뿐이다. 만일 차이가 자신을 본질에 상응하는 것으로서 현시한다면, 이는 그것이 진정으로 다르지 않기 때문이다.

차이는 자신을 사유 안에 이미 존재하지 않는 무엇으로서 현시하기 때문에, 처음에는 현상하는 또는 발생하는 어떤 것으로서 출현한다. 아우슈비츠처럼 말이다. 실로 그것은 발생하는 어떤 것이지, 사유에 의해 선구상될 수 있는 어떤 것이 아니다. 그러므로 현상을 구출하는 것은 인식론적 또는 미학적 원리라기보다는, 무엇보다 **윤리적** 원리가 추구하는 목적이다. 현상은 절대적으로 존중되어야 한다. 왜냐하면 우리가 사유해야 할 어떤 존재자가 사유가 아닌 어떤 것으로서 자신을 현시하는 것은 현상 속에서, 궁극적으로는 육체의 현상 속에서이기 때문이다.

아도르노는 "예술은 현상이다"[14](그리하여 그것은 직접적 기능을 가진다)라고 말하며, 또한 "미학의 목표인 현상의 구출"에는 "비할 데 없는 형이상학적 적실성"[15]이 있다고 말한다. 여기서 미학은 칸트의 초월론적 미학과 더 일반적으로는 현상의 원칙 양자를 다 포괄하는 가장 넓은 의미로 쓰이고 있다. 현상의 원칙은 현상의 구출이 윤리적 원리—이는 엄밀히 말해 차이의 원리다—를 포함한다는 사실을 고려할 때 결정적인 형이상학적 중요성을 띤다. 따라서 우리는 음악이 어느 정도로 현상의 구출에 기여하는지 물어야 한다. 음악 자체 내의 무엇이 현상의 구출에 참여할 수 있는가? 특히, 바그너에서의 현상이라는 이 문제, 즉 순수한 외재성의 표현으로서의 음악이라는 문제의 의의는 무엇인가?

아무튼 『부정 변증법』에서는 범죄 이후, 아우슈비츠라는 파국 이후 주어지는 사유방식의 가능성 내부에서, 예술과 음악의 잠재적인 자리를 서서히, 의도적으로, 그리고 극단적으로 복잡하게 구축하는 작업이 실제로 이뤄지고 있다. 그리하여 진정한 관건은 결국 아우슈비츠 이후 음악의 가능성, 즉 어떤 식으로든 그 파국에 적합하거나commensurate 그것과 양립할 수 있을 만한 음악, 비록 그 심연을 배경으로 존재해야 하지만 가치가 떨어지거나 자격미달인 것은 아닐 어떤 음악의 가능성이다. 그리고 이런 음악은 바그너를 새롭게 평가할 수 있는 새로운 공간을 열어줄 것이다.

요컨대 관건은 악the evil 이후에 올 수 있는 음악의 문제이며 이는 다시 또다른 문제를 제기한다. 앞서 말했듯이 아도르노는 아우슈비츠 이후 시를 쓰는 것은 불가능하리라는 명제를 처음 설파한 사람이다. 후에 그

---

14 앞의 책, 404쪽. "예술은 그 최고 정점에서조차도 가상(semblance)이다." 인용문과 바디우의 논평 사이의 일관성을 위해 영문은 약간 수정 번역됨.

15 앞의 책, 393쪽. 영문은 약간 수정 번역됨.

는 문제를 변형시켰는데, 『부정 변증법』에서 그는 그것이 올바른 문제가 아니었을지 모르며, 올바른 문제는 아우슈비츠 이후 우리가 어떻게 살 수 있는가, 어떻게 존재할 수 있는가의 문제라고 말했다. 문제는 더 포괄적인 것이 되었고, 그리하여 예술 일반에, 그리고 예술이 존재와 맺는 관계에 그 초점이 맞춰지게 되었다. 실로 관건은 악 이후에 올 수 있는 음악이며, 문제는 아우슈비츠 이후 노래가 가능한가와도 관련될 수 있다. 그러나 어떤 종류의 노래든 아우슈비츠에는 적합하지 않은 듯이 보이기 때문에, 아마도 문제는 노래하지 **않는** 음악, 노래가 제거된 음악의 가능성이기도 하다. 노래가 들어간 어떤 음악도 왠지 아우슈비츠 이후의 상황에 맞지 않을 테고 맞춰질 수도 없을 것이다.

그런데 이것이 '앵포르멜 음악'에 주어질 수 있는 여러 의미들 가운데 하나다. 아도르노에게는 '앵포르멜 음악'이 매우 넓은 범주로 쓰인다. 우선 가장 기본적인 정의는, 자신에게서 노래에 담긴 경축의celebratory 차원을 제거해버리는 음악일 것이다. 그런 경축의 차원은 아우슈비츠 차원의 악과 어울리지 않기 때문에 더이상 지탱될 수 없다.

그리하여 아도르노의 전반적 기획에 관한 — 그 기획이 음악의 문제와 맺는 궁극적 관계와 관련한 — 나의 일반적 명제는 다음과 같다. **아우슈비츠 이후 존재하는 역사적 상황 속에서 가능할 법한 음악을 위해 하나의 자리가 구축되고 있다.**

이제 두번째로, 아우슈비츠는 무엇을 의미하는가? '아우슈비츠'는 여기서 무엇을 가리키는 이름인가? 이것이 『부정 변증법』에서 발견되는 또다른 구조물인데, 이 책에서 '아우슈비츠'는 대학살과 인종말살의 경험적 사실을 포괄할 뿐 아니라 그 자체로 하나의 철학적 이름이 된다.

사유 안에, 철학 안에 자신의 본질적 자리를 지닌 고유명사가 되는 것이다. 그러나 이는 역설적인 자리다. 왜냐하면 '아우슈비츠'는 어떤 철학적 사유도 아우슈비츠로 대표되는 무량한 척도measureless measure에 들어맞아야 한다는 의미에서 철학에 대한 어떤 요구를 가리키는 이름이며, 동시에 '아우슈비츠'는 철학에 대해 영원히 외재적인 어떤 것을, 다시 말해 철학과는 전혀 다른 어떤 것에 대한 철학의 관계를 지칭하기 때문이다. 철학에서 '아우슈비츠'라는 이름이 점하는 역설적이고 이중적인 지위를 구성하는 것은 바로 이것이다.

그러나 『부정 변증법』에서 이 이름은 궁극적으로 재구축되는데, 왜냐하면 '아우슈비츠'가 철학에서 동일성의 살인적 차원이라 불릴 만한 것을 지칭하기 때문이다. 두말할 필요 없이 그것은 간단명료하게 아우슈비츠의 본질이 될, 사변적 의미에서의 동일성의 문제가 아닌데, 이는 바로 아우슈비츠의 본질이란 없기 때문이다. 반대로 아우슈비츠는 본질의 부재를 표상한다. 그것은 순전한 살인적 형상이다. '아우슈비츠'의 척도는 따라서 언제나 고통으로 표현되는데, 고통은 어떤 면에서 개념으로 표현될 수 없다. 따라서 그것은 경험의 근본적 수동성 안에 존재하는 척도다.

그럼에도 불구하고, '아우슈비츠'가 동일성의 살인적 차원의 상관물, 극한까지 추구된 동일성, 동일성이나 동일주의적인 것에 대한 사유의 완전한 종속으로서 철학 내에 고유명사로 출현할 수 있음은 사실이다. 이 점이 '아우슈비츠'가 다름 아닌 부정 변증법, 동일성에 결코 종속되지 않는 변증법을 위한 고유명사라는 사실을 설명해준다. 그것은 또한, 이 모든 논의에 음악이 들어설 자리가 있는 한, 그런 음악은 동일성의 지배에서 급진적으로 빠져나온 음악, 철저히 차이와 변형의 영역 안에 존재하며 동일성의 어떤 형식도 폐기하는 음악이어야 하리라는 점을 함축한다. 나는 후에 다시 이 문제로 돌아올 것이다.

그리하여 아도르노의 관점에 따르면 현대적 사유의 모든 요구imperative들은 동일성의 살인적 차원으로서의 이 '아우슈비츠'라는 이름 안에 존재한다. 이는 그의 과제가 비동일성 철학을 구축하는 데로 귀결되리라는 점을 의미한다. 이런 철학은 자신이 그 자신과 전혀 다른 것을 다루고 있다는 점을 받아들이며, 자신과 다른 것을 유사하게 만들지 않으려고, 다시 말해 비동일적인 것을 동일하게 만들지 않으려고 노력한다. 우리는 여기서 아우슈비츠 이후의 철학, 또는 어쨌든 동일성의 살인적 본질에 맞서는 철학이 어떤 것이어야 하는지에 관한 아주 명확한 요구를 볼 수 있다. 그것은 비동일성 철학이고, 부정 변증법이며, 사유는 사유 아닌 것을 다루고 있을 때만, 즉 자신과 다른 어떤 것을 다루고 있을 때만 — 특히 사유 아닌 것에 대한 경험의 근본적 차원인, 살아있는 주체의 고통과 마주할 때 — 진짜 사유라고 보는 철학이다.

아도르노의 이런 기획은 독일 관념론에 기초하고 있으며, 칸트와 헤겔 사이의 아주 독특한 왕복운동을 통해 진행된다. 그 기획이 구축되는 정교한 방식은 복잡하고도 흥미롭지만 여기서 그것이 우리의 관심사는 아니다. 하지만 음악의 문제에 미치는 영향과 관련해서 그 기획은 다음과 같이 요약될 수 있다.

아도르노가 칸트에게서 보존하는 것은 비판의 일반적 관념, 즉 철학적 사유는 그 자신의 경계limits의 문제에 관여해야 한다는 확신이다. 물론 필연적으로 그것은 자신과 다른 어떤 것에 관한 사유이기에, 그 사유는 말하자면 자신의 경계를 비판적으로 내면화해야 한다. 왜냐하면 사유가 자신의 경계와 관계하지 않을 경우 그것은 무제한the unlimited의 형상 안에 머물 것이며, 따라서 그것은 이제 무엇이 자신과 다른 것인지 결정할 수 없을 것이기 때문이다. 그렇다면 다소 단순하지만 설득력있는 한 가지 관념에 주목해볼 수 있다. 일단 비동일성의 철학이 주어지면 같은 이유로 무제한의 철학일 수 없는 철학이 주어진다는 것이다. 그러나 이에 관한 상세한 논의는 너무 복잡해서 여기서 시도할 수는 없을 것이다. 우리는 무제한과 무한the infinite을 구별해야 할 테니 말이다.

더 단순하게 표현하면, 아도르노가 칸트에게서 보존한 것은 **경험의 환원 불가능성**, 즉 경험을 순수한 개념활동 속에 용해시키기는 불가능하다는 사실이다. 여기에는 수동적 한정의 전적으로 환원 불가능한 요소가 남는데, 이는 칸트에서 감성적인 것의 실천인 수동성이 환원 불가능한 것과 마찬가지다. 궁극적으로, 감성적인 것이 개념의 순수한 구성운동에 환원될 수 없는 영향을 산출하는 순간이 언제나 온다. 요컨대 그 구성에는 구성되지 않는 요소가 있는데, 곧 수용성receptivity이다. 수용성이라는, 이 매우 근본적인 칸트적 관념 — 개념의 순수한 구성운동 안에 머무는 것이 불가능하기 때문에 결과적으로 변증법만이 아니라 '정념학'pathetics, 혹은 근본적 수용성도 존재한다는 관념 — 이야말로 아도르노가 보존하는 대상이다. 이는 아우슈비츠 이후 우리는 **타자**가 지닌 고통의 순수한 수용을 향해, **타자**가 겪은 것을 향해 우리 자신을 열어야 하고, 이것은 결코 개념으로써 도달하거나 구성할 수 없기 때문이다. 우리는 기꺼이, 기본적으로 겸허하게 **타자**의 고통을 향한 열림을 받아들여야 하고, 그 고통이 우리에게 미치는 영향에 열려 있어야 한다. 아도르노가 이해하는 바에 따르면, 철학적으로 이런 관념은 이미 칸트에게 추상적 형태로 존재한다. 그에게서는 실제로 지식의 경계의 관념이 발견되는데, 이는 한편으로 개념에 연관되며, 다른 편으로는 어떻게 보면 그에 선행하는 것이 아무것도 없는, 절대적으로 일차적인 감성적 수용성이 존재한다는 사실에 관계한다. 더 현대적인 용어를 쓰자면 우리는 이것을 유한성finitude이라고 부를 수도 있다.

아울러 아도르노는 헤겔에게서 **부정적인 것의 작용**, 다시 말해 근본적 외재성으로서의 비동일적인 것의 힘 또는 차이의 힘을 보존했다. 궁극적으로 이는 (칸트의 구성관념이라기보다) 수동성, 경험에서의 수용성에 대한 칸트의 관점과 부정적인 것에 대한 헤겔의 관념을 결합—내가 보기에 이것이 아도르노의 근본적 발상이다—하면서 그 양자에서 이 모든 과정에 따라올 수 있는, 긍정적인positive 것으로 가정되는 결과들을 제거하는 문제가 될 것이다. 그리하여 아도르노는 헤겔에서의 절대의 차원과 더불어 칸트의 종교적 가정, 즉 무한한 계시라는 이념의 역할을 없애버린다. 이런 식으로 그는 궁극적 목적과 단절된 공간을 유지한다. 두 경우에 모두 궁극적 목적은 제거되었고, 남은 공간 안에서 아도르노는 칸트적 한정과 헤겔적 부정성을 연결하기를 제안한다. 사유가 아닌 어떤 것을 사유할 수 있는 사유, 사유가 아닌 어떤 것에 열려 있고 노출되어 있는 사유가 그 공간 안에 자리를 잡을 수 있다.

내가 사태를 지나치게 단순화하고 있기는 하지만, 아도르노 사유의 고유한 긴장—사유의 결과만이 아니라 그 긴장—을 알기 위해서는 이 모든 것을 염두에 두는 것이 중요하다. 그 긴장은 한편으로 경험, 수동적 수용성, 경험의 경계에 관한 칸트의 철학적 영감과, 다른 한편으로 부정적인 것이라는 헤겔의 위대한 개념 사이의 바로 이러한 독특한 왕복운동에 뿌리를 두고 있다.

이제 우리가 아도르노가 말하는 의미에서 철학적 시험testing의 단계에 도달했다고 본다면, 우리는 정확히 무엇을 다루고 있는가? 아도르노는 이 철학적 영감을 어떤 주제들에 적용할 것인가? 미학과 음악의 견지에서 가장 중요한 주제이기도 한 주요주제 세 가지가 언급될 수 있지 않을까 한다.

1. 첫번째로 시험해야 할 주제는 **분해**disunification의 실천으로, 이는 동일성의 지배, 경험의 형식적 통일성에 정면으로 대립된다. 이 점에서 아도르노는 칸트와 중요한 차이를 보인다. 아도르노가 경험과 수동적 수용성의 관념을 유지하는 것은 분명한 사실이지만, 그럼에도 불구하고 그의 철학에는 경험의 통일성에 대한 진정한 개념이 없는 것이다. 오히려 지속적인 분해의 작업이 있는데, 이는 동시에 탈동일화disidentifica의 작업이기도 하다. 이는 통일된 듯이 또는 결합된united 듯이 거짓되게 외양하는 것을 분해하는 문제이며 분해를 실제로 시험해보는 문제인데, 후에 보게 되듯이 음악의 경우를 포함한다. 스스로를 폐기하는 어떤 것을 확립하기 위해 애쓰는 모종의 경험, '행함doing'인 동시에 '폐기undoing'인 것에 아도르노는 특별한 의미를 둔다. 이런 요구에 따르는 미학이 어떤 것일지는 자명하다. 형식적 '행함'의 과정인 동시에 형식의 분열disintegration인 것, 하나의 형식인 동시에 형식의 폐기인 어떤 것은 분해라는 철학적 주제를, 따라서 동일성의 지배에 대항하는 투쟁을 암시한다.

2. 다음으로 거론하고자 하는 주제는, 화해나 구원의 어떤 관념에도 대립된 것으로서 아도르노가 **헛된 기다림**이라고 부르는 것을 유발하거나 시험해보는 것이다. 우리가 희망할 최종적 화해, 궁극적 구원은 없

다. 우리는 정의가 실현되기를 기다려야 하지만, 이미 달성되고 확립된, 다시 없앨 수 없는 정의라는 관념을 품을 수는 없다. 우리는 언제나 정의를 기다려야 하지만, 정의가 이미 왔다고는 결코 간주할 수 없다. 정의는 오겠지만, 아직은 결코 오지 않았다. 정의는 오기로 되어 있지만, 아직은 결코 오지 않았다. 이것이 베케트의 『고도를 기다리며』, 그리고 베르크의 「보체크」에 나오는 몇몇 에피소드에 대한 아도르노의 해석일 것이다. 궁극적으로 이런 관념 역시 일종의 요구imperative로 귀결되는데, 왜냐하면 음악은 기다림과 유사한 어떤 것을 생산해야 하기 때문이다. 비록 그 기다림이 기다려지는 것의 실제 결과가 결코 일어나지 않는, 해결 없는 기다림일지라도 말이다. 아도르노는 화해나 구원의 그 어떤 관념, 사물들의 궁극적 조화에 관한 그 어떤 가정에도 결연히 반대한다.

3. 마지막으로 **부정적 요구**의 체계를 언급하려 하는데, 이 체계는 모든 요구가 실제로는 부정적 요구라는 점을 확립하는 데 있다. 이미 언급했듯이, 아도르노의 최우선적 요구는 아우슈비츠 같은 일이 다시는 일어나지 못하도록 사유하고 행동하는 데 있다. 이는 모든 요구가 실제로는 부정적 요구가 되어야 한다는 점을 수반한다. 그리하여 『부정 변증법』에 나오는 모든 요구는 그 자체로 부정적 요구다. 그것은 이러저러한 것이 행해져야 한다고 적극적으로 지시하는 요구라기보다, 다시는 일어나지 말아야 할 것, 반복이 엄격히 금지되어야 할 어떤 것에 의해 언제나 결정되는 요구다. 그렇기에 아도르노는 또한 어떤 결정적 주장에도 반대하며, 따라서 결과에 대한 헤겔적 관념에 반대한다. 부정 변증법은 또한 부정에서 무엇인가가 결코 극복되거나 초월될 수 없음을, 모든 부정이 궁극적으로는 긍정으로 환원될 수 있다거나, 또는 모든 부정이 긍

정으로 환원 가능하다고 하는 주장은 성립하지 않음을 함축한다. 심지어 인간적인 것의 부정 — 비인간성 — 조차도 결코 어떤 더 높은 차원의 긍정에 의해 구원될 수는 없을 것이다. 그 무엇도 아우슈비츠를 구조할 수는 없다. 이런 근본적 또는 절대적 부정성과의 어떤 화해도 상상할 수 없다. 그러므로 어떤 종류의 결정적 제안도 피해야 한다. 이것이 음악적 전개의 관념에 미칠 영향 — 어떤 결말이나 해결도 유예suspend되어야 한다 — 은 이미 감지할 수 있다. 다시 한번 우리는, 부정이 궁극적으로 망각되거나 소멸될 최종적 해결을 배제하고 열려 있음을 보존해야 할 절대적 필요성이라는 주제와 만난다.

그리하여 이 세 가지 주제는 형식이나 음악작품이란 무엇인가에 대한 모종의 관념에, 다시 말해 음악의 가능성에 관한 미학적 입장에 — 그 입장이 이런 철학적 구조물에 의해 한계지어지거나 결정되는 한 — 영향을 미칠 것이다.

형식 — 심지어 부정적 형식 — 이나 음악작품의 관념이 잠정적으로 유지되는 한에서, 형식이나 음악작품은 어쨌거나 통일하는 또는 결합하는 어떤 것이어서는 안된다. 그러므로 형식이 존재한다면 그것은 통일성의 관념에서 떼어낸 것이어야 한다. 아도르노에게 형식은 예술작품 내의 통일의 작업일 수 없다. 그러나 바로 그런 통일이 형식의 일반적 정의인 듯이 보이는 것도 사실이다. 따라서 아도르노는 형식에, 또는 형식의 요구에 순전히 부정적인 의미만을 부여할 수밖에 없었다. 사실상 어떤 주어진 기획이나 음악작품에서 결코 통일이나 동일성의 관념에 기초하지 않을 그런 형식이란, 형식이 아닐 것을 요구할 형식이다. 어떤 종류의 형식이든 동일성과 공모관계에 있을 텐데, 도대체 무슨 종류의 형식이 실제로는 형식이 아닐 것인가? 전적으로 자신의 분열로 나타나는 형식, 형식을 폐기하는 것—즉 작품 형식의 재현을 통해, 작품에 존재한다고 가정된 통일성을 폐기하는 것—을 자신의 바로 그 본질로 삼을 형식은 도대체 어떤 것일까?

두번째로, 만일 헛된 기다림이 정말로 관건이라면, 따라서 어떤 화해도, 구원도 있어서는 안된다면, 이는 결정적 해결을 지닌 어떤 작품도 피해야 한다는 점을 의미할 것이다. 주어진 예술작품에서 그 어떤 해결, 완성, 종결, 절정, 또는 최종성finality도 있어서는 안된다. 그런 것들은 철저히 유예되어야 한다. 유예된 형식은 내재적 종합, 즉 형식 내부의 종합에 속한 해결의 형상을 거부하는 형식이다. 그런 형상은 유예되어야 한다. 그러나 음악과 관련해서 다시 말하자면, 음악작품에서 해결의 문제, 또는 작품의 목적telos의 가능성 문제는 전통적으로 제기되는 문제다. 화성和聲의 기본 관념에서부터 오케스트라 피날레의 본질이나 교향곡 종악장終樂章의 의의라는 문제 등등에 이르기까지, 해결이 어떻게 이뤄지는가에 연관된 역사가 있다.

여러 가지 다른 예가 거론될 수 있을 것이다. 이 문제는 지금까지 음악의 역사에 심대한 영향을 끼쳤다. 음악이 그 자신의 긴장의 체계를 해결할 수 있는 능력은 얼마나 될까? 음악은 긴장을 창조해놓고, 상상할 수 있는 모든 음악적 변수를 통해 그 긴장을 해결하려 한다. 그리하여 해결에 관한 이런 문제들, 특히 어떤 것이 해결로 간주되거나 간주되지 말아야 하는가를 둘러싼 문제들이 오랜 기간에 걸쳐 격동의 역사를 형성해왔다. 아도르노의 궁극적 입장은 이런 해결의 문제설정이 어떤 식으로 나타나든 그것을 포기하고, 그 대신 '앵포르멜 음악'—분열의 음악—

이 자리잡을 수 있는 유예된 제스처로서의 '헛된 기다림'을 선택하는 것으로 모아진다.

마지막으로, 요구들의 심히 부정적인 성격은 음악이 자신의 내적 부정성의 지양을 포함하는 그 어떤 과정에 의해서도 구조화되지 말아야 함을 의미할 것이다. 오히려 음악은 자신의 내부에서 자신과 다른 어떤 것과 부정적으로 마주해야 한다. (음악에서 소리, 침묵 등을 포함하는 일단[一團]의 잠재적 부정들이 식별될 수 있다.) 그러므로 음악은 그 자신의 타자성을 다루어야 한다. 사실 언제나 음악은 자연스럽게 그 자신의 타자성을 다루어왔다. 음악은 언제나 내재적 변증법, 즉 소리와 침묵, 소음과 속삭임, 들을 수 있는 것과 들을 수 없는 것의 변증법으로 이루어져왔다. 음악은 당연히 이런 변증법과 마주해야 한다. 그러나 아도르노에 따르면, 형식적 작품으로서의 예술작품의 일반 법칙은, 가령 침묵이 어떻게 궁극적으로 음악 자체의 변수가 될 수 있는가, 침묵이 어떻게 소리의 율동적 요소가 될 수 있는가를 보여줌으로써 그러한 본래적으로 부정적인 요소들의 지양을 규정한다. 이런 헤겔적 유형의 음악은 자신이 창조하는 내재적 부정성을 지양하는 데 존재하므로, 아도르노는 음악이 자신의 부정성을 지양하지 **말고** 그것을 존재하게 놓아두며 그 존재의 부정적 요구를 보존해야 한다고 본다.

그렇다면 이런 극도로 추상적인 차원에서 보았을 때, 음악에 대한 아도르노의 입장은 아우슈비츠 이후의 상황에서, 따라서 오늘날의 세계에서 무형식의formless 형식, 또는 비정형적informal 형식을 사유하는 것으로 모아진다. 이는 세 가지 상이한 측면을 포함한다. 첫째, 형식에 의한 통일의 과정을 종결시키는 음악, 따라서 진정한 차이 또는 다수성—진정으로 이질적인 것들, 다시 말하면 서로 아무 상관이 없는 것들—을 관용하는 음악이다. 둘째, 해결이 없는 음악, 말하자면 무한한endless 음악인데, 여기서는 '무한하다'는 말의 두 가지 의미가 대체로 모두 적용된다. 그것은 음악에 꼭 필요한 끝맺음ending이 없다는 것, 그리고 목적telos이라는 의미의 끝end이 없다는 것이다. 이 음악은 자신이 창조하는 긴장을 해결하지 않는다. 셋째, 그것은 그 자신의 부정적 요소를 지양하지 않는 음악, 따라서 자신의 내부에 자신과 다른 어떤 것의 가능성을 허용하는 음악이어야 한다. 이 모든 것의 결과는 명확한데, 특히 침묵, 조직되지 않은 소리, 작품의 전개와 결말과 지속 등등과 같은 특정 문제들과 관련해서 그렇다. 음악작품의 이런 모든 전통적 변수들은 부정 변증법의 맥락에서 다시 거론되면서 부정적으로 취급된다.

강의 III

철학적 문제로서의 바그너

지금까지 아도르노가 『부정 변증법』에서 어떻게 음악의 자리를 구축하는지를 살폈으니, 이번에는 바그너가 그 작업과 조금이라도 어떤 관련을 맺고 있는지 논의해보려 한다. 바그너는 이런 철학적 틀 속에 어떻게 맞아들어가는가?

『부정 변증법』보다 꽤 앞선 시점에 쓴 『바그너를 찾아서』에서 아도르노는 이미 바그너를 자신의 음악론을 펼치기 위한 반례로 삼은 바 있다. 이렇듯 아도르노의 논의 진행과정은 하나의 논쟁, 즉 바그너와의 근본적인(거의 원초적인) 싸움으로 특징지어졌다. 역사적 관점에서 볼 때, 이 싸움이 바그너와 대대적인 싸움을 벌인 최초의 인물인 니체가 벌였던 바로 그 싸움의 재연이라는 사실은 우리의 관심을 불러일으키기에 충분하다. 요컨대 바그너와의 대결은 하나의 장르를 구성하며, 나 자신도 나름대로 그 대결을 시도해볼 의향이 있다. 그렇게 함으로써 나는 라쿠라바르트의 발자취를 좇아가게 될 텐데, 앞서 아도르노와 니체가 그랬듯이 라쿠라바르트 역시 철학자가 바그너와 대결하는 것이 반드시 필요하다고 여긴다.

내가 여기서 철학자들을 언급한다면, 그것은 그들이 바그너에 철학적 · 음악적으로 집착하기 때문일 것이다. 어찌 됐든 이 문제를 피해갈 도리가 없음은 분명하다. 철학자들은 바그너와 대결하고, 나 역시 결국 그와 대결하게 될 것이다. 내가 말하고자 한 첫번째 요점이 이것이다.

하이데거에서조차 이런 사태를 발견하는 것은 매우 흥미롭다. 그의 작업에서 음악 — 내가 보기에는 예술 일반, 혹은 어쩌면 시를 제외한 다른 어떤 예술도 마찬가지인데 — 이 특별히 중요한 위치를 점한다고 말하기는 어렵기 때문이다. 하이데거에서 시 이외의 예술에 대해 특별히 복잡하거나 심오한 이해를 찾아볼 수는 없는 듯하다. 그의 글에서 음악이 드물게라도 언급될 때 그것은 그저 바그너를 비판하기 위한 구실일 뿐이다. 하이데거 역시 바그너와의 싸움에 연루되었다는 사실은 극히 시사적이다. 한편으로 하이데거가 일정 시기에 나치주의에 호의를 품었다는 점을, 다른 한편 나치주의가 하이데거와는 반대로 바그너를, 게다가 니체까지 자기들 편에 끌어들이기 위해 활발한 노력을 벌였다는 널리 알려진 사실을 고려한다면 말이다. 그래서 이것은 아주 복잡한 이야기가 된다. 처음에 니체가 바그너와 싸웠고, 그 다음에는 나치가 바그너와 융화되거나 공모관계에 있을 만한 모종의 니체를 만들어냈는데, 이는 바그너가 나치 체제의 위대한 예술적 아이콘들 가운데 하나였기 때문이었던 것이다! 여기서도 바그너에 관한 일련의 극히 복잡한 논쟁이 발견된다. 그 결과 니체, 하이데거, 아도르노, 라쿠라바르트 — 이들 모두는 라쿠라바르트가 상기시키듯이 말라르메와 보들레르의 발자취를 좇았다 — 가 바그너에 관한 논쟁의 역사를 구성하게 되었다. 이는 놀랍도록 풍요로운 역사로 드러났는데, 음악을 둘러싼 철학자들의 논쟁이 상대적으로 드문 현상임을 염두에 두면 특히 그렇다고 하겠다.

내가 제시하는 명제는 철학과 음악의 관계에서 바그너가 새로운 상황을 창조했다는 것이다. 그 상황이 새로운 이유는, 바그너가 자신에 관한 어떤 특별한 종류의 철학적 논쟁을 촉발했는데, 그 논쟁에는 필연적으로 음악에 관한 더 폭넓은 논쟁이—신화, 연극 등 그보다 한층 더 광범위한 논쟁과 더불어—수반될 수밖에 없기 때문이다.

무엇보다 나는 바그너에 관한 논쟁이 하나의 **장르**, 특히 어떤 특정 지점에서 시작하여 계속해서 체계적으로 부정적인 것이 된 하나의 장르라는 이 관념을 강조하고 싶다. 니체, 하이데거, 아도르노, 라쿠라바르트, 이들 모두는 바그너에 관한 대체로 부정적인 논쟁에 연루되었다. 그들은 각기 바그너를 이런저런 것에 대한 반례로 파악했다. 그리고 내 생각에는 이로써 구성되는 역사가 아도르노가 『부정 변증법』에서 음악의 자리를 구축하는 배경으로 작용한다. 『부정 변증법』에서 음악을 위해 구축되는 자리는 바그너에 관한 이런 철학적 논쟁, 그리고 결국은 '바그너의 경우'라는 문제를 그 직접적 배경으로 하고 있다.

그렇다면 왜 바그너는 이런 배경 하에 부정적 형상의 고전적 사례로 이해되거나 파악되는 것일까? 왜 그는 아도르노에서 궁극적으로 이런 부정적인 자리를 차지하게 될까? 아주 특정한 이유들이 있는데, 이 이유들에는 바그너에 관한 어떤 명제들이나 구조물들constructions이 내포되어 있다. 이제 이 이유들 가운데 몇가지를 살펴보겠다.

1. 니체, 하이데거, 아도르노, 라쿠라바르트는 모두 바그너를 다채롭게 구성된 대중에게 음악적 통일성을 강제하는 자, 차이들에 그 통일성을 강요하여 그 결과 타자성이라는 차이들의 본질적 성격이 사라지거나

용해되게 만드는 자로 보는 점에서 일치한다. 이것이 바그너에게 쏟아지는 주된 비난이다. 바그너는 사람을 홀리고, 유혹하고, 기만적이고, 히스테릭하고, 미광微光을 발하고shimmering, 매혹적이고, 성적인—저자마다 표현은 계속 바뀐다—음악적 축조물을 창조했다는 것이다. 니체에게 (그의 생각은 아직도 주변에서 찾아볼 수 있다) 바그너는 '늙은 마법사', 음악사의 마술사이며, 이렇게 끝없이 매혹적인 모습을 하고서 서사적 · 시적 · 무대적 · 극적 · 역사적 · 인종적 요소 등 여러 잡다한 요소들의 집합—다시 말해 상당히 실질적인 집합—을 전유한다. 그 집합에서는 바그너가 동일성의 강요와 차이의 축소를 대표하는 전형적 형상이라는 사실로 인해 음악에 강제되는 통일성 안에서 모든 것이 궁극적으로 혼합되고 용해되고 사라져버린다.

이런 생각은 여러 방식으로 표현될 것이다. 방금 언급했듯이 니체는 바그너가 위대한 주술사 또는 마법사이고, 따라서 디오니소스적 명징함의 대적大敵이라고 주장할 것이다. 반면 하이데거는 바그너가 원형적 형이상학자라고 주장할 텐데, 왜냐하면 그가 정의하는 바의 형이상학이란 **일자**the One의 패권, **일자**에 의한 **존재**Being의 포획에 해당하기 때문이다. 바그너가 창조하는 음악은 타자성에 자신의 다면적 미광을 슬쩍 강요한다는 점에서, 그는 **일자**에 의한 **존재**의—출현하고 있는 그 자유의—포획을 보여주는 하나의 음악적 사례다.

2. 이 저자들이 종종 언급하는 두번째의, 더 정치적인 이유는 바그너 음악의 이 통일성이 궁극적으로 민족 일반의 비전, 특수하게는 독일 민족의 비전—그것도 통일되고 동일주의적이며 신화적인 것—에 봉사한다는 것이다. 음악의 통일은 사실상 이데올로기적 작업이기도 하다. 그

것은 건국의 신화적 관념 안에서 **일자**가 승리하도록—통일되고 미분화未分化된 방식으로 현시되도록—하는 이데올로기적 작업의 음악적 실현인데, 해당 민족이 궁극적으로 독일 민족인 한 그런 실현은 결국 정치적 건국의 미학적 아날로공analogon, 유사대리물이다.

이처럼 음악의 통일하는 체제, 즉 음악에 통일성이 강제되는 방식은 독일성Germanness의 신화적 기원의 관념과 공모관계에 있어서 음악적 작업은 그 신화적 울림으로 인해 동시에 정치적 작업이기도 하다고 주장된다. 나치로 하여금 바그너를 자기들 편에 끌어들일 수 있게 한 것은 바로 그 신화적 측면이다. 나치가 '끌어들인다co-opt'는 말은 온건한 표현이고, 이렇게 표현하지 않는다면 우리는 바그너의 **전**前나치주의적pre-Nazi 성격을 지적해야 할 텐데, 라쿠라바르트가 실제로 하는 일이 그것이다. '원파시즘적proto-fascist'이라는 용어는 사실 바그너를 묘사하기 위해 고안되었으며 '원파시즘적' 음악에 대해 말하는 것 역시 가능할 것이다. 여기서 이 주장을 상세히 다룰 생각은 없지만, 그 주장의 배면에는 분명 추론이 존재하고 또 이를 뒷받침하는 확고한 논리가 있다.

3. 이제 개념화의 문제로 돌아가자. 바그너에서 차이는 어떤 지위를 차지하는가? **일자**가 최고의 존재로 군림하도록 선율이 궁극적으로 모든 차이들을 자신에게 종속시킨다는 주장이 널리 제기되어왔다. 그러나 바그너에서 동일성과 차이는 어떤 관계를 맺고 있는가?

바그너에서 차이는 사실 피날레의 계속된 지연에 불과하다는 주장이 되풀이 제기된다. 바그너의 음악적 담론은 매우 정교하다고 볼 수 있으며 그 담론의 지속적 특징 가운데 하나는 차별화라는 사실, 그가 조성 담론tonal discourse에서 반음계半音階 사용의 범위를 극한까지 밀고나가 조성의 불확실성을 초래했으며, 따라서 음악에서 차이를 다루는 새로운 방식을 도입했다고 볼 수 있다는 사실에도 불구하고, 반론을 펴는 측에서는 차이의 이런 처리는 **내생적**intrinsic 차별화가 아니라 피날레의 영구한 지연 또는 보류일 뿐이므로 진정한 것으로 간주되어서는 안된다고 주장한다. 이는 미묘하지만 매우 중요한 구별이다. 바그너의 음악에서 차이의 어떤 혁신적이고 내재적인 조직을 발견할 수 있다는 말과 그의 음악에 일종의 차별화의 '정념학pathetics'이 있다는 말은 같지 않다. 결국 후자는, 계속 지연됨에도 불구하고 종국에는 도래하는 어떤 피날레를 기다리는 것에 불과하게 된다. 다시 말해 차이의 처리가 결국 지연되거나 보류된 피날레에, 또는 우리를 기다리게 하다가 마침내 온음계적 해결을 들려주는 반음계 사용에 해당할 뿐이라면, 바그너에서 차이의 처리가 지니는 진정한 본질은 겉보기에 사뭇 차별화된 담론을 넘어서 궁극적으로 피날레로 귀착되고, 이 피날레에서 종결은 그토록 오랜 시간 동안 기다려졌다는 바로 그 이유에서 더욱 더 결정적인 것이 된다.

이는 이미 니체가 바그너를 가리켜 기력을 소진시키는enervating 성질이라고 부른 바 있는 바로 그것이다. '기력을 소진시키는'이란 말은 문자 그대로 받아들여야 한다. 바그너는 우리의 신경nerves을 닳게 만드는데 그 이유는 바로 다음과 같다. 바그너는 어떤 부재의 느낌을 창조하며 이것이 일종의 기다림이기는 하지만, 그것은 아도르노의 헛된 기다림과는 달리 우리가 오페라의 막이 마침내 내려오기 전까지 보류되는 해결을 기다리고 있다는 그런 의미의 기다림에 불과하다는 것이다. 차이에 관한 한 이는 일종의 신비화로 보아야지, 진정으로 차이를 다루는 것으로 볼 수는 없다고 니체는 주장했다. 이것이 바그너가 차이 원리의 참된 혁신자로 간주되는 대신 동일성의 마술사 또는 요술쟁이라고 비난받는 세번째 이유다. 그는 비둘기가 사라졌다며 일대 쇼를 벌이고 나서 마지막 순간에 마침내 모자에서 비둘기를 꺼냄으로써 놀란, 그러나 신경이 닳아 지친 청중을 즐겁게 해준다. 내가 비둘기를 언급하는 것은 물론 그것이 바그너의 4부극에 수차례 등장하는 데다 「파르지팔」의 피날레 위를 맴도는 것이 (백조는 아닐지언정) 비둘기이기 때문이다.

4. 바그너가 부정적인 자리를 차지하는 네번째 이유 역시 니체가 들고 나온 것이다. (바그너에 대한 니체의 열정은 너무나 커서, 지금까지 바그너와 관련해서 나온 모든 부정적인 말은 니체가 만들어냈다는 점이 지적되어야 한다. 그런데 니체가 바그너에 대해 쓴 글들에서 우리는 사랑싸움의 어휘를 쉽게 발견할 수 있다.) 그것은 극화의 역할, 즉 음악의 통일 자체가 종국에는 지속적 극화에 은밀히 종속되는 그 방식이다.

바로 이 지점에서 니체는 바그너를 삼류배우라고 비난한다. 그는 무엇보다 쇼맨으로서, 히스테릭한 여성의 방식으로 젊은이들의 신경을 자극하려고 애쓴다. 이 불쌍한 족속은 모두들 자신이 뭔가 아주 특별한 것에 넋을 빼앗겼다고 생각하지만 사실 거기에는 아무것도—극 말고는—없다. 그러면 이 음악에서의 극화는 무엇으로 이루어져 있는가? 물론 우리는 강한 극적 충동에 이끌리는 음악에 극화가 존재하는 것은 당연하다고 답할 수 있을 것이다. 그러나 이렇게 주장하는 사람들이 정말로 말하고 있는 것은 음악 자체가 **바로 그 구성**make-up**에서** 극화된다는 것이다. 이는 근본적으로 바그너 음악의 복잡한 세부들, 그 미세구조—어쨌든 이것을 부정할 수는 없다—가 궁극적으로 어떤 제스처에 종속된다는 것을 의미한다. 마치 오염된 강물처럼 세부를 빨아들여 종국에는 모든 것을 쓸어가버리는 것은 이 웅장한 음악적 제스처다. 그리하여 청초하고, 세부로 가득하며, 미묘하고, 끊임없는 유동의 상태에 있는 것처럼 보이는 바그너적 담론 속의 모든 것은 실제로는 독일의 군국화에 은밀히 연동된 우둔한 제스처들에 종속된다.

니체가 보기에는, 아주 미묘하게 얽혀 있는 것들이 종국에는 군대행진 비슷한 어떤 것, 바그너의 경멸할 만한 독일적 면모로 환원된다. 바로 여기에 극화, 즉 극적 형식 속에서의 음악 자체의 주조가 존재한다. 그런데 니체가 바그너의 천재성을 결코 부정하지 않았다는 점은 강조되어 마땅하다. 니체가 비제Georges Bizet[1]를 훨씬 더 좋아한다고 말했을 때 그는 바그너보다 비제가 음악적 천재로서 더 뛰어나다는 뜻이 아니었다. 그보다는, 사실 비제보다 무한히 더 창조적인 음악에서 웅장한 극적 제스처를 통해 청중을 사로잡는 이러한 요소야말로 바그너의 음악을 참을 수 없는 독일성의 영역, 음악의 경탄할 만한 기본구조를 파괴하는 궁극적인 조야함의 영역 안에 들여놓은 요인이라는 것이었다. 이것이 극화라는 주제가 의미하는 바다.

5. 마지막 이유—아도르노는 물론 이 논점을 잘 알고 있었다—는 고통의 스펙터클화와 관련된다. 이 논변에서는 바그너에서 하나의 커다란 주제인 고통이 스펙터클과 밀접하게 연관되어 있다고 주장한다. 바그너 오페라의 중요한 장면들에 활기를 불어넣는 이 고통의 스펙터클화에서 논점은 고통에 대한 음악의 근접성proximity으로, 우리는 바그너에서 고통을 쉽게 들을 수 있다. (이 문제는 뒤에서 더 충분히 다루겠지만, 당장에는 내가 반

1 1838~1875, 오페라 「카르멘」(*Carmen*)으로 유명한 프랑스의 작곡가—옮긴이.

[反]바그너주의자의 편에서 가능한 한 설득력있게 의도적인 반론을 펴는 역할을 수행하고 있음을 말해두고자 한다.) 사실 바그너의 음악 속에서 우리는 사람들이 통상 그를 비난할 때 언급하는 **감상성**보다 훨씬 더 심오한 비통함, 분리, 내적 긴장의 효과를 발견할 수 있다. 반음계적 불협화음, 오케스트라를 다루는 방식, 현악기 배치 같은 것들을 더 자세히 살피면 극히 독특한 비통함의 효과를 창조한다고 볼 수 있는 무엇인가가 있다. 따라서 바그너는 음악가로서 고통의 대가로 간주될 수 있겠는데, 이는 단순히 플롯 때문이라기보다(고통이 그로부터 나오기는 하지만), 그가 비통함을 불러일으키는 음악, 결코 문제를 해결한다는 인상을 주지 않고 가장 깊숙한 중심에서 바로 이 비탄을 드러내는 음악을 창조했다는 사실 때문이다. 이렇게 볼 때 반음계적 불협화음과 그 밖의 기술들은 그저 일단의 제스처들이나 고통의 극화에 그치지 않고 진정한 고통의 음악을 창출하는 데 기여한다.

그러나 앞서와 똑같은 방식의 논변을 펴는 가운데, 이 고통은 결국 스펙터클과 밀접하게 연관되어 있고, 아도르노가 말하는 의미에서 진정한 타자성으로, 환원 불가능한 것의 경험으로 다루어지기보다는 그저 **전시될** 뿐이라고 반론을 제기할 수 있다. 오히려 고통은 스펙터클의 총체적 논리에 광범위하게 노출되고 종속된다. 바그너에서 고통은 비통함 자체가 아니므로 그것은 극화되며 스펙터클의 제스처에 종속되는 것이다. 이는 아주 중요한 현시대적 문제다. 바그너에서 고통의 주제는 어떤 음악적 의미를 지니는가? 아도르노에게도 이 문제는 극히 중요하다. 고통은 진정 환원 불가능한 비통함으로 현시되는가, 아니면 궁극적으로 스펙터클의 감상적 효과 안에 편입되는가? 이 문제를 해결하려 할 때 우리가 얼마나 엄밀해야 하는지는 충분히 짐작할 수 있다.

니체 식의 논리를 통해 우리는 논점 전체를 다음과 같은 확신으로 요약할 수 있는데, 여기서 확립되고 있는 것은 간단히 말해 종교와의 모호한 연관성이다. 고통의 스펙터클화, 정교한 세부들이 제스처에 종속되는 사태, (최후의 심판이나 메시아의 도래가 언제나 지연되는 것처럼) 계속 지연되는 피날레, 도처에 스며든 국가 형성의 신화, 어떤 실질적 차이도 결여된 공간의 음악적 통일, 이 모든 것이 결합하여 종교와의 모호한 연관성을 만들어낸다. 바그너는 반복해서 종교적 소재를 이용하는데, 따지고 보면 그가 그것을 **신화적** 소재로 이용한다고 주장할 수도 있다. 다시 말해 그는 이교도 상징체계를 다루는 것과 똑같은 방식으로 기독교 상징체계 전체를 이용한다. 기독교적 소재는 보탄Wotan[2]이나 북유럽 신전의 다른 모든 신들과 마찬가지로 극적 소재로서 도입되는 것이다.

그러나 이처럼 기독교적 소재를 극적 · 서사적 소재로 이용하거나 이용하려고 시도하는 것, 혹은 제기되는 난관에도 불구하고 자신이 기독교를 장악할 수 있다고 생각한 바그너에게 이런 상징체계가 가할 법한 복수 같은 것이 가장 중요한 점이 아닐지 모른다. 여기서 그보다 중요한 점은 종교와의 모호한 연관성이 **간접적** 주제들, 플롯 안에 존재할 뿐 아니라 니체가 보기에 종교에 대한 궁극적 충절을 포함하는 주제들을 통해 도입된다는 것이다. 이런 주제들은 결국 두 가지로 압축될 수 있을 것이다.

- 첫째, **순수함**의 주제로, 사실 바그너에서 극히 희한한 형태로 변주되면서

2 게르만 민족이 숭배한 신으로 북유럽 신화에서 오딘(Odin)으로 불리며, 오페라 「니벨룽의 반지」에 등장한다 — 옮긴이.

반복해서 등장한다. 불교적 주제(여기서 쇼펜하우어의 영향은 부인할 수 없다)와 몇몇 채식주의 경향이 다채로운 다른 변주들과 더불어 여기저기에 등장한다.

- 둘째, 순수함의 주제와 연관된 **대속**redemption과 **구원**salvation의 주제가 있는데, 이 주제는 그 어떤 특정 종교에서도 분명 거대한 문제를 구성한다.

그렇다면 바그너 음악의 가장 깊숙한 중심에서까지 발견되는 이러한 순수함과 구원 사이의 연관성이 종교와의 모호한 결합을 찾아낼 기회를 제공한다는 점은 명백하다.

더 사소하지만 더 분명하기도 한 관점에서 볼 때 여기서 제기되는 문제는 성sexuality과 음악 사이의 연관성이다. 이에 관해서는 정신분석학이 대활약을 펼칠 수 있을 테지만, 이 문제는 사실 (독립되어 있기는 해도) 종교적 함의에 연관된 것일 수도 있는데, 따지고 보면 종교적 함의야말로 문제의 가장 중요한 내용임이 분명하다.

젊은 시절 나는 우연히 베네딕트회의 음악학자가 쓴 책을 읽게 되었다. 저자의 이름은 클레망 야콥 경Dom Clément Jacob[3]으로 기억한다. 그는 음악이 본질적으로 순수하며, 이미지라는, 언제나 다소간 선정적인 범주에 어울리지 않기 때문에 모든 예술 가운데 가장 순수하다고 주장했다.

---

3 1906~77. 막심 야콥(Maxime Jacob)이라고도 불리는 프랑스 작곡가이자 오르간 연주자로서, 『예술과 은총』(*L'art et la grâce* 1939), 『두 가지 소리의 기억』(*Souvenirs à deux voix* 1969)이라는 두 권의 책을 쓰기도 했다.

회화의 역사를 분석해보면 모든 그림이 누드가 되는 경향이 있다는 것은 주지의 사실이다. 16~17세기 이래 회화의 순수함을 주장하기는 대단히 어렵다. 분명 성 세바스찬의 순교를 묘사하는 여러 그림들조차 즉시 정신분석학적 탐구를 요청하는 듯한 인상을 자아낸다. 응시의 욕망, 혹은 라캉이 종종 말했던 욕망의 대상으로서의 응시는 무엇인가? 하지만 클레망 야콥 경은 음악에서 근본적 순수함을 식별해냈다. 그러나 이미 그는 골치아픈 문제와 씨름해야 했으니, 바로 「트리스탄과 이졸데」의 제2막이다. 이것에 관한 한, 클레망 야콥 경조차도 더이상 음악의 순수함이라는 관념을 옹호하기 어려웠던 것이다.

그러므로 바그너에는 독특한 성적 요소가 있고, 음악과 성 사이에는 명확히 밝혀볼 만한 어떤 연관이 있다고 말해야 하리라. 성적 요소는 그와 정반대인 것처럼 보이는 주제들—순수함과 구원—뒤에 숨어 있을지도 모른다. 바그너의 작품 어디에나 등장하는 저 기묘한 인물들, 보통은 레더호젠Lederhosen[4]을 입은 순진한 소년들을 떠올려보자. 아니면 한번도 여자와 섹스를 해본 적이 없고, 마침내 이 결핍을 메우게 되었을 때 어떤 악마적 모험에 사로잡히게 되는, 벽지僻地 보이스카우트처럼 차려입은 젊은 지크프리트라도 떠올려보자. 우리는 꽤 놀라운 몇몇 장면들을 접하게 되는데, 가령 지크프리트가 브륀힐데Brünnhilde의 갑옷을 벗기고, 그녀의 드러난 가슴을 보고서 주춤거리며 뒤로 물러나 "여자로군!" 하고 소리치는 장면이 그렇다.[5] 고백건대 우리는 조금 당황스러워지고

4 멜빵이 달린, 무릎까지 오는 가죽바지—옮긴이.

5 「지크프리트」 제3막 제3장.

음악은 이를 전달하는 데 애를 먹는다.

물론 니체는 음악의 에로틱한 요소라는 이 문제에 주목했지만 그로 인해 난처한 입장에 빠졌는데, 왜냐하면 보통 그는 이런 면을 칭송하는 경향이 있었기 때문이다. 대신 그는 바그너의 음악에 있는 에로틱한 요소가 궁극적으로 순수함이나 구원과 같은 종교적 주제들에 종속된다고 결론지었다. 여기서는 이전과 동일한 역학이 작동하고 있다. 바그너의 완전히 독보적이고 창조적인 혁신으로 평가될 수 있었을 행위—새로운 종류의 주관적 관능을 음악 안에 도입한 것—가 오히려, 오케스트라 영역에서 그가 이룩한 엄청나게 복잡한 발명들이 받았던 대접과 똑같은 대접을 받는다. 즉 그것은 무언가를 두고 바그너를 비판하는 수단이 되는 것이다. 그리하여 그는 그 혁신으로 좋은 평을 받지 못하는데, 왜냐하면 이 외견상의 혁신이 전에는 단점으로 간주되었다가 이제는 기만적인 어떤 것으로 여겨지기 때문이다.

그러나 바그너가 음악에서 새로운 종류의 관능을 창조했음은 부인하기 어려울 것이다. 클레망 야콥 경조차 「트리스탄과 이졸데」의 경우에는 자신이 평소 음악에 부여했던 관조적 순수함을 장담하지 못했던 것이다. 그는 저 무궁한 밤의 장면에서, 두 연인이 자신들을 숨겨주는 밤의 감싸는 듯한 어둠 속 무대 위에서 애정행각을 벌이는 인상을 받았는데, 이 인상이 완전히 틀렸다고는 할 수 없다. 그처럼 칠흑같이 어두운 밤에는 음악이 정말로 완전히 에로틱한 효과를 발휘했음을 인정해야 한다!

바그너의 음악과 종교 간의 모호한 연관성에 관한 내 주장의 결론을 맺자면, 나는 그 연관성이 형성되는 진정한 미적 현장이 바그너가 기독교의 상징적 소재를 마치 범상한 신화적 소재인 양 다루려고 시도했던 극적 플롯에 있다고 생각하지 않는다. 음악적으로 말해서 가장 중요한 문제는 이 새로운 에로티시즘이 과연 음악에 내속하는가, 그리고—마치 바그너가 니체의 견해와는 반대로 음악상의 최초의 위대한 이교도, 음악을 불순하게 만든, 음악에서 그 자연적 순수함을 없애버린 최초의 인물인 양—그가 이미 오래 전에 회화를 관통했던 것을 실제로 음악에 도입했는가 하는 것이다. 문제는 이것이 반박할 수 없는 어떤 것인가, 즉 과연 바그너적 매혹을 특징짓는 그런 종류의 에로틱한 불순함이 결국은 구원이나 순수함의 논리에 종속되는가, 그리고 과연 이런 에로틱한 것의 미장센의 모든 의미가 종국에는 그저 금욕적으로 에로틱한 것을 제거하는 것으로 귀결될 뿐인가를 아는 데 달려 있다.

아도르노의 전 체계—기다림, 신화, 요구들의 부정적 성격의 문제들을 결합하는—와 분명히 연관되는 이런 모든 주제들을 둘러싸고 '바그너의 경우'의 다양한 국면들이 형성되었으며 이 국면들은 마침내 바그너를 하나의 '경우'로 만들었다. 그리하여 그의 당대로부터 바로 현재에 이르기까지 바그너는 격렬한 논쟁의 초점이 되어왔는데, 이 논쟁에서 우리는 (물론 다소 도식적이긴 하지만) 세 가지 국면을 가려볼 수 있을 듯하다.

1. 첫째, 미학과 민족성에 동시에 초점을 맞춘 바그너 논쟁이 있었다. 그의 예술은 오페라, 음악 등에서 새로운 상황을 창조한 진정으로 새로운 예술이었는가? 이 새로운 예술과 민족성(독일인, 프랑스인 등)이라는 문제는 어떻게 연관되는가?

이것은 예술의 주요기능, 그리고 그 기능이 민족성과 연관되는 방식에 관한 문제다. 말라르메가 바그너와—주로 그에 반대하여—벌인 논쟁조차 이런 방식으로 규정되었다. 이 논쟁은 결국에는, 궁극적으로 프랑스어에 뿌리를 둔 프랑스 예외론 대 독일신화 및 음악미학 간의 대립을 내포했다. 이처럼 미학과 민족성 양자에 관한 논쟁이 첫번째 국면을 형성했는데, 이 국면은 보들레르와 더불어, 또는 바그너가 프랑스인들의 인정을 받기 위해 애쓰던 시절로부터 시작되었다. 그것은 기본적으로 프랑스-독일 논쟁이었다. 사실 바그너가 파리에서 「탄호이저」를 무대에 올린 데는 자신이 유럽 최고의 오페라단이라고 생각했던 파리 오페라극장에서 인정받고자 하는 의도가 있었다. 상황이 악화된 이후 그는 줄곧 프랑스에 지독한 악감정을 품었다. 논쟁이 노골적으로 민족주의적이었던 까닭은 바로 그것이다. 이 논쟁은 '바그너와 새로운 예술' 그리고 '바그너와 독일'로 명명될 수 있을 것이다.

2. 다음으로, 내가 보기에 양차 세계대전 사이의 기간과 그 직후에 정치적 · 이데올로기적 논쟁이 있었는데, 원래 니체에 의해 촉발되었고 후에 바그너주의와 나치주의 사이의 타협이라는 맥락에서 수정된 논쟁이다. 후자의 시기에는 히틀러가 그토록 열렬한 바그너 숭배자였던 이유, 국가사회주의 하 바이로이트의 정치 등의 문제와 더불어 바그너의 반유대주의의 문제가 다시 논점으로 떠오르기 시작했다. 그리하여 바그너주의의 정치적 · 이데올로기적 성격에 대한 비판적 고찰이 진행되었고 그 안에서 또한 크게 갈라지는 입장들이 각기 목소리를 냈다. 이 시기에 특히 바그너에 대한 하이데거의 논박(그 맥락이 극도로 복잡하다는 데 대해서는 앞서 언급한 바 있다)이 있었고 아도르노의 초기 에세이들이 출간되었다는 사실은 시사적이다. 이번 경우에는 논쟁이 '바그너와 파시즘' '바그너와 반유대주의' 또는 '바그너와 나치주의'로 명명될 수 있다.

3. 마지막으로, 음악과 철학에 관한 논쟁이 진행되어 오늘날에까지 이

르고 있다. 여러 논쟁들이 중첩된다는 점에 유의하자. 가령 이 세번째 논쟁에서는 자연히 '바그너와 파시즘'의 문제가 여전한 연관성을 지니는 것으로 여겨진다. 지금 우리가 다루고 있는, 음악과 철학에 관한 이 새로운 논쟁에서, 그 둘 사이를 새롭게 연결해보려는 시도에 있어 바그너는 어떤 의미를 지니는가? 음악과 철학 사이에 새로운 연관성을 창조하는 일의 가능성 또는 불가능성과 관련하여 바그너가 수행하는 역할은 무엇인가? 많은 사람들이 주장하듯이 그것은 부정적인, 또는 주로 부정적인 역할인가?

그러므로 나는 내가 여기서 하고자 하는 말을 이 세번째 국면에 대한 하나의 기여로 자리매김하고자 한다. 여기서는 앞의 두 가지 국면이 결합되는데, 나의 기여는 오늘날 우리가 바그너에서 음악과 철학의 연관성—바그너가 그 안에서 언제나 부정적 역할을 해온 연관성과는 다른 종류의—에 대한 어떤 근거를 발견할 수 있는 이유를 제시하는 데 있다. 그러나 확실히 그것은 19세기 말에서 20세기 초까지 프랑스를 비롯한 모든 곳에서 맹위를 떨친 어리석은 바그너주의—그 종교적 함의는 정말 뻔했다—로의 회귀로 귀결되지는 않을 것이다. 내가 염두에 두고 있는 테제는 훨씬 더 제한된 것으로서, 그것은 바그너의 작업을 자세히 살펴보면 왜 지금까지 음악과 철학 사이에 그토록 오랫동안 그토록 명백한 긴장이 있었는지, 그리고 어떻게 이 긴장의 변수들이 분석될 수 있을지를 명확히 알 수 있으리라는 것이다.

바그너의 작품에서 수많은 사례를 뽑아서 다룰 다음 강의에서는 이 모든 것을 살피게 될 것이다.

하지만 그 전에—결론삼아, 그리고 출발점으로 돌아가서—나는 형식은 형식적 변형으로서만 발생할 수 있다는, 즉 형식은 주어진 질료에 **일자**the One를 강요하는 데 있지 않고 형식적 변형의 과정 자체에 있다는, 이제는 널리 받아들여지는 관념과 관련해서, 바그너를 그와 아도르노와의 관계라는 면에서 살펴보겠다. (특히 음악적인 면에서) 설명되어야 할 것은 형식이 어떻게 자신의 변화과정—이에 의거하여 '앵포르멜 음악'이 규정될 수 있다—에서 스스로 해소되거나 용해되는가 하는 점이다.

이는 바그너에 관한 매우 일반적인 문제를 제기하는데, 그것은 그의 변형 능력과 연관된다. 그의 경우 각각의 오페라마다 다른 색채배합이 있고, 이는 설명하기 힘든 어떤 이유로 단 몇소절만 가지고도 분별해낼 수 있다. 그러나 색채에서의 이런 놀라운 변주는 다음과 같은 문제의 핵심을 해결하는 데 충분치 않을 것이다. 즉 바그너 음악의 특징을 형식의 면에서 아주 명확하게 기술할 수 있는가? 그에게 절대적으로 전형적인, 말하자면 바그너적 '수법gimmicks'이 존재하는가? 물론 존재하지만, 그 이상의 어떤 것 역시 존재할지 모른다. 더 깊은 층위에서, 바그너 음악의 본질은 그런 '수법'으로 환원될 수 있는가? 혹은 그 본질은 훨씬 덜 자명한 변형 규칙을 내포하는가?

이런 변형 능력은 우리 귀에 곧바로 들려오는 것과 정확히 상응하지 않는다. 오히려 그 능력은 들리는 것이 들리지 **않는** 것에 의해 결정되는 방식에 존재한다. 다시 말해 그것은 바그너의 음악에서 침묵이 지니는 형식적 역할에 상응한다. 종종 바그너가 그의 음악이 지니는 명백한 힘으로 간단히 환원되는 것과는 대조적으로 말이다. 물론 소리 자체의 힘은 실제로 명백한데, 때로는 최음제와 같고, 또 어떤 경우는 군국주의적이거나 지나치게 감상적이다. 모든 것이 조금씩 들어 있는 것이다. 그러나 이것이 정말로 바그너의 음악이 오늘날 우리에게 의미하는 바인가? 그 안에는 사실 어떤 들을 수 없는 것, 훨씬 더 미묘하고 은밀한 어떤 것이 작용하고 있지 않은가? 이 현상을 살펴본다는 것은 바그너의 편력에 대해 다소간 '미시적인' 접근이라고 부를 만한 것을 시도한다는 의미일 것이다. 이것은 예시가 필요할 텐데, 이를 위해서는 분명 우리가 그의 음악을 더 촘촘히 분석해야 할 것이다.

특히 전조轉調에 관한, 아주 재미있는 문제가 있다. 니체는 바그너가 자신의 음악에 **오직** 전조만 존재하도록 작품을 만들었으며, 바로 이런 방식으로, 언제나 사태가 줄곧 진전되게 만들고 전조들을 통해 청중을 과잉흥분 상태에 빠트리면서 모든 사람을 속인다고 주장했다. 그러나 우리는 이를 조금 더 깊이 들여다볼 필요가 있다. 바그너에서 전조의 본질은 무엇인가? 그것은 실제로 어떤 구조를 갖추고 있는가? 하나의 대사臺詞에서 다음 대사로 어떻게 넘어가며, 이 새로운 방식의 진행과 오페라에서의 전통적 단절체계 사이에는 어떤 관계가 있는가? 이로부터 최종적으로 다음 질문이 제기된다. 오페라의 진행 자체의—음악과 극 사이의 불가분하게 음악적이고 극적인, 또는 결정 불가능한 상호작용의—뚜렷하게 바그너적인 조직이란 어떤 것인가?

주지하듯이 이것은 바그너가 결별하고자 했던 전통적 오페라의 주요 문제였다. 바그너 이전의 작곡가들은 음악과 극을 연결하기 위해 단순히 불연속성에 의존하곤 했다. 언제나 그들은 이야기의 기본적 사실들을 노래가 아닌 다른 방식으로 말하기 위한 순간을 포함시켰다. 이에 따라 극과 음악 사이의 연결은 결정 불가능하다기보다 **결정된** 것이었다. 그것은 단절을 낳는 명백한 형식적 장치로 나타났다. 단절은 바그너 이후에는 구식으로 간주되었지만, 그럼에도 불구하고 그것은 극과 음악 사이의 연결을 다루는 극히 합리적인 방식이었다. 바그너는 그와는 다른 것을 제안했는데, 극과 음악의 상호작용은 결정 불가능해야 하며, 그 둘 사이에 불연속성을 통한 어떤 결정도 내려서는 안된다는 것이었다. 이는 불연속성이 실제로 제거되는 것이 아니라 전치된다displaced는 것을 의미한다. 가끔 사람들은 불연속성이 연속성에 의해 대치되었다고 말해 왔는데, 이것도 정확한 말은 아니다. 불연속성이 자리를 바꿨다고 말하는 편이 더 정확할 텐데, 왜냐하면 불연속성은 여전히 존재하기는 해도 이제 연속성의 토대 위에서 다루어졌지 그 반대가 아니었기 때문이다.

이것이 내가 이 강의를 마무리하며 언급하고자 하는 문제다. 그것이 아마도 오늘날 가장 중요한 문제라고 생각하기 때문이다. 음악적인 면에서뿐만 아니라, 내 생각에는 철학적인 면에서도 그렇다. 국지적인 것과 세계적인 것 사이의 관계라든가 연속성과 불연속성 사이의 관계라는 문제, 또는 이행의 본질이라는 문제는 철학의 모든 분야에서, 그리고 특히 (말이 난 김에 언급만 하자면) 정치에서 하나의 중요한 문제다. 사실상 불연속성이 더이상은 혁명의 전통적 형상 안에 정치적으로 표현되지 않는다면 그것은 **대체** 어떻게 표현되는가? 더이상 그 어떤 불연속성도 없다고 결론지어야 하는가? (그것은 결국 역사의 종말이라는 관념과 유사한 관념이 될 것이다.) 아니면 불연속성이 연속성의 압도적 현현 뒤에 숨어 있다고 보아야 하는가? 내 생각에 후자는 전형적인 바그너적 문제다. 사실 바그너는 일반적으로 불연속성을 연속성 안에 묻어버린 사람으로 이해된다(라쿠라바르트의 또다른 라이트모티프). 반면 나는 바그너가 불연속성을 심오한 방식으로 전치시켜서 그것이 서사극과 음악 간의 결정 불가능성의 새로운 형상으로 기능하게 되었으며, 그렇게 함으로써 그가 연속성과 불연속성 간의 새로운 모델을 발명했다고 생각한다.

강의 IV

'바그너의 경우' 재론

1. 서장

앞서 보았듯이 바그너라는 이름, 바그너라는 기표는 오랜 세월 동안 '음악과 철학'의 문제에서 하나의 논점이 되어왔다. 나는 그 이름이 극히 특이한 역할을 한다고 주장했다. 그리고 나는 20세기의 끝을 목격한 우리들에 관한 한, 이것은 두 가지 순환의 결합이라고 부를 만한 것에 기인한다고 생각한다. 두 가지 순환이란 계보학적 순환과 이데올로기적 · 정치적 순환을 말한다.

계보학적 순환은 사실 철학 내적인 또는 미학 내적인 순환인데, '바그너의 경우'가 형성되거나 전개된 역사, 다시 말해 그것이 **구성된***constructed* 역사 — '바그너의 경우'는 바그너의 작품 자체로부터 직접 파생되지 않는 구조물이다 — 를 펼친다. 의심할 여지 없이 바그너는 하나의 경우case가 만들어지기를 깊이 원했고, 그렇게 되도록 최선을 다했다. 니체는 바그너의 성격에서 뚜렷이 드러나는 연극적인 면모에 대해 몇쪽에 걸쳐 훌륭한 글을 남겼다. 그러나 사실상 '바그너의 경우'의 구성과 극화는 그것보다 훨씬 더 멀리 진행됐고 마침내 그 자체로 일종의 기획enterprise 이 되었다. 그것은 보들레르에서 시작하여 말라르메, 니체, 토마스 만Thomas Mann, 아도르노, 하이데거를 거쳐 라쿠라바르트, 프랑수아 레뇨, 슬라보예 지젝, 그리고 나 자신에까지 이어져온 것이다.

이 기획은 음악적 문제가 연관된—사실 미증유의—거대한 경우다. 그것은 19세기 중반 이후 바로 오늘날까지, 다시 말해 모더니티라고 부를 수 있는 시기에서 이른바 포스트모더니티의 시기까지 철학과 그 예술적 조건, 특히 음악적 조건 사이의 관계라는 면에서 바그너를 말하자면 대단히 중요한 해석학적 초점으로 만들었다. 전통적으로 모더니티의 핵심적 형상들을 창조한 최초의 인물로 여겨지는 시인 보들레르가 (적어도 프랑스에서는) '바그너의 경우'를 구성하는 작업을 처음으로 뛰어나게 수행한 인물이기도 했다는 사실은 극히 흥미롭다.

이 계보학적인 첫번째 순환에 이어 이데올로기적 · 정치적 순환이 등장했다. 그것의 뿌리 역시 19세기에 있지만, 내가 보기에 그것은 1930년대부터 오늘날까지 이어지고 있다. 오늘날에도 그것은 여전히 전적으로 적실하며, 그 중력의 중심은 나치주의의 기원과 바그너 간의 상관관계다. 첫번째 순환과 구별되면서도 연관되는 이 순환의 실증적 근거는 한편으로 바그너의 반유대적 발언들, 다른 한편으로 최고위급 나치당원들이 바그너를 자기들 편에 끌어들인 것co-opting 사이에서 확실하게 발견된다.

내 생각에 현대판 '바그너의 경우'는 이 두 가지 순환이 교차하는 지점에 위치한다. 한편에는 '바그너의 경우'를 구축하는 작업의 철학적 계보가, 다른 한편에는 오늘날 유럽 유대인 학살과 반유대주의와 나치주의의 문제가 지니는 핵심적 중요성에 비추어 새롭게 고찰되고, 이해되고, 분명하게 표현된 바그너 문제가 있다. 다른 많은 이들처럼 바그너 역시 이 모든 것에 연루되었지만 그의 위치는 내생적으로 계보학적인 것이다. 바그너에게는 어딘가 **원파시즘적인** 데가 있다는 취지의, 그에게 빈번히 적용되는—특히 지젝에 의한—묘사는 그 계보학적 위치에서 유래했다. 이처럼 '바그너의 경우'는 미학적 · 철학적인 경우이자 동시에 이데올로기적 · 정치적인 경우다.

이런 면에서 우리 목적에 맞는 두 가지의 지적 참조대상이 있다고 보는데, 둘다 제2차 세계대전 이후 그 '경우'가 다루어진 방식에 매우 결정적인 역할을 한 것으로 드러났다.

첫째로는 젊은 시절에 펴낸 바그너 연구서에서부터 아우슈비츠 이후 예술이 가능한가의 문제를 다룬, 파급력있는 저작까지 선보인 (「강의 2」와 「강의 3」에서 다룬) 아도르노가 있다. 분명 아도르노는 두 가지 순환의 교차점에 대단히 의미심장하게 위치해 있으며, 결국 그의 역할이 그토록 중요한 이유도 여기에 있다. 그는 철학적으로 바그너를 넘어설 필요에 대해서뿐만 아니라 나치주의와 유럽 유대인 학살 이후 예술이 어떤 형태를 띨 것인가를 두고 확고한 자기입장을 취했다.

두번째 참조대상은 지버베르크 감독과 그의 모든 영화들이다. 이 영화들은 일단의 극히 비범한 분석들, 특히 '바그너의 경우'를 구성하는 다양한 순환들에 관한 분석들로 이루어져 있다. 이를 잠깐 돌아보자. 1972년에 지버베르크는 「루트비히: 순결한 왕을 위한 진혼곡*Ludwig: Requiem for a Virgin King*」을 만들었다. 바이에른의 왕 루트비히 2세에 관한 영화로서 바그너로 온통 가득 차 있으며, 바그너와 독일의 관계를 다루는 영화이기도 하다. 지버베르크의 1975년 영화 「위니프레드 바그너의 고백*The Confessions of Winifred Wagner*」은 말하자면 바이로이트를 히틀러에게 넘긴 데 대해 책임이 있는, 따라서 그 모든 상황의 중요한 목격자인 위니프레드 바그너[1]와 영화제작자 간의 엄청난 인터뷰 내용을 담고 있다. 이어 1977에 지버베르크는 「히틀러: 한편의 독일영화*Hitler. A Film from Germany*」를 만들었는데, 이것은 히틀러, 나치주의, 그리고 다시 바그너의 문제를 다룬 7시간짜리 영화다. 마지막으로 1982년에 그는 바그너의 「파르지팔」을 영화로 각색한 「파르지팔」을 만들었다. 이 영화들은 독일 문제와 바그너 간의 관계라는 주제를 분명하게 표현하고 형상화하고 있기 때문에 모두가 매우 중요하다.

바그너는 독일 문제에 대한 위대한 예술적 해석자 가운데 한 사람으로도 간주될 수 있으므로, '독일'은 조금 전에 언급한 두 가지 순환이 교차할 수 있게 만든 단어라 해도 무방하다. 바그너에 관한 사유의 지배적 흐름과 관련해서 계보학적 순환과 이데올로기적 · 정치적 순환 사이의 연계가 형성되는 일반적인 방식은 바그너의 예술철학에, 또는 그 저변의 형이상학적 토대에 내재한 **보수적 혁명주의**라고 할 만한 것의 추상적 원리를 적시하는 것이다. 이 경우에 니체의 시대 이후 지금까지 지배적이었던 반바그너적 흐름의 통상적 논법은 바그너의 미학—본질적으로 그의 예술적 신조—이 보수적 혁명주의의 원리, 또는 마르크스Karl Marx가 **봉건적 사회주의**라고 불렀던 것이 실행되는 방식에 있다는 것이

1 1897~1980. 리하르트 바그너의 아들 지크프리트 바그너(Siegfried Wagner)와 결혼한 영국 여성. 히틀러와 친분이 두터웠으며, 남편 사후 1930년부터 1945년까지 바이로이트 축제를 관장했다—옮긴이.

었다.

바그너가 봉건적 사회주의의 위대한 예술가라는 이론을 뒷받침하는 논변은 많이 있으며, 내가 그 이론을 하찮은 것으로 제시하려는 것은 결코 아니다. 더 현대적인 용어로 원파시즘은 봉건적—사실은 바그너적—사회주의의 나치주의 이후의post-Nazi 복원이다. 다시 말해 원파시즘은 봉건적 사회주의가 국가사회주의 안에서 띠었던 진정으로 파시즘적인 차원에서 (오늘날의 관점에서 볼 때) 이른바 계보학적 또는 정초적 역할을 수행한 보수적 혁명주의인 것이다. 따라서 그 이론은 다음과 같이 전개된다. 음악과 무대에 관한 한 바그너는 단절을 초래했다(몇가지 점에서 이것은 부인할 수 없다). 음악에서든 무대에서든 바그너 이후의 오페라가 그 이전의 오페라와 더이상 같지 않았다는 사실을 무시하기는 불가능하다. 그러나 이 단절은 본질적으로 퇴영적인 것이었다. 지속적으로 제시되는 논변에 따르면, 봉건적 사회주의 또는 보수적 혁명주의 유형의 예술적 · 이데올로기적 기획은 어떤 새로운 신화의 주제에 고착되기 때문에 본질적으로 퇴영적이다. (추정되는 바에 따르면) 바그너에게 예술의 기능은 어떤 새로운 신화를 창조하는 것이었다. 더 중요한 문제로, 니체가 제시한 이후 사람들이 앵무새처럼 줄곧 되뇌어온 설명에 따르면, 청중을 자리에 잡아두기 위해서 또는 하나로 결속시키기 위해서 새롭게 과도한 관능이 도입되었다. 이는 다음 질문에 따른 것이었다. 사람들의 정신과 **이념**을 한데 묶기 위해서는 어떻게 해야 하는가? 바로 이것이 의제였다.

그런 통일성을 달성하기 위해서는 청중에게 이 질문에 대한 궁극적으로 원파시즘적인 해결책을 슬쩍 강요할 수 있도록 계속해서 그들의 넋을 빼놓아야 할 것이다. (추정되는 바에 따르면) 이 해결책은 결국 옛 신들과 기독교의 새로운 신 사이의 경계 저편에 위치한 새로운 신화를 도입하는 것이었기 때문이다(이것이 라쿠라바르트와 다른 많은 비판자들의 주요 주제다). 옛 신들과 새로운 기독교 신 사이의 경계를 초월할 목적을 지닌 신화적 구상configurations을 청중이 순순히 받아들이도록 그들을 최면상태에 빠트리기 위해 바그너의 과도한 관능, 그리고 그가 고안한 예술적 기술들의 조직망 전체가 전개될 것이다. 그리하여 이 새로운 신화는 신들의 죽음에 관한 이교도 신앙—황혼기의 그리스 신들, 또는 그들에 상응하는 게르만 신들(사실상 체계는 동일하다)에 관한 이교도 신앙—이 될 것이다. 따라서 그것은 신들의 죽음에 관한 이교도 신앙 그리고/또는 지양된 기독교가 될 것이다.

이것이 「파르지팔」의 진정한 의미를 둘러싼 문제인데, 그 의미는 정말 솔직히 말하면 그렇게 자명하지 않기 때문에 오늘날에도 여전히 논쟁거리가 되고 있다. 「강의 5」에서는 전적으로 이 문제만을 다룰 것이다. 어쨌든 그 오페라는 구원자의 구원the redemption of the Redeemer이라는 관념으로 끝난다. 두번째 구원이 요구되며, 이로써 기독교는 재긍정되어 사실상 지양된다. 따라서 재긍정된 기독교가 하나의 종교 자체로서가 아니라 바로 하나의 새로운 신화로서, 즉 그 자신의 긍정에 관한 신화 속에 통합된 신화로서 궁극적으로 용인될 수 있다는 이 관념에는 어딘가 니체적인 데가 있다. 그렇다면 이 새로운 신화의 고국은 독일이 될 것이다. 이교도 신앙과 기독교를 모두 넘어서는, 독일을 터로 삼은 새로운 신화가 생겨날 것이다. 이 관념이 전혀 새로운 것은 아닌데, 이미 헤겔에게 **절대이념**의 터는 독일, 또는 프러시아 관료제였던 것이다. 뒤에 다시 논하겠지만 바그너의 독일은 더 모호하다. 바그너에서는 '독일이란 무엇인가?'의 문제가 정말로 복잡해진다.

그리하여 음악적 · 극적 혁신을 통해 도달하는 예술의 목적론이 등장할 것이다. 주지하듯이 바그너는 총체적 예술작품을 통해 예술의 종합을 구현하기를 갈망했다. 이에 따라 우리 앞에는 그리스와 기독교의 대립을 궁극적으로 넘어설 어떤 신화를 강요하기 위한 예술의 목적론이 주어지는데, 이 목적론은 정치적 급진주의, **민족**의 긍정으로 전이된 혁명적 급진주의와 연계되어 있다. 그러므로 그것은 벤야민Walter Benjamin이 **정치의 미학화**라고 부른 것의 고전적인 사례며 이것이 바그너 비판을 내내 관통하게 될 주제다. 그의 작품에는 정치의 미학화가 있다. 다시 말하면 예술의 신화적 목적론과, 혁명적 파열의 이론을 궁극적으로 민족의 형성에 가져다 쓰는 급진주의의 교차가 있다.

이런 고발에 의하면 (여기서 나는 당분간 검사 역을 맡겠다) 바그너가 사용한 기술은 필연적으로 불순하고 유해하며 심지어는 역겹다고까지 말할 수 있을지도 모르겠다. 바그너가 논의될 때 이런 말은 반복해서 들린다. 바그너의 음악은 과도한 매혹의 음악이기 때문에, 사실 그것은 부분적으로 새로운, 그러나 음악의 발전이라는 견지에서 보면 본질적으로 불순하거나 유해한 기술들을 사용한다. 니체가 대단히 날카롭게 지적한 이런 점은 내가 볼 때 두 가지 상호 연관된 이유에서 매우 중요하다. 바그너의 기술이 불순한 첫번째 이유는 그것이 **변증법적**이기 때문이다. (그 기술은 음악에서 창조된 모든 차이와 모순들을 극복하겠다고 늘 주장하는 변증법적 기술의 오만과 더불어 불순함을 지닌다.) 그것이 불순한 두번째 이유는 그것이 사실상 **인위적 제약***artificial constraints* 같은 것이기 때문이다. 이 제약에 혁신적인 면이 있기는 하지만, 그럼에도 불구하고 그것은 결국 음악 자체가 아닌 어떤 것에 종속된 인위적 제약으로 드러난다.

2. 바그너에 대한 비난들—리덕스

지금까지 바그너에게 쏟아진 여섯 가지의 주요한 비난이라 할 만한 것을, 이번에는 극의 관점, 또는 미학적 비평의 관점에서 체계적으로 제시해보기로 하자.

1. 첫번째 비난은 바그너가 선율을 연속성의 원리로 환원하는 것('무한선율'의 이론 참조)을 표적으로 삼는데, 그 원리의 패러다임은 사실상 체험의 인위적 통일성이다. 따라서 진정한 패러다임은 주관적 흐름을 모델로 하여 음악의 흐름을 구상하는 데 있다. 그것은 동일성을 강요하는 일종의 방만한 감정이며, 이와 같은 체험의 동일성으로서의 동일성의 강요야말로 바그너의 음악과 바그너적 연속성에 음악 외적 매력의 차원을 부여하는 것이다. 음악의 효과는 진정으로 내재적이지 않고, 오히려 음악 외적으로 남아 있는 감정의 주관적 패러다임을 통해 언제나 여과된다. 그렇다면 우리의 첫번째 논점은 바로 '무한선율'의 모델 뒤에 (말하자면) 숨어 있는 것에 대한 급진적 비판이다.

2. 바그너에게 가해지는 두번째 비판은 고통이 사실상 연민의 수사修辭 속에 용해되게 만드는, 고통과 연민의 일정한 회복recuperation—이는 바그너 극의 핵심적 주제다—에 관련된다. 다시 말하면 **타자**의 고통은 진실로, 진정으로 대면되기보다 연민의 수사 속에 용해되어버리는 것이다. 그 결과는 어떤 이가 극도의 고통으로 바닥에서 몸부림치는 것을 보다가 불현듯 어떤 계시, 어떤 새로운 신의 계시를 받는, 레더호젠을 입

은 바보 같은 청년들의 모습이다. 결국 그것은 일종의 저질 쇼펜하우어, 즉 모든 수사가 정지하는 지점이 되는 대신—아도르노에서라면 그랬을 것이다—오히려 수사를 **부추기는** 어떤 고통의 표현인 셈이다. 그리하여 참을 수 없는 그 무엇은 현재에 파악되기보다는 사실상 생성becoming에 종속되는데, 이것을 생산하는 것은 **음악**으로서, 이는 그것이 단지 극작劇作상의 논점만은 아니라는 것을 뜻한다.

연민은 고통의 순수한 현재가 이처럼—수사 속에 그 고통을 용해시켜 버리는—생성에 종속되는 것에 대한 구원적redemptive 또는 인위적 이름이다. 그 결과 바그너에서 고통을 겪는 인물은 언제나 음악적 선先결정의 **결과**로 제시된다. 반면 고통의 순수한 현재라는 전 주제는 고통이 하나의 결과가 아니라 무엇보다 하나의 **경험**이라는 것을 암시한다는 점은 명백하다. 우리는 먼저 그런 경험에 대해 열리고 수용적인 상태가 되어야 한다. 그러나 주장되는 바에 따르면 바그너는 이 모든 것에서 비켜서서 고통을 생성의 수사에 맡겨버렸다.

3. 바그너에게 쏟아지는 세번째 비난은 그의 기본전략이 나쁜 의미에서 (좋은 의미가 있기나 하다면) 변증법적이라는 것이다. 차이들은 긍정적 피날레에 도달하기 위한 수단일 뿐이다. 실로 우리는 차이들, 불협화음들, 불연속들 속에 빠져버린 것처럼 보이지만 사실상 최종적으로 중요한 것은 화해다. 긍정적 피날레가 단적으로 보여주는 것은 바로 그것이며, 불협화음은 뒤에 이루어질 그것의 발전의 견지에서가 아니라 그것의 궁극적 제거—설사 이 제거가 지연되거나 속도가 늦춰지거나 특히 다른 요소들 사이에 휘말려버린다 해도—의 견지에서 탐색된다. 바그너에게는 어떤 근본적 교활함이 있는데, 그것은 음악 언어의 수정에 관한 한 바그

너의 음악에는 그 어떤 창조적 모색도 없었다는 프랑스 작곡가 바라케 Jean Barraqué의 말과 맞아떨어진다. 질질 끌면서 모든 차이를 피날레에 종속시키는 교활한 실천만이, 다시 말해 결국은 방만함의 결과적 형상, 최종적 형상으로서의 절대지의 등가물을 음악 안에 생산하는 것에 다름 아닌 행위만이 있을 뿐이다.

4. 네번째 비난이 표적으로 삼는 것은 다음과 같다. 바그너의 음악에는 변증법적 전략에 더하여, 그리고 그 전략에 봉사하는 과도한 관능의 저변에, 실은 어떤 합리적 틀의 장치가 존재한다. 다시 말해 고통을 생성의 승화에 종속시키고자 한다면 상황을 강제로 밀고 나아가야 하리라는 것, 모든 일이 제대로 되게 만들 어떤 장치를 고안해야 하리라는 것은 자명하다. 그래서 바그너의 혼성곡에는 사실상 음악을 궁극적으로 서사에 종속시키는 합리적 틀이 있는 것이다.

이는 이미 니체가, 그리고 다시 토마스 만이 주장한 데 이어 라쿠라바르트가 전면적으로 제기하는 중요한 사항이다. 여기서의 생각은, 가령 교향곡의 악장들처럼 꼭 계승된 또는 전통적인 형식들이 주어진 경우가 아니라 외면상 연속성을 띠는 담론 — '무한선율'로 나타나는, 즉 어떤 형식적 불연속성의 장치도 없는 담론 — 의 경우 음악에서 변증법적 전략을 사용하고자 한다면, 우선은 음악이 모든 차이들을 하나의 해결에 맡기는 그런 방식으로 진행해야 한다는 것이다. 그러나 이 해결이 꼭 고전적 해결은 아니고 전혀 다른 종류이기 때문에 음악적 담론은 서사에 은밀히 종속되는 상황이 되는데, 이는 연극성이 결국은 음악적 과정 자체를 제어하게 된다는 의미다. 바그너에 관한 한, 형식은 음악에 대한 서사적 기호의 인위적 강요다. 형식은 음악의 외면적 연속성의 저변에 있는 합리적 틀로서 기능하는 서사적 기호를 계속해서 강요한다. 이것이 라이트모티프의 기능인데, 이 논변에서 라이트모티프는 음악이 결과에 봉사하게 하려는, 음악에 대한 기호의 강요로 간주된다.

5. 다섯번째 비난은, 앞서 열거한 모든 비판을 뒷받침하는 증거가 바그너는 어떤 진정한 **기다림**도 창조하지 못했다는 사실에 있다는 주장으로 모아진다. 아도르노의 비판은 아주 구체적이면서도, 내가 보기에는 극히 의미심장하다. 우리가 사태의 현재적 현행성 속에 있다는 증거는 기다림이 **헛된** 기다림, 즉 모든 기다림 이후에 도래할 어떤 것에 사실상 의존하지 않는 기다림이리라는 것이다. 이 대목에서 아도르노는 바그너와 『고도를 기다리며』를 대비시킨다. 그의 주장에 따르면 베케트는 현대적 기다림의 극작가인 반면 바그너는 여전히 형이상학적인 기다림, 최종적 결과에 대한 기다림의 극작가다. 바그너의 단점은 궁극적 완성과는 다른 어떤 것, 심지어 기다림의 최종결과의 열매에 의해 주어질 보상과는 다른 어떤 것일 그런 종류의 기다림을 창조하지 못하는 무능에 있다.

6. 여섯번째이자 아마도 가장 중요한 비판은 다음과 같다. 앞의 모든 이유들로 인해 바그너의 음악은 시간의 경험을 창조하지 못하는, 다시 말해 시간에 관한 창조물이 되거나 심지어 시간에 관한 사유조차 되지 못하는 것으로 드러나며, 그 이유는 그의 음악이 지속duration에 기호를 인위적으로 들씌우는 장치로 기능하기 때문이다(지속 자체는 자신의 결과에 종속되고 만다). 결과적으로 시간은 봉쇄된다. 그러므로 바그너는 시간 자체의 새로운 개념을 창조할 수 없었다. 음악은 궁극적으로 시간을 사유하는 한 가지 양식이라고 생각하는 모든 이에게 바그너는 본질적 실패

를 대표하는데, 이는 그가 그런 일을 성취할 수 없었기 때문이다. 특히 그의 악명 높은 지루한 대목들, 그가 항상 너무 길게 끄는 것처럼 보인다는 사실은 시간의 새로운 경험을 창조할 수 없었던 이 무능의 구조적 표시일 뿐이다. 바그너의 음악은 사실상 시간의 가짜 개념일 뿐이기 때문에 **필연적으로** 너무 길다. 그 음악을 줄이려고 하거나 몇군데서 끊어봤자, 이제까지 모든 이가 경험했듯이 그것은 여전히 같은 길이가 될 것이다. 심지어 바그너의 오페라를 반으로 끊는다고 해도 똑같이 길게 느껴질 것이다.

이 현상은 여러 가지 방식으로 해석될 수 있다. 가령 우리는 그 현상이 바로 다음과 같은 사실에서 비롯된다고 주장할 수 있다. 즉 바그너 음악 속에서 뛰어난 시간적 창조가 이루어져서, 그 음악은 끊어지는 데 대해 유별나게 저항하며, **국지적** 차원에서조차, 심지어 단 한 소절에서조차 이런 창조가 이루어진다는 것이다. 실은 나 자신이 그 현상을 이렇게 해석한다. 그러나 적대적 해석에서는 그의 음악이 언제나 너무 길어 보이는 것은 당연하며 그 이유는 거기에 진실한, 또는 진성의authentic 시간 창조가 없기 때문이라고 주장한다. 그리하여 우리는 완벽한 진짜가 아닌 시간성, 우리가 진입할 수 없는 시간성이 우리에게 강요되고 있다는 참을 수 없는 느낌을 받게 된다. 이는 바그너 음악의 지속 또는 길이가 사실상 시간경험의 진정성에 연관되지 않고 일정한 수의 효과들의 생산에 연관되는 반복적 패턴으로 환원될 수 있다는 사실에서 발원한다. 시간성은 효과의 생산에 종속되며, 이는 효과의 음악을 낳고, 그런 종류의 음악은 시간의 새로운 경험을 진정으로, 내재적으로 생산할 수 없다.

3. '순수예술'의 문제

이상이 바그너를 향한 여섯 가지 주요 비판이다. 이 비판들은 그를 순수예술의 실패, 순수예술의 종말의 상징으로 만드는데, 음악에서 순수예술의 목적은 시간의 새로운 경험을 창조함으로써 위대함의 새로운 형상을 창조하는 것이란 점에서 그러하다. 순수예술은 위대함의 정태적 형상 안에 구현되는 어떤 것이 아니라 위대함 자체에 대한 혁신적 개념이다. 분명 이것은 바그너 자신의 관점이지만, (추정되는 바에 따르면) 그는 자신의 시도에서 실패했다.

니체는 순수예술의 기획이 '위대한 정치'의 기획에 의해 대체되어야 한다고 생각했다. 만년의 니체는 '위대한 정치'의 기획에 극도로 집착했다. 내가 볼 때 니체와 바그너의 궁극적 갈등은 사실상, 19세기 말에 필요한 것은 순수예술이 아니라 '위대한 정치'이며, 바그너의 이른바 순수예술은 결코 '위대한 정치'도, 그것의 대리물도 아니라는 결론에 니체가 도달했다는 사실과 연관되어 있었다. 그러므로 '위대한 정치'가 탄생하기 위해서 바그너는 제거되고 잊혀야 했던 것이다. 음악에서 혁신의 탐색은 순수예술의 신화적 기획을 일소하고 더이상 거기에 의존하지 말아야 한다는 생각이 그 뒤에 찾아왔다. 이 새로운 비전을 '감산주의' subtractivism로 부를 수 있을 것이다. '감산'되어야 할 것은 위대함에 대한 낡은 관념론적 개념이다. 그런 감산주의는 음악뿐 아니라 20세기 예술의 상당 부분까지 지배해왔다.

- 시는 산문과 분간할 수 없게 되어야 한다. 시는 언어의 운율적 위엄을 체현하거나 강요하려는 노력을 포기하고 그 대신 언어의 더 겸허한 규범으로

돌아가야 한다.

• 회화에서 형식의 요구는 고정된 위대함이나 여하한 종류의 영원성의 패러다임도 결코 창조하지 않으면서 해체되는 설치미술품의 덧없는 불확실함에 자리를 내주어야 한다.

• 춤은 실제의, 단명하는, 또는 고문당하는 몸의 표현이 되어야 한다.

• 역사의 전반적 종합으로서의 소설은 불가능하다.

• 음악의 경우, 그것은 무조無調, 무주제, 비형식 등등의 것이 되어야 한다.

이렇게 부정적인 방식으로 정의되었을 때, 바그너가 본질적으로 순수예술의 절정을 대표하는 한 그는 하나의 필수적인 형상이 되었다. 이런 시각에서 보면 바그너는 헤겔이 형이상학의 역사에서 점한 위치를 예술사에서 점한다고까지 말할 수 있겠다. 그는 주제의 절대성에 알맞은 기획으로서의 순수예술의 기획을, 체계적 실패를 통해 종결시켰다는 의미에서 예술에서의 헤겔인 것이다. 결국 이는 바그너에 관해 다시 한번 주장된 바가, 명백하게 예술적 외양을 한, 형이상학 비판의 등가물에 해당했다고 말하는 셈이다. (그리고 내가 볼 때 이것이 바그너가 지금까지 하나의 '경우'로 남아 있는 이유다.) 이 주장들은 두 가지의 주요명제로 압축될 수 있다. 순수예술은 불가능하며, 비판되거나 해체되어야 하는데, 그 이유는 첫째, 그것은 총체성의 미학화이고, 총체성을 전제하며, 그 예술의 기본적 지향점은 총체성의 매혹이기 때문이고, 둘째, 그 지향점에 도달하기 위해 순수예술은 어쩔 수 없이 변증법적 기술, 동시에 인위적 제약이기도 한 그 기술을 그 지향점에 맞추어 조정해야 하기 때문이다.

그리하여 바그너는—말하자면 헤겔처럼—무언가의 종결을 가리키는 경계석boundary stone, '순수예술의 기획, 여기서 끝나다', 또는 '최후의 위대한 형이상학, 여기 잠들다' 같은 문구가 새겨진 경계석으로서 살아남았다. (바그너와 헤겔은 둘다 꽤 선전善戰하고 있는 셈이다!) 바그너는 불가능한 위엄의 묘지 안에 거대한 능陵으로 서 있다. 이런 의미에서 그것은 바그너가 하나의 '경우'로 지금까지 유지되고 있는 이유다.

내가 하려는 바는 이 모든 것에 역행하는 흐름을 창조하는 것이다. 앞서 거론한 모든 비난들이 실로 조리있고 의미심장하며 강력할지는 모르지만, 이제 바그너를 표적으로 한 다양한 비난들과 방향을 달리할 새로운 글을 선보일 때가 되었다. 새로운 글을 쓰겠다고 나설 때 언제나 그러하듯이, 이 경우에도 그 이유는 입장이 다르기 때문이다. 즉 바그너를 음악에서의 헤겔이라고 주장하는 다수의 견해와 대면하여, 따라서 순수예술의 문제와 대면하여 다른 입장을 취한다는 말이다.

내가 표명하는 입장은 우리가 순수예술의 부활 직전에 와 있다는 것이겠는데, 바로 이 지점에서 바그너가 호출되어야 한다. 내 가설은 순수예술이 다시 한번 우리 미래의 일부가 되었다는 것이다. 어떻게 그런지는 모르겠지만 아무튼 나는 이것을 절대적으로 확신한다. 위대함은 더이상 우리 과거의 일부만이 아니다. 그것은 우리 미래의 일부이기도 한 것이다. 두말할 필요 없이 그것은 예전과 똑같은 종류의 위대함은 아니다. 그러면 그것은 어떤 위대함인가?

그것은 확실히 순수예술이지만, 총체성에서 분리된 순수예술, 즉 총체성의 미학화로서의 순수예술이 아니라 오로지 총체성에서 분리되는 한에서의 순수예술이다. 그러므로 그것은 분명 새로운 유형의 위대함이다. 가령 이것은 영웅화 없는 영웅주의, 또는 전쟁의 패러다임에서 빠져나온subtracted 위대함이나 그 비슷한 것으로 표현될 수 있을 것이다. 그것을 표현하는 방식은 다양하다. 이 새로운 유형의 위대함은 우리의 현재 상황의 일부가 될지도 모르며, 그럴 경우 이제 우리는 상이한 두 바그너 사이에서 평형을 유지하게 될지도 모른다.

첫번째 바그너는 지금까지 논의한 그 바그너다. 그런 바그너가 존재하지 않는다는 생각을 전할 뜻은 없다. (그런 생각은 당치 않다. 지금까지 그 바그너에 대한 주장은 정당하게 구성되었고 논증되었기 때문이다.) 다만 그 바그너는 순수예술이 끝났다는 가설에 전적으로 연관되어 있다는 것이 내 생각이다. 그는 이제 완전히 끝난 어떤 것으로서의 순수예술의 지위를 점한다. 그러나 만일 순수예술이 어떤 것의 종결일 뿐 아니라 미래를 위한 창조적 기획이기도 하다면, 만일 그 부활이 목전에 와 있다면—비록 총체성에서 단절된 순수예술의 가능태와 비교해서 오늘날의 예술적 삶이 불가피한 시행착오를 어느 정도 겪을 수밖에 없다고 해도—다른 수단을 통해 바그너를 다시 불러올 수 있으며, 그럴 때 우리 앞에는 두번째의 바그너가 나타날 것이다. 우리는 바그너를 순수예술에 대해 뭔가 말한 사람, 그런데 바그너 자신이 이해한 방식과는, 또는 '바그너의 경우'를 구축한 이들이 이해한 방식과는 다른 방식으로 이해될 수 있는 뭔가를 말한 사람으로 그를 바라볼 필요가 있다. 이것이 내 가설이 될 것이다.

상황이 이렇다면 바그너는 오로지 총체성의 견지에서만 접근될 수 없다. 우리가 다루고 있는 것이 총체성에서 분리된 위대함이기 때문이다. 그러므로 우리는 바그너적 파편화 속으로의 모험을 감행해야 할 것이다. 이는 꼭 총체성이 무시되어야 한다는 뜻이 아니라 파편화 또는 국지화 속에서 그것의 흔적을 따라갈 수 있다는 뜻이다. 연속성과 불협화음, 국지적인 것과 전체적인 것이 음악적으로, 그리고 극적으로 서로를 대면하는 지점에서 말이다. 이렇게 연속성과 불협화음, 국지적인 것과 전체적인 것의 충돌이 벌어지는 이 지점에서 바그너가 자신의 독특한 파편화 양식 속에—그의 생성 속에, 그의 예술적 과정 속에, 말하자면 심지어 미시적 차원에서—나타나게 할 수 있다면, 우리는 앞서 요약한 여섯 가지 비판에 맞서 바그너를 옹호할 수 있다고 나는 믿는다. 이 경우 명백히 사안 자체가 바뀐 셈이기 때문에 우리는 검찰 측에서 변호인 측으로 이동할 수 있다. 재판은 이제 예전과 똑같지 않을 것이다.

4. 바그너의 금욕주의

이제 내가 하려는 일은 이 새로운 바그너 재판에서 변호인 측을 대표하는 것이다. 내가 바그너의 금욕적 결의라고 이름붙인 것에 관해 먼저 말해야 할 것 같다. 지금까지 바그너는 종종 위대한 주술사, 관능주의자, 에로틱한 것의 애호가, 혹은—니체가 언제나처럼 대단히 모호한 특유의 표현을 써가며 그를 지칭했듯이—'늙은 마법사' 따위로 불리면서 조소의 대상이 되었다. (바그너는 아마도 니체가 자기 생애에서 크나큰 집착을 보인 유일한 인물일 것이다. 그가 '위대한 정치'를 위해 바그너를 희생해야 했을 때 그는 '늙은 마법사'처럼 아주 모호한 표현들을 써서 그 일을 해냈는데, '늙은 마법사'는 끔찍하기는 해도 훌륭한 표현이다.)

바그너의 금욕적 결의 문제로 돌아오자. (우리가 결국은 에로티시즘을 다루고 있으니) 바그너 이전에 오페라의 관능적 즐거움은 어떠했는가? 그것이 넘쳐났다는 데 대해서는 모든 이가 동의한다. 오늘날 우리에게 아주 명백한 오페라의 커다란 관능적 즐거움 가운데에는 앙상블, 즉 사람들로 하여금 함께 말하고 노래하게 만드는—극에 대비된—오페라의 능력이 있으며 이로부터 그 모든 삼중창, 사중창, 합창들이 나온다. 바그너 이전의 오페라 역사에서 어떤 앙상블들에 표현된 공공연한 관능의 문제로 오면 주목할 만한 점들이 발견된다. 그런 앙상블 중 가령 극히 에로틱하고, 이 현상에 관한 한 비할 데 없는 것으로 「코시 판 투테*Così fan tutte*」[2]에 나오는 앙상블이 있다. 또는 베르디의 「리골레토*Rigoletto*」에 나오는 사중창이 있는데, 빅토르 위고Victor Hugo조차—자기 자신의 시는 음악으로 만들어지기를 원치 않는다고 주장했음에도 불구하고—그것을 시샘한 바 있다. 바그너 이후에도 이런 상황은 계속됐다. 한 가지 예만 들어보면, 「장미의 기사*Der Rosenkavalier*」[3] 마지막에 등장하는 여성들의 삼중창이 있다. 그러나 바그너가 근본적으로 수행한 일 중 하나는 이 모든 것을 포기한 것이었다. 이후로는 그런 종류의 관능이 사라질 것이다. 더 이상 삼중창도, 사중창도, 오중창도 없을 것이며, 다만 매우 수수하고 상당히 형식적인 합창, 또는 간간이 몹시 감상적인 합창만 있게 될 것

2 2막으로 구성된 모차르트의 오페라. 1790년에 초연되었으며, '여자는 모두 이런 것'이라는 뜻의 제목이 시사하듯이 남녀간의 사랑을 다룬 작품이다—옮긴이.

3 1911년에 초연된 요한 슈트라우스의 오페라. 제목으로 쓰인 '장미의 기사'는 18세기의 관습에 따라 남성이 여성에게 약혼의 징표로 보내는 은(銀) 장미를 전달하는 사람을 일컫는다—옮긴이.

이다.

내 생각에 이런 관능의 포기—이는 드뷔시가 바그너의 뒤를 좇아 집요하게 추구한 것인데—는 한 가지 본질적 이유에서 비롯된다고 볼 수 있다. 그것은 오페라 앙상블의 관능이 다수성을 통일하는 데 봉사하는 음악적 기능에서 나온다는 것이다. 그 관능은 그런 음악적 기능의 구체적 발현으로서, 다수성의 웅얼거리는 듯한quasi-murmuring 활동으로 구현된다. 그것은 통일성 안에서의 다수의 웅얼거림 같은 어떤 것이다. 실로 유한성에 대한 차이의 종속은 확실히 이것으로 귀결된다. 게다가, 언제나 그것은 분명한 시작과 끝을 지닌 뚜렷한 형식이다. 그것은 **일자**the One의 한 파편으로서, 그 **일자** 안에서 다수가 웅얼거리는데, 바그너가 포기할 것은 바로 이것이다.

이 현상은 아주 심각하게 받아들여야 한다. 바그너가 음악에서의 관능을 포기했다는 사실에도 불구하고 사실상 그는 종종 차이를 유한성 또는 종결에 종속시켰다는 비난을 받아왔다. 그런 비난을 받는 작곡가가 다름 아니라 그것을 포기하겠다고 공언한 최초의 인물이었다는 점은 정말로 아이러닉하다. 그럼에도 불구하고 바그너는 절대로 그런 일을 해낼 수 없는 사람이기 때문에 그 포기는 진짜가 아니라는 반론이 제기되었다. 그는 사람들로 하여금 끝없이 말하게 만드는 것밖에는 할 수 없었다는 것이다. 사실을 말하자면 그는 어느 누구만큼이나 (그들보다 더는 아닐지라도) 그런 일을 해낼 수 있었으며, 바로 이 문제를 가지고 나는 이 강의를 시작하려 한다.

바그너의 작품에는 그가 포기한 것의 (말하자면) 잔여물이 살아남은 주요한 예가 두 가지 있는데, 이 예들은 그가 그 같은 것들을 훨씬 더 많이 생산해낼 수도 있었으리라는 점을 증명한다. 첫째, 「신들의 황혼」에는 브륀힐데와 군터Gunther와 하겐Hagen이 지크프리트를 죽이기로 맹세하는 (매우 베르디적으로 작곡된) 무시무시한 비극적 삼중창이 있다. 또 「명가수 *Die Meistersinger*」[4] 제3막 제4장의 오중창이 있다. 여기서는 바그너의 오페라에 나오는 이야기 전체를 말하지 않고(그렇게 하는 것은 종종 아주 쉬운 일이지만) 이 사중창이 나오는 대목만 설명하겠다. 우리와 관계된 철학적 관점에서, 「명가수」의 제2막에는 격렬한 폭동이 등장하는데, 이 계속된 갈등의 장면에서 다양한 인물들이 꾸미는 음모들이 서서히 뉘른베르크 시 전체에 걸친 일종의 카니발적 난투로 이어진다. 모든 이들이 거리로 뛰쳐나와 여기저기서 고함을 지르며, 다양한 음모들은 모두 절망적으로 뒤엉켜 그 누구도 뭐가 뭔지 모르는 상황이 된다.

그러다가 제3막이 시작되면 주인공이자 뛰어난 마이스터징거[5]인 한스 작스Hans Sachs는 폭동에 대한 일종의 교훈 내지 평가로서 두 가지를 생각해낸다. 첫째, 그는 자신의 예술적 권위를 포기하고 그것을 신예술을 대표하는 젊은 발터Walther에게 넘긴다. 여기에 나이든 마이스터가 자신의 예술적 권위를 버리고 물려주는 포기/양도의 형상이 있다. (물론 그가 권위를 양도하는 자이기에 또한 권위에 매달릴 수도 있다.) 나아가 그는 사랑에서 자신의 권위있는 지위를 포기한다. 즉 에바Eva를 사랑함에도 불구하고 그는 그녀 또한 발터에게 양보하는 것이다. 요컨대 그는 음악과 여자 모

---

4 이 책의 서두에 옮긴이 주에서 언급한 「뉘른베르크의 명가수」를 가리킨다 — 옮긴이.

5 마이스터징거(Meistersinger)는 14~16세기 독일에서 시와 음악 수업을 위해 만들어진 길드의 조합원이며 따라서 시인이자 음악가다. 오페라 「명가수」는 16세기 독일을 배경으로 한다 — 옮긴이.

두를 발터에게 양도한다. 그럼에도 불구하고 그는 자신을 위해 무언가를 보존하는데, 이에 관해서는 뒤에 살펴보기로 한다.

오중창은 제3막에서 작스가 이런 대상들을 포기하기로 결심한 후에 등장한다. 이 대목에서 왜 오중창이 나오는가? 내 생각에 그것은 바로, 우리가 여기서 영웅적 · 긍정적인 결정의 결과가 아니라 **포기**의 결과를 다루고 있기 때문이다. 작스는 진정으로 이 두 가지를 포기하기로 결심했고, 그 결과 새로운 종류의 평화가 찾아오는데, 포기를 대표하는 작스를 중간에 두고 젊은 커플 에바와 발터, 그리고 사랑에서 그들과 대조되는 이들로서 새롭게 화해를 이룬 커플 다비트David와 마크달레나Magdalena가 여기서 주연을 맡는다. 따라서 그것은 주체의 고독의 문제가 아니라 오히려 공동체에 대한 주체의 관계 문제다. 바그너의 작품세계 전체를 통틀어 그것이 유일한 오중창이라는 점을 나는 강조하고 싶다. 또한 그것은 긍정보다 포기에 의해 만들어진 잠정적 평화 상태의 전형적인 불안정성에 연관되어 있다.

이제 한스 작스라는 인물로 돌아가면서 바그너에게 쏟아진 첫번째 비난을 함께 살펴보도록 하자.

5. 동일성에 대한 바그너의 저항

바그너를 향한 첫번째 비난에서는 그가 선율을 만들면서 체험된 감정에 패러다임의 역할을 부여했다고 그를 몰아세운다. 이 명제는—그것은 음악적일 뿐만 아니라 극적인 개념이기에—결국 바그너에서 주체의 동일성이 선율의 불변하는 요소 같은 것이며, 이는 선율의 패러다임이 감정, 즉 주체성의 체험된 감정적 경험이기 때문에 가능하다고 말하는 셈이다.

나는 「명가수」 제3막 초두에 나오는 작스의 독백을 가지고 이 명제를 실제적으로 검증해보고자 한다. 방금 우리는 제3막 제4장에서 작스가 두 커플들 사이에 말하자면 취약하고 아이러닉하게 고립되어 있는 모습을 보았다. 이제 나는 다시 뒤로 돌아가서 작스가 결심하는 순간이 음악적으로 어떻게 이뤄지는지 보여주려 한다. 여기서 우리는 선율과 주체성 간의 관계의 본질을 실제로 검증해볼 수 있다. 이미 언급했듯이 작스는 두 가지를 포기하기로 결심한다. 예술적 권위를 행사하는 안정된 위치와 사랑에서의 우월한 위치가 그것이다. 또한 이와 관련한 제2막의 배경은 무질서한 소동 — 다양한 인물들의 계략과 음모, 외관상의 혼란, 완전히 어지럽혀진 무대 세트 — 임을 나는 지적했다.

독백에서 작스는 자신의 결심을 결정하는 다양한 요인들을 짚어나간다. 이것은 내게 아주 놀랍게 느껴지는데, 그것은 선율의 패러다임이 주체적 감정 이상의 아무것도 아니라는 관념에 배치되기 때문이다. 실제로 작스의 독백은 갈등과 고통에 따르는 번뇌에서 일종의 잠정적 평화까지, 그의 결심에 토대가 되며 그로 하여금 앞으로 나아갈 수 있게 하는 상태들을 열거한다. 그리하여 선율은 동일성의 선이기보다는 변화의 선으로서, 이 변화의 선에 의해 초두에 매우 강력하게 표현된 감정적 고뇌는 잠정적 평화의 상태로 바뀌게 된다. 작스의 결심에서 주체란 바로 이런 것으로, 결심 그 자체가 명시적으로 언급되지는 않는다. 결심은 변화가 일어나면서 이뤄지는 것이다.

요컨대 나는 작스가 여기서 겪고 있는 것이 결코 동일성의 전개가 아닌 어떤 것이라고 주장하고 싶다. 오히려 그것은 변신metamorphosis의 유연성이다. 이런 면에서 대체로 그것은 다른 무엇이기보다 들뢰즈적인 것에 가장 가깝다. 주체로 기능하는 것은—특히 라이트모티프로 인해 사람들이 종종 주장하듯이—동일성의 결과들의 전개가 아니기 때문이다. 그 변화에는 보기 드문 유연성이 있는데, 이것은 감정적 톤이 극히 유동적이며 음악이 그 어떤 동일성을 강요하기보다 이런 유동성을 생산한다는 사실을 설명해준다.

작스의 독백은 바그너에서 **결심 독백**이라고 부를 만한 것, 즉 결심의 분명한 성격은 드러나지 않은 채 어떤 것을 결심하는 독백의 전형적 예다. 실로 그 결심은 전적으로 인물의 내적 변화에 의해서, 또는 주제들의 내재적 굴절inflection이라고 부를 만한 것에 의해서 이루어진다.

이런 면에서 나는 바그너의 주제들이 서로 엮이고 하나가 다른 것에 연이어 빠르게 나타나는 방식을 통해 두 가지 역할을 동시에 수행한다는 점을 지적하고 싶다. 바그너에 있어 진정으로 주제의 독특한 혁신을 설명해주는 것은 바로 이 이중역할이다.

• 때로 그 주제들은 실제로 서사구조를 형성하는 데 기여한다. 예컨대 나는 「명가수」의 제2막에서 사실상 봄의 주제가 도입되는 한여름 밤Midsummer Night의 환기를 염두에 두고 있다.

• 그러나 주제들은 실제로 주체적 발전의 수단으로 쓰인다는 점에서 훨씬 더 중요한 역할을 담당하기도 한다. 가령 이런 독백의 마지막에 어떤 주체를 달라지게 하는 것은 주제들의 지시적 역할보다 주제들이 행하는 **변형적**

> 역할에 의해 훨씬 더 결정적으로 구조화된다. 그런데 불레즈는 항상 이 점을 역설했다. 바그너적 주제의 본질은 변형될 수 있는 가능성에 있다는 것이다. 이런 변형이야말로 실제로 주체적 변신을 담아내며, 그로써 결심이 내재적으로 나타나도록, 즉 '나는 예전에는 이러저러했는데 이제는 다르다'는 식으로 나타나지 않고 담론 자체 내에서 한 상태에서 다른 상태로의 변화로 나타나도록 만든다.

내가 말하려는 바는, 만일 바그너에서 음악과 극 사이의 깊은 연관이 궁극적으로 어떤 것인지를 알고자 한다면 — 이는 바그너가 생각한 새로운 오페라에 관한 본질적 문제다 — 가장 중요하게 기억해야 할 점은 바그너에서는 **극적 가능성들이 음악을 통해 창조된다**는 사실이라는 것이다. 비록 대본이 사실상 언제나 이미 존재하더라도, 음악은 이미 확립되어 있는 극적 상황을 단순히 강화하거나 지지하는 것이 아니다. 음악은 극적 가능성 자체를 창조하는 것이다. 다시 말해 결심의 주체적 과정, 또는 극적 가능성으로서의 감정의 형상은 음악 안에서 바로 그 일부로서 형성된다.

나는 여기서 이 현상의 아주 명확한 예를 찾을 수 있다고 생각한다. 작스가 이제 변화된 상황 하에서 어떤 식으로 일을 처리해야 할지를 말하는 오페라의 마지막 대목에서 우리는 그가 지닌 행동의 새로운 가능성을 통해 우리가 정말 어떤 다른 작스를 대하고 있다는 점을 깨닫게 된다. 그러나 그가 변화한 방식, 이후의 행동방침에 영향을 미칠 이 새로운 극적 가능성은 사실 음악에 의해 창조된 것이지 대본이나 극에 의해 창조된 것은 아니다. 왜냐하면 변신은 일어났지만 그 변신에 대해 대본은 할 말이 그리 많지 않기 때문이다. 따라서 극을 성립시키는 것은 음악이며 이것이 바그너의 작품에 관한 본질적 진실이다. 음악은 주체의 발전을 예시하기 위해 외부에서 들어오는 무엇이 아니다. 오히려 진정으로 그것은 그 변화의 예측할 수 없는 내적 추동력이다.

나는 이 예측 불가능성의 관념을 강조하고 싶다. 여기서의 문제는 어떤 필연성의 창조나 예시가 아니다. 그것은 사실 어떤 **가능성**의 창조인 것이다. 무엇보다 그것은 음악적으로 얼마든지 전혀 다른 방향을 취할 수 있는 극적 가능성의 예측 불가능한 창조다. 가령 내가 방금 묘사한 것에 오중창의 가능성이 내포되어 있음은 아주 분명한데, 이는 작스가 오중창에서 중심인물일 주체적 가능성은 독백의 선율이 있기 전까지는 전혀 존재하지 않기 때문이다. 그러므로 우리는 극적 가능성뿐 아니라 음악적으로 구성되는, 새로운 극적 상황의 가능성을 다루고 있는 것이다. 새로운 작스는 새로운 잠정적 평화의 작스일 것이며, 나아가 새로운 동맹의 작스라고 할 수도 있을 것이다. 예술과 인민 간의 새로운 동맹의 가능성이야말로 궁극적으로 이러한 전 과정이 담아내는 진정한 내용이다.

6. 음악과 고통

이상은 우리에게 두번째 논점, 즉 바그너가 연민의 수사를 통해 고통을 수단화했으며 결코 그 고통을 현재의 경험으로서 복원하지 않았다는 이론에 대한 매우 흥미로운 접근법을 제공한다.

나는 정확히 반대되는 바를 주장한다. 바그너의 작품에는 고통이 실로 현재에 존재한다. 물론 항상 그런 것은 아니지만 매우 빈번히 존재하며,

심지어는 특히 그의 작품에 그렇게 존재한다고도 할 수 있을 것이다. 사실 내가 보기에 오페라의 역사에는 바그너의 진정한 계승자가 단 한 사람 발견되는데, 그는 바로 베르크다. 확실히 베르크에는 매우 바그너적인 데가 있는데, 상황의 기술적 측면에서가 아니라 음악과 극의 연관성에 관한 생각에서 그렇다.

바그너는 어떻게 현재적인 고통을 창조할 수 있었는가? 음악 안에 주체적 분열 자체의 현재를 창조함에 의해서다. 이전의 오페라에서는 주체의 정체성[6]이 종종 관습적 인물유형들의 문제이거나 그 유형들의 조합을 계산하는 문제였다. 인물들은 상이한 주체 유형화들의 다양한 조합 안에서 자신의 정체성을 취했던 것이다. 모차르트에서조차 인물의 유형화는 확실히 바그너에서보다 훨씬 더 의도적으로 이루어지지만, 플롯과 인물이 결합되는 방식에 따라 변화를 겪는다. 앙상블이 그토록 중요한 것도 이 때문이다. 모차르트에서는 각각의 막act의 피날레가 중요한데 이는 바로 거기에서 인물유형의 조합에 따른 주체의 정체성이 나타나기 때문이다.

바그너에서 주체의 정체성은 다르게 기능하는데, 이는 주체가 그런 식의 인물유형들의 조합에서도, 심지어는 플롯에서조차도 자신의 정체성을 취하지 않고, 본질적으로 자기자신의 분열, 내적 분리에서 정체성을 취하기 때문이다. 이는 조합combinatoire으로서의 주체적 정체성이라는 관

6 주지하듯이 영어에서는 '정체성'과 '동일성'이 같은 어휘로 표현된다. 내적 분열을 정체성으로 지닌 주체에 관한 이 대목의 논의가 동일성과 차이, 또는 형식과 비형식에 관한 앞선 논의의 연장이자 발전임은 물론이다 — 옮긴이.

념 — 내가 보기에는 사실상 바그너 직전까지의 오페라에서 여전히 통용되던 관념 — 을 근본적으로 뒤흔든다. 바그너에서 고통받는 주체는 변증법에 포괄될 수 없는 분열, 치유될 수 없는 분열에 다름 아니다. 그것은 사실 어떤 진정한 해결의 가망도 없이 내적 이질성을 확립하는 주체 내의 분열이다.

바그너의 오페라에 화해의 에피소드가 있다고 해서 이 분열이 현재 안에 분열로서 표현되지 않는다는 뜻은 아니다. 분열은 그것이 일어나는 플롯의 진행 속에 표현되지 않는다. 오히려 그것은 절대적 고통의 현재로 표현된다. 이야기가 후에 이런저런 새로운 변형을 겪게 되더라도, 근본적으로 바그너의 고통받는 위대한 인물들은 사실 자신의 **현재의** 고통에 대한 창조적이고 새로운 증언자들이다. 탄호이저든, 트리스탄이든, 지크문트Siegmund든, 암포르타스Amfortas든, 아니면 쿤드리Kundry[7]든, 이런 인물들은 모두 변증법에 포괄될 수도, 치유될 수도 없는 근본적 분열을 드러내며, 이 분열은 비통함의 음악이라고 부를 만한 것에 의해 전달된다. 바그너는 진실로 비통함의 음악을 발명한 사람이다. 그가 주제들의 잠재적 이질성을 이용하여 유별나게 강렬한 분열 — 사실 이것은 해결 불가능한 고통의 모습을 한, 주체 내의 분열이다 — 을 드러내고 전달하기 때문에 비통함은 작곡된 음악 자체에 표현된다.

이 점을 보여주기 위해 거론할 예 — 이 문제에 관한 한 고전적인 예 — 는 「탄호이저」다. 서로 엮여 있지만 동시에 하나이기도 한 세 가지 분열

---

7 지크문트는 「반지」 연작의 두번째 오페라 「발퀴레」의 주인공이며, 암포르타스는 「파르지팔」에 나오는 기사이자 성배의 수호자, 쿤드리는 같은 오페라의 여자 마법사다 — 옮긴이.

이 이 오페라를 가로지르거나 구성하고 있다.

첫째, 탄호이저 자신은 사랑에 관해 깊이 분열되어 있는 인물이다. 그는 사랑의 두 개념 사이에서 갈등하면서 어느 쪽도 포기하지 못한다. 그 개념들이 외면적으로, 그리고 사회적으로 양립 불가능한데도 말이다. 우리가 쉽게 알아볼 수 있듯이 두 개념의 기본구조는 완전히 틀에 박힌 것으로 그것은 베누스베르크Venusberg산과 베누스Venus에 대한 그의 관계로 상징되는 육체적이고 이교도적인 사랑과, 중세 기사들의 세계에서 볼 수 있는 궁정풍의 유사 종교적 사랑이다. 우리는 고대와 중세, 사랑의 이교도적 개념과 기독교적 개념 사이에서 평형을 유지한다. 그러나 탄호이저는 두 유형의 사랑 모두를 극단적으로 경험했기 때문에 분열된다.

나아가 이 두 유형의 사랑과 관련하여, 탄호이저는 뛰어난 시인이자 음악가로서, 그의 노래가 기독교적 정결의 화신인 성모 마리아를 섬기는 인물 엘리자베트Elizabeth뿐 아니라 이교도적 관능을 대표하는 인물 베누스의 마음까지 얻게 된다는 사실을 고려해야 한다. 우리끼리 이야기지만, 바그너는 마치 "뛰어난 음악가로서 나는 모든 여성, 모든 상이한 유형의 사랑을 차지할 권리가 있어!"라고 말하고 있는 듯하다. 만일 뛰어난 가수 탄호이저가 인간 바그너를 대표한다고 본다면, 그것은 뛰어난 음악가라는 사실이 권리entitlement의 측면에서 궁극적으로 의미하는 바에 대한 흥미로운 주장을 함축한다. 그러나 만일 탄호이저의 성격이 어떻게 형성되는지를 알고 있는 유리한 지점에서 그를 바라본다면, 그 분리는 사실 극도로 참기 어려운 분열로서 제시된다. 이것이 주체 내의 첫번째 커다란 분열이다.

둘째, 이미 말했듯이 역사적 분열의 문제가 있다. 그것은 엄격하게 질서잡힌 기사도의 세계와 개인적 방황의 무질서한 세계 사이의 분열이다. 욕망은 실제로 어떻게 기사도적인 질서와 조화를 이룰 것인가?

셋째, 신들 사이의 근본적인 상징적 분열이 있다. 이는 바그너에게 대단히 의미심장한 문제를 던졌는데, 그는 이교도의 신들 — 베누스와 베누스베르크산을 매개로 한 — 과 기독교의 신 사이에서 분열되었던 것이다. 궁극적으로 그것은 상이한 두 종류의 사랑을 표상할 뿐 아니라 완전히 상이한 두 가지의 문화적 또는 상징적 맥락을 표상하는 베누스와 마리아 사이에서 분리된 여성성의 문제다. 그러나 이 분열은 탄호이저의 **내면에서** 발생한다. 그는 결국 이 분열 외의 아무것도 아니며, 그 결과는 그가 어느 한 장소에 결코 머물러 있지 못한다는 것이다.

바그너에서 정착하지 못하는 인물이라는 주제는 대단히 흥미롭다. 이미 「떠도는 네덜란드인」에서 이 주제가 발견된다. 그러나 쉽게 알 수 있듯이 「반지」 연작의 위대한 신 보탄조차 결국 '**방랑자**The Wanderer'가 된다. 그 역시 한곳에 머물지 못하는 것이다. 마지막에 그는 커다란 모자를 쓰고 상황을 지켜보면서 온세상을 떠도는 모습을 보여주는데, 사실은 자신의 궁극적 몰락이 복잡하게 전개되는 것을 바라보는 관찰자의 모습이다. 이런 것이 전형적인 바그너적 인물이다. 여기서 역시 우리는 이 모든 것이 얼마나 복잡하게 얽혀 있는지를 고려할 필요가 있다. 바그너는 한곳에 머물러 있을 수 없는, 방랑하게 되어 있는 인물을 창조한 뛰어난 시인이기도 한 것이다. 의심할 여지 없이 바그너 자신이 방랑하는 인물이었다. 주지하듯이 그는 혁명가였다는 이유로 수년 동안 독일의 여러 주에서 추방된 바 있다.

슬라보예 지젝은 『오페라의 두번째 죽음*Opera's Second Death*』에서 이 주제를 다룬다.[8] 바그너에 대한 그의 라캉적 · 해석학적 고찰은 매우 흥미롭다. 바그너의 반유대주의에 관해 지젝은 주목할 만한 질문을 던진다. "바그너의 작품에서 유대인은 누구인가? 방랑하는 **유대인**이란 결국 누구인가?" 그는 바그너가 유대인의 사회적 역할에 관해 내놓은, 종종 어리석고 전혀 형편없는 발언들 덕분에 사람들이 흔히 질문하는 식으로 "유대인은 누구인가?"를 묻는 데 그치지 않는다. **방랑하는 유대인**은 사실 바그너가 자신과 깊이 동일시한 인물이다. 종국에 그것은 탄호이저이며, **떠도는 네덜란드인**이며, 혹은 보탄 자신이다. 어느 면에서 신성로마제국의 찬미자, 아름다운 소도시 뉘른베르크의 찬미자였던 바그너, 어딘가에 정착하기만을 원했던, 바이로이트에 자신의 음악적 신전을 지었던 바그너는 실은 일종의 방랑벽, 정주할 수 없음으로 규정되는 정체성을 속에 숨기고 있었던 것이다. 그는 이것을 내적 분열로 한곳에 머물 수 없는, 고뇌하는 수많은 방랑자 인물들에게 투사했다.

이 방랑벽은 「탄호이저」에서 지극히 놀랍고 고통스런 장면들을 만들어냈다. 가령 주인공이 관능을 만끽하고 온종일 성적 쾌락을 경험하면서 베누스베르크에 거할 때, 지속적인 쾌락의 경험은 신들에게나 가능하다고 느끼면서 그곳을 떠나게 해달라고 베누스에게 비는 장면이 있다. 제1막에 등장하는 이 장면은 장려壯麗하고 매우 격정적이며 비통하

8 Slavoj Žižek and Mladen Dolar, *Opera's Second Death* (New York and London: Routledge 2001), 148쪽, 각주 10번. 이 문제에 관한 발전된 논의로 Žižek, "Brünnhilde's Act," *Opera Quarterly*, Vol.23, No.2 (Spring-Summer 2007), 199~216쪽 참조.

다. 그러나 제2막에서 베누스가 마침내 그가 떠나가도록 (한 가지 경고와 더불어) 놓아줄 때 갑자기 모든 일이 틀어지게 된다. 기사들로부터 이상적인 사랑, 즉 성모 마리아, 정결 등등에 대한 사랑을 찬미하는 노래 경연대회에 참가하라는 초대를 받자마자 그는 그게 다 무슨 헛소리인가 하고 묻는다. 그는 기사들이 사랑의 '사'자도 모르며 오로지 **자기**만이 정말로 사랑이 뭔지를 안다고 으스대고 나서 에로틱한 사랑을 찬양하는 멋진 노래를 부르기 시작한다. 그러자 다른 모든 이들이 그를 죽이려 하고, 그는 — 고상하고 완벽하지만 하나같이 다소 나약한 기사들과 달리 그런 말을 할 수 있다는 바로 그런 이유로 — 그를 깊이 사랑하는 엘리자베트 덕분에 겨우 목숨을 건진다. 그 후에 다시 그는 훌쩍 방랑길에 나선다.

기본적으로 여기서 펼쳐지는 것은 어느 한곳에 머물 수 없는 성향의 극화, 따라서 주체성을 분열로 구성하는, 그리고 갈라짐이나 본질적 고통으로 계속 표현되는 '두 세계 사이의 존재'의 극화다. 그러나 어떤 둘 사이에서 분열되어 지쳐버린 사람이면 누구나 그렇겠지만, 탄호이저는 그 분열을 넘어서서 자신을 조화롭게 만들 어떤 해결책을 찾아 나선다. 그는 교황을 만나보라는 (오늘날 우리 귀에도 익숙한) 충고를 듣는다. 그래서 그는 교황의 사면을 얻기 위해 로마로 순례길에 오른다.

그런데 이처럼 교황을 끌어들이는 것은 아주 묘하다. 바그너는 가톨릭교와 아무런 연이 없었으니 왜 여기서 교황이 연루되는지는 의아할 따름이다. 사실 이 교황은 탄호이저에게 소용없는 존재임이 밝혀진다. 그는 탄호이저를 구원의 가망이 없는 영원한 지옥에 몰아넣는다. 단적으로 말해 그는 정말로 독단적인 교황으로서 그를 완전한 절망에 빠트리는데, 탄호이저에게 내적 분열을 치유할 수 있는 방법으로 권한 유일한 해결책이 효력이 없었기 때문이다. 그리하여 탄호이저는 완전히 파멸한 상태로 이 로마 순례길에서 돌아온다. 교황의 선고는 그를 다시 내면의 분열로 몰아넣었고, 자연스럽게 그는 베누스베르크로 돌아가고 싶은 유혹을 느끼지만, 앞서 보았듯이 애초에 그는 거기에도 머물 수가 없어 자신을 보내달라고 베누스에게 필사적으로 빌었던 것이다.

오페라의 이 대목에서 우리는 전혀 완화될 가망이 없는 고통의 절대적 현재와 마주하게 된다. 전통적으로 '로마 이야기Rome narrative'로 알려진 구절은 로마 여행에 대한 탄호이저의 설명인데, 여기서 그는 엘리자베트를 내내 은밀히, 순결하게 사랑하면서 그에게 우호적이었던 기사 볼프람Wolfram에게 모든 일을 털어놓는다. 물론 볼프람은 탄호이저가 지금까지 자기보다 우월한 위치에 올라서는 것을 보아왔지만 이에 개의치 않고 탄호이저에게 친절을 베풀며 기꺼이 그가 겪은 고통 이야기를 들어준다. 이 '이야기'는 해결할 수 없는 주체적 분열로 인한 이루 말할 수 없는 황폐함의 비상한 현재적 · 공개적 표현이다. 취향의 문제겠지만, 절대적으로 해결 불가능한 분열을 그 극한까지 경험했고 따라서 어디에도 거할 수 없도록 운명지어진 사람의 완전한 황폐함을 이토록 강력하게 보여주는 예는 그리 많지 않을 것이다.

황폐해진 독일을 무대 세트로 묘사한 1970년대의 한 「탄호이저」 공연이 기억난다.[9] '우리의 게르마니아Germania nostra'라는 문구는 파괴되었고,

---

9 문제의 공연에서는 주빈 메타(Zubin Mehta)가 바이에른 국립교향악단의 지휘봉을 잡았다. 르네 콜로(René Kollo)가 탄호이저 역할을 맡아 노래했다.

볼프람 역은 실제로 브레히트Bertolt Brecht를 약간 닮았는데 탄호이저의 고통을 증언하기 위해 동독을 대표해서 온 사람이었다. 내가 지적하고 싶은 점은 방금 전에 작스의 독백과 관련하여 말했듯이 분열된 주체가 음악적으로 구성되는 방식에는 두드러지게 바그너적인 데가 있다는 것이다. 대본의 처리에 관해 말하자면, 이야기는 언제나 갈수록 조금씩 망가져버린다. 처음에는 완벽하게 서사적으로 출발했을지라도 마치 음악의 압력을 받아 점점 더 주관화되는 것처럼 서서히 망가지는 것이다.

분열된 주체는 교직의 방식, 즉 네 가지 항 또는 기술技術이 교직되는 방식으로 제시되는데, 자세히 살피면 그것이 바그너의 방법에 전형적임을 알 수 있지 않을까 싶다.

- 첫째, 일반적 발화에 가까운 서창敍唱이 있는 것이 보통이다. 이것은 어느 하나의 특정한 선율구도에 의존하지 않으며, 다른 시점에 다시 등장하곤 한다.

- 다음으로, 정말로 비통한 서정적 구절이 있다. 음악을 몇개의 문장이 아니라 단어 주위에 펼치는, 크레셴도 같은 목소리의 연출이다. 대본이라기보다 고립된 단어들의 강약법이 펼쳐진다.

- 그리고 관현악법이 있다. 이것에 관한 한, 나는 주제와 상관없이 관현악법 자체 내의 두 요소 간의 관계에 대해 (기술적으로 분석하는 대신) 서술할 수 있을 뿐이다. 일종의 깨진 상승 화음과 더불어 종종 저음 금관악기나 저음 현악기가 담당하는, 지하에서 일어나는 단층현상 같은 어떤 것, 달리 말하면 깊은 저음 음악에 기초한 바다 같은 차원이 있다. 이에 대비되어 고음의 트레

몰로나 오보에들이 있다. 이 두 요소 간의 관계는 완전히 전형적인데, 이 둘이 서로 엮이는 방식은 사실 언제나 주체 내의 분열, 갈라짐, 고통의 현존의 표식이다.

• 마지막으로 긴 중간 악구樂句들이 있다. 이들은 본질상 더 주제적이거나 선율적이지만, 말하자면 저음 관현악법이 만들어내는 지하해양underground ocean 위의 파도처럼 사실상 부서지거나 무너지는 것을 볼 수 있을 것이다.

이 네 가지는 매우 뚜렷하며, 확신하건대 이는 분열된 주체를 구성하는 것이 사실은 **음악**임을 다시 한번 보여준다. 물론 극적 상황은 이미 주어졌지만, 그것을 **현존하게** 만드는 것, 탄호이저의 고통이 그저 생성 속에 용해돼버리지 않고 무대 위의 현재적 순간에 우리 앞에 (말하자면) 온전히intact 다시 존재할 수 있게 하는 것은 이 특정한 작인들이지 탄호이저가 읊는 전반적인 이야기가 아니다.

이 「탄호이저」 공연에 귀를 기울이면 우리는 어떤 육중한 것—여기에는 어떤 주체적 육중함이 두드러진다—과 동시에 금 간 기념비처럼 부서지고 탈총체화된 어떤 것의 아주 묘한 감흥을 얻는다. 이는 비유일 뿐이지만, 바그너가 사용한 기술들은 모두 모여서 이 탈총체화된 육중함 또는 금 간 음音의 기념비적 느낌을 창조해내는 듯하다. 그것이 해소되려면 파괴되는 수밖에 없음은 자명하다. 물론 기념비가 존재함은 부인할 수 없지만, 그것은 명백하게 금이 갔기 때문에 우리는 그것이 존속할 수 없음을 안다. 파괴된 기념비가 등장하는 이 공연의 무대 세트가 잘 꾸며졌다고 보는 이유, 그것이 우리가 실제로 보는 것—즉 탄호이저 **자**

신이 파손된 기념비로서 바로 우리 눈앞에서 무너지고 파괴되리라는 점—에 은유적으로 맞아떨어진다고 보는 이유가 그것이다. 모든 것이 탄호이저의 몰락과 죽음을 향해 가고 있다.

나는 바그너에서, 그리고 특히 이런 의미에서, 고통은 실로 '거기 있음a being-there'이라고 생각한다. 고통은 서사가 비변증법적 분열의 파괴적 결과들을 탐색하는 한에서 서사 안에 편입된다. 그것이 바그너적 고통에 대한 나의 추상적 정의定義일 것이다. 우리가 다루고 있는 것이 화해의 교활한 수단에 불과하다고 말하는 것은 완전한 오류다. 나는 우리가 실제로 받는 인상이 그렇다고는 전혀 믿지 않는다. 그와 정반대로, 기념비성monumentality의 인상은 부인할 수 없으며, 나는 그것이 고통의 정념이 기념비적 외양 속에 현시되는 드문 예에 속한다고 생각한다. 사실 나는, 사람들이 고통이 아니라 절멸이나 구원이 연관되어 있다고 주장하는 이유가 바로 이 기념비성 때문이라고 생각한다. 그러나 진정으로 연관되어 있는 것은 고통 그 자체에 대한 기념비다. 주체에게 고통은 어떤 의미에서 기념비적이다. 주체 자신이 금 가고 무너진 기념비와 같다. 다른 종류의 고통도 가능할 테지만, 바그너에서 고통의 현존은 사실상 주체 내의 비변증법적 분열의 파괴적 결과가 현시되는 것과 동일하다.

7. 차이의 드라마

바그너에서 작곡의 극적 · 음악적 전략이 화해의 최종적 형상에 완전히 종속된다는 의미에서, 그리고 피날레가 오페라 내부에 형성되어온 모든 차이들을 해소하고 통일시키는 데 봉사한다는 의미에서 그 전략은 변증법적인가? 이것의 아주 고전적인 예가 몇가지 있다. 「트리스탄과 이졸데」에서 가장 잘 알려진 것은 단연 조화의 문제다. 이론적 불협화음의 전반적 체계는 마지막에 결국 화음이 찾아온다는 사실을 지연시킬 뿐인 것이다. 「파르지팔」 끝부분에서 내림 가A-flat로 돌아가는 것은 더욱 더 전형적이다. 궁극적으로, 구원자의 구원은 내림 가로 귀결된다고 해도 무방하다.

다소간 바그너를 차이를 사칭하는 자이자 결국은 뒤늦은 헤겔주의자 — 결말부에서 모든 것을 해결하며, 새 시대를 맞아들이지 않는 자 — 로 만드는 이런 비판을 뒷받침하는, 부인할 수 없고 효과적인 기술적 논변들이 있다는 점을 우리는 다시금 알게 된다. 그럼에도 불구하고 나는 바그너의 모든 오페라가 사실상 어떤 가능성의 탐색, 즉 19세기의 진보적 차원에 어울리는 종결의 가능성에 대한 탐색을 대표한다고 느낀다. (나는 반박할 수 없는 앞의 사실들을 시야에서 놓치지 않으면서 이 느낌을 옹호하려 한다.) 바그너뿐 아니라 마르크스, 다윈, 그 밖의 19세기 인물들은 종의 진화, 또는 역사와 인류의 진화에 관한 거대한 비전 내지 이론을 제시했으며, 이 거대한 사유체계는 일종의 정치적 종말론, 진보이론, 또는 그 비슷한 것에 부합했다. 바그너는 이 모든 것과 동시대에 속한 사람이었으며, 오페라는 그에게 매우 상이한 종결의 가능성들을 탐색하는 대계大系, compendium였다고 생각된다. 바그너에는 음악이 정향되는, 모든 것을 통일하는 단 하나의 중심이 있는 것이 아니라 오히려 다양한 가능성들에 대한 탐색이 있다.

바그너의 오페라 하나하나가 듣는 즉시 알아볼 수 있는 음악적 색채구도를 지닌다는 놀라운 사실을 나는 이와 같이 해석한다. 각각의 색체구도는 그 고유의 개별적 방식에 따라 상이하다. 「파르지팔」의 색채구도는 즉시 식별되며, 그것은 가령 「명가수」의 색채구도와는 전혀 다르다. 그러므로 관현악법의 능수능란한 변주 — 물론 색채구도는 이것과도 당연히 관계가 있지만 — 나 극적인 목적을 위한 음악의 사용에서만 기인한다고 볼 수 없는 뚜렷한 색채구도가 항상 있는 것이다. 사실을 말하자면, 다루어지는 가설들은 각각의 오페라마다 다르고, 각 오페라의 색채구도, 주제적 구조, 전반적 리듬 등등은 모두 그 오페라 고유의 특정 가설에 봉사한다. 이 점이 내가 제기하고 변론하고자 한 첫번째 논점이다.

두번째 논점은 각 오페라의 가설이 — 이론적으로 타당성이 인정되었거나 충실하게 전개된 특정 논지와 달리 — 여러 가지 가운데 하나에 불과할 수도 있다는 사실이, 우리가 바그너에서 결말의 어떤 확실함이 아닌 결말짓기의 어려움을 느낀다는 점을 설명해준다는 것이다. 그에게 피날레에 이르는 길은 주저함으로 특징지어지는 어려운 과정이었고, 그는 몇가지 해석 또는 가설을 열어두는 경향이 있었다. 사실 바그너에게 특징적인 방식의 주저함이 있는데, 이는 얼핏 보면 과장된 종결이라고 할 만한 것과 나란히 분명하게 존재한다. 실은 지금까지 적잖은 수의 예술가들이 바그너가 선택에 어려움을 겪었다고 말했다. 베누스와 성모 마리아 사이의 선택에서 어려움을 경험한 탄호이저 자신과도 같이 말이다. 바그너도 그와 비슷하게 분열되었다. 사실 더 일반적으로 말하면 바그너에서는 결말짓기의 진정한 의미를 둘러싼 주저함이 발견된다. 나는 이 문제를 세 가지 결말과 연관시켜 다루고자 하는데, 그 각각이 매우 상이한 가설에서 비롯된다는 점은 두말할 필요 없이 분명하다. 그 셋은 「신들의 황혼」, 「명가수」, 그리고 「파르지팔」의 결말이다.

1. 「신들의 황혼」의 결말

「신들의 황혼」의 결말은 「반지」 연작 전체의 결말—다시 말해 유별나게 복잡하고 기념비적인 기획의 결말—이기도 한데, 그것은 혁명 후의 매우 '19세기적인' 가설로 압축된다. 그것은 바그너가 드레스덴 봉기[10]에 참여했고, 바쿠닌M. A. Bakunin[11]의 친구였으며, 1848년에 그를 형성한 경험은 반론의 여지 없이 혁명가들과의 동맹이었다는 사실, 그리고 그가 이 때문에 오랜 세월 동안 추적에 시달리고 박해를 받았다는 사실을 상기시킨다.

「신들의 황혼」에서 그가 시험대에 올리는 가설은 모종의 주저함을 내포했다. 어느 잘 알려진 일화에서 주장하는 대로 그는 최종 대본에서 혁명적 결의가 가장 돋보이는 대목을 빼냈고 그것에 곡을 붙이지 않았다. 이를 두고 사람들은, 비록 바그너가 젊은 시절에는 혁명가였을지라도 「신들의 황혼」을 쓸 때쯤에는 (사람이 나이 들면 대개 그렇듯이) 자신이 지녔던 환상의 많은 부분을 이미 잃어버렸음을 보여주는 증거라고, 그래서 그 특정 장면을 삭제한 것이라고 주장했다. 그러나 이런 주장과는 정반대로 그의 혁명적 태도는 변하지 않았다. (충분히 방어할 수 있는) 나의 반복된 해석은 최종 대본이 그가 원래 출판하기로 의도했던 대본보다 어느 면에서 **더욱** 혁명적이라는 것이다. 그러나 실상 이것은 중요하지 않은데, 신들 이후에 인류가 온다는 가설이 여전히 남아 있기 때문이다. 이

10 1849년 5월 독일 드레스덴에서 일어난 무장봉기로, 1848년 혁명의 대미를 장식한다—옮긴이.

11 1814~76. 러시아의 철학자이자 무정부주의자. 드레스덴 봉기에 참여한 후 체포되었다가 1861년에 시베리아에서 탈주하여 영국에 망명했다—옮긴이.

가설을 아무리 비튼다 해도 모든 것이 그런 식으로 끝난다는 사실은 변치 않는다. 그리고 예전에 보탄, 신들, 협정들이나 계약들이 지배하던 세계에 대한 책임이 이제 군중으로 대표되는 인류에게 넘어오는데, 이 책임이 정확히 어떤 것인지는 말해지지 않는다.

1970년대 말 바이로이트에서 파트리스 셰로가 선보인 저명한 「신들의 황혼」 공연은 이런 면에서 대단히 뛰어난데, 공연이 (말하자면) 의문문으로 끝나기 때문이다. 사실 나는 이 결말은 세계의 운명이—어떤 특정한 민족도 언급되지 않기 때문에—인류 일반*generic* humanity의 손으로 넘어가는 데 있다고 말하고 싶다. 독일이나 어떤 다른 민족도 문제되지 않는다. 오히려 자신의 운명에 책임을 져야 할 것은 모든 초월에서 벗어나 스스로 알아서 판단해야 하는 인류인 것이다. 많은 시행착오와 부분적 수정을 거친 후에야 「신들의 황혼」에서 이 가설이 제시된다. 궁극적으로 그 가설은 다음과 같이 요약된다. 신들 이후에 인류가—혁명적인 의미에 따라, 어떤 특정한 의미가 아니라 지극히 일반적인 의미에 따라 이해된 인류가—온다.

2. 「명가수」의 결말

「명가수」에는 전혀 다른 가설, 독일의 본질과 관련된 가설이 등장한다. 여기서 우리는 앞에서와는 정반대로 인류 일반에서 독일의 진정한 본질에 대해 묻는 아주 특정한 어떤 것으로 이행한다. 독일이란 무엇인가? 주지하듯이 이는 독일인들에게는 오래된 질문이다. 그들은 독일이라는 문제를 결정적인 것으로 받아들이는 민족으로 정의될 수 있다. 프랑스인의 경우는 그렇다고 보기 어렵다! 프랑스인들은 결코 프랑스에 관해 자문하지 않는다. 프랑스인이란 프랑스가 무엇인지를 안다고 주장하는 사람들로 정의될 수 있고, 반면 독일인은 독일이 무엇인지 모르는 사람들로 정의될 수 있다. 독일의 모든 위대한 철학자들이 유일하게 중요한 것은 결국 독일이라는 문제라고 설파한 이유가 그것이다. 바그너도 이 학파에 속한다. 이 학파에 속하지 않고서는 독일인이 될 수 없다. 독일은 완전히 제거되어야 한다고 주장하지 않는다면 말이다. 실은 전후戰後 토마스 만의 입장이 그런 것이었다. 독일은 사라져버려야 한다. 유럽은 이런 종류의 가설, 과연 독일이 그 속에 용해될dissolved 수 있는가에 관한 가설이다. 그러나 독일을 용해시킨다는 것은 말처럼 쉬운 일이 아니다.

「명가수」 결말 부분에서 바그너는 이에 관해 묻는데, 이 오페라의 정식 제목인 「뉘른베르크의 명가수」는 독일을 콕 집어서 언급한다. 이 점은 진지하게 받아들여야 한다. 바그너가 독일의 운명이라는 의미에서의, 독일의 그 어떤 정치적 본질도 없다는 가설을 시험하고 있으니 말이다. 이것은 문자 그대로 받아들일 필요가 있다. 독일의 본질은 독일 예술이지, 정치의 미학화가 아니라는 것이다. 그것은 엄밀히 말해 독일에 대한 그 어떤 정치적 정의도 불가능하다는 생각이다. 대본에서도 그렇게 말한다. 신성로마제국 같은 것이 더이상 없더라도, 또는 독일 국가가 더이상 없더라도 독일 예술은 여전히 있을 것이라고 말이다. 그리고 예술의 목적은 정치를 구상configure하는 것이 아니라 독일을 정의하는 것이다. 「신들의 황혼」에서 예술의 역할에 관한 가설은 예술이 인류 일반을, 자신의 고유한 운명에 사로잡힌 인류를 도래하게 하는 데 봉사한다는 것이다. 반면 「명가수」에서의 가설은 예술이 특정한 본질일 수 있다는 것이다. 독일의 경우가 그런데, 독일의 보편성은 결국 정치적으로도,

제국적으로도 결코 구현될 가망이 없다. 그것은 독일 예술 안에 거하고 존속한다. 이것은 전적으로 다른 가설이며, 음악 안에서, 즉 「신들의 황혼」의 음악과는 전혀 다른 음악 안에서 제시된다.

3. 「파르지팔」의 결말

마지막으로 「파르지팔」에는 과연 기독교 너머에 무언가 존재하는 것이 있느냐에 관한 더욱 공공연하게 형이상학적이거나 존재론적인 가설이 있다. 「신들의 황혼」에서의 질문은 '신들이 죽고 나면 무슨 일이 일어나는가?'이다. 일어나는 일은 인류가 무대에 도래하는 것이다. 「명가수」에서의 질문은 '독일의 본질이 역사적이거나 정치적인 본질일 수 없다고 할 때, 독일의 본질은 과연 무엇인가?'이다. 답은 '순수예술'이다. 이제 세번째로, 「파르지팔」에서 제기하는 질문은 '기독교 너머에 무언가가 존재하는가?'이다.

주지하듯이 니체 역시 이 질문을 던진 바 있다. 이 문제에 관한 견해는 갈라진다. 기독교와 단절하는 것이 과연 가능한가? 나는 바그너의 대답이 결국, 기독교 너머에 있는 것은 사실 기독교 자체의 완전한 긍정이라는 주장으로 귀결된다고 말하고 싶다. 그러나 이것이 무엇을 의미하는지를 이해하는 것이 중요하다. 그것은 신기독교neo-Christianity나 어떤 특정한 종류의 이단을 의미하지 **않는다**. 오히려 그것은 기독교의 형상성figurality이, 기독교를 넘어서게 될 어떤 세계나 우주를 궁극적으로 구성하는 모태로서 회복되고 재긍정될 수 있다는 것을 의미한다. 이 세계나 우주는 기독교를 구해내면서 또한 어느 면에서 그것을 폐지할 것이다. 왜냐하면 이 긍정의 작업을 통해 기독교를 구성하는 모든 가정들은 사라지고 종합적 긍정에 의해 대체될 것이기 때문이다. 이 종합적 긍정의 지침이 되는 원리는 '구원자에게 구원을Redemption to the Redeemer'이 될 것이다.

'구원자에게 구원을'이 의미하는 바는 다음과 같다. 기독교는 이제 더 이상 구원의 원리가 아니며, 오직 기독교적 총체성의 형상적, 또는 미적 재긍정—이는 모종의 방식으로 그 총체성을 탈기독교화하고 탈이념화할 것이다—을 통해서만 기독교 너머의 무언가가 발견될 수 있다. 다시 말하면 이것은 기독교를 다루는 아주 이상한—대체로 니체적인—방식이다. 그러나 니체가 총체적 단절을 옹호했고(그의 최종적 슬로건이 '세계사를 둘로 쪼개는 것'이었고, 이는 기독교와 관련해서 그러했다는 점을 잊지 말자), 결국에는 세계사의 절대적 파쇄fracturing의 기획 속에서 교착상태에 이르고 길을 잃었던 데 반해, 바그너는 어떤 적극적인positive 처리를 제안했다. 「파르지팔」은 기독교에 적용된 영원회귀다. 기독교는 회귀하지만, 미적으로 긍정된 양식, '구원자에게 구원을'의 양식 속에서 회귀한다. 마치 기독교가 그 자신과는 다른, 그러면서도 그 자신에 기초한 어떤 것으로서 회귀해야 한다는 듯이 말이다.

5. 세 결말의 음악적 구조

이 세 사례를 각기 세부적으로 다루게 되면 우리는 그 모든 것이 음악의 측면에서, 또는 바그너가 이 재긍정을 실현하기 위해 채용한 기술의 측면에서 무엇을 의미하는지를 결정해야 하는 문제에 직면한다.

ⅰ. 「신들의 황혼」은 신들의 멸망과 더불어 무척이나 긴 대사로 결말을 맺는다. 이것의 연출은 실행하는 것이나 이해하는 것이나 모두 매우 복잡한데, 이는 그것이 재난을 배경으로 이뤄지는 대사를 내포하기 때

문이다. 지크프리트의 죽음 이후 브륀힐데는 신들의 세계가 끝났다고 선언하는 긴 대사를 읊는다. 또한 그녀는 이야기의 몇몇 요소를 되풀이해서 말한다—바그너는 모든 이가 이미 잘 알고 있는 이야기를 전부 다시 말할 기회를 놓치는 법이 없는데, 이로써 그는 아이스킬로스Aeschylus의 진정한 제자가 된다. 말하기는 당연히 긴요하지만 **되풀이해서 말하기**도 그에 못지않게 긴요하다. 바그너는 같은 이야기를 다시 말하느라 지치는 법이 없다. 그러나 우리가 사실상 여기서 다루고 있는 것은 대사다. 대사를 본질로 하는 선언적 등장인물로서의 바그너적 등장인물이라는 이 근본적 논점에 대해서는 뒤에 다시 언급하겠다.

이렇게 신들의 멸망을 선언하고 미래를 유일한 생존자, 즉 인류에게 넘기는 거창한 대사가 있다. 높은 곳과 낮은 곳의 신들 사이에서 황금을 둘러싸고 벌어지는 격한 논쟁 속에, 인류는 가능하다면 황금 없이 사는 법을 배워야 한다. 라인강의 황금은 라인강에 되돌려졌다. 이제 신들의 황혼으로부터 비상업적 인류가 출현해야 한다. 이 피날레가 구조화되는 방식은 진정으로 놀랍다.

이제 작곡의 관점에서 바라본 피날레의 의미를 생각해보고자 한다. 인류는 멸망의 장면, 특히 그 비인간적 요소들을 응시한다. 우리는 다음 장면을 차례로 보게 된다. 반지가 라인의 처녀들에게, 따라서 그것의 자연적 요소로 되돌아간다. 그러고는 낮은 곳의 또는 어둠의 신들의 최후의 대표자 하겐이 반지를 되찾으려고 물속으로 뛰어들지만 실패한다. 마지막으로 발할라Valhalla 성城 자체가 화염에 휩싸여 사라진다. 모든 비인간적 요소들은 이처럼 파멸되거나 원래의 자연상태로 회복되며, 남는 것은 오직 인류뿐이다. 셰로-불레즈의 공연에서는 완전히 압도적인 극적 제스처를 보게 된다. 무대 위의 남녀 군중이 천천히 일어나서 청중을 향해 얼굴을 돌리고는 본질적으로 이렇게 묻는다. "**그대**들은 어떤가? 이것이 우리가, 그대들과 우리 모두가 처한 상황이다." 그것은 유례없이 강력한 제스처로, 지휘자 입장에서 결정적인 말을 삼가는 자기부정을 암시한다. 음악이 멈추고 나서도 한동안 그 이미지는 계속되기 때문이다.

이 피날레는 결코 새로운 신화의 창조를 이야기하지 않는다. 그와 정반대로 **모든** 신화의 몰락을 이야기하는데, 신화를 구해낼 자유로운 영웅을 창조하려는 보탄의 시도조차 완전히 실패하기 때문이다. (나는 곧 그 문제를 논할 것이다.) 「신들의 황혼」의 결말은 정말로 신들의 황혼, 신들의 죽음이며, 신화는 더이상 해결책이 될 수 없다. 유일하게 남는 것은 그 멸망의 장면, 신화의 종말을 바라보는 인류의 응시뿐이다. 모든 것은 이 응시에서부터 새롭게 시작되어야 할 것이다. 남아 있는 유일한 음악적 주제는 사실상 **사랑을 통한 구원**이라고 지칭되어온 그 주제라는 사실을 나는 그렇게 해석한다. 그러나 솔직히 여기서 구원의 형상이 어떤 것인지는 알 길이 없다. 존재하는 것은 오직 인간의 고독뿐, 그 밖에는 아무것도 없다. 그러므로 유일한 단서, 유일한 명령은 사실 **사랑**—이렇게 부르기로 하자—의 주제다. 인류가 남고, 인류 위를 맴도는 사랑의 가능성도 남는다.

주목할 것은 「반지」 연작 전체에서 이 주제가 이전에 단 한번밖에 사용되지 않았다는 점이다. 「발퀴레」 제3막에서인데, 여기서 지클린데Sieglinde가 일종의 수태고지로서 그 주제를 노래한 바 있다. 그렇기는 해도 그것은 기본주제들Grundthemen에 포함된 하나의 주제가 아니며, 말하자면 잉여주제다. 그것은 이전에 단 한번 환기되었을 뿐이지만 이제 피날레의 주제로 도입되는바, 이 점에서 분명히 드러나듯이 그것은 결코 앞선 소재들의 종합에 불과한 것이 아니다. 이 주제는 위에 떠돌며, 사실상 관현악적으로도 음악적 소재 위에 맴도는 어떤 것으로 다루어지는데, 이 음악적 소재는 그 나름대로 신화의 몰락을 증언하는바, 즉 발할라의 주제(신들의 성이 불타 없어졌다)와 라인 처녀들의 주제(자연과 황금이 부분적으로 재결합되었다)다. 그리하여 남겨진 것은 이 주제뿐인데, 아도르노가 그것에 대해 감상적이고 진부하며 바그너의 거대한 4부극의 음악적 결말로서는 매우 약하다고 판단한 것[12]은 완전히 잘못됐다. 사실을 말하면 이 주제는 전혀 약하지 않다. 사실상 그것은 떠도는 주제, 어느 면에서 난데없이 등장한 주제이고, 고정된 내용이 부재한 응시는 모든 것의 파멸 위에 맴도는 요소라는 사실을 증언하는 주제다.

이 결말이 실은 바그너의 4부극이라는 거대한 축조물의 결말은 아니라는 사실을 나는 강조해야만 하겠다. 그 4부극은 모든 신화들이 본질적으로 쓸모없게 되었다는 데 대한 가차없는 이야기인데, 그 신화들에는 가엾은 지크프리트가 구현할 수도 있었을, 그러나 참상으로 끝나버린 '대체' 신화까지 포함된다. 이것이 사태의 진실이다. 게다가 (모티프들이 죽음과 잔해의 상태로 영락해버렸기 때문에) 내가 '잔해 모티프debris motif'라고 부르는 것들 가운데서 칼의 모티프가 들려오는데, 그것은 발할라 주제가 다루어지는 것과, 또는 하겐이 다루어지는 것과 똑같은 방식으로 다루어진다. 그 모든 세계는 이제 완전히 끝장났다. 신화들과 영웅들은

12 Theodor Adorno, "Wagner's Relevance for Today," *Essays on Music*, trans. Susan H. Gillespie, ed. Richard Leppert (Berkeley: University of California Press 2002), 598-99쪽.

더이상 존재하지 않는다. 유일하게 남은 것은 스스로 알아서 판단해야 하는 인류다.

ii. 「신들의 황혼」에서와 마찬가지로 「명가수」에서 합창은 매우 중요한 역할을 하며, 이런 점 때문에 「명가수」의 피날레는 하나의 집단 피날레이기도 하다. 그러나 「명가수」의 피날레에는 어떤 전혀 다른 요소도 내포되어 있는데, 이는 「신들의 황혼」이 보여주는 바와는 사뭇 대조적으로 「명가수」의 결말이 종합의 필요에 기초해 있기 때문이다. 「신들의 황혼」에서 결말은 어떤 종합도 불가능하다는 점을 암시한다. 모든 것이 파멸되었고, 이 파멸의 장면 위에 수수께끼처럼 맴도는 어떤 것이 있다.

「명가수」는 바그너의 유일한 희극으로서 매우 뚜렷한 색채구도를 지니며, 그 피날레는 어떤 종합, 궁극적으로 파열과 규칙 사이의 종합의 필요를 보여주는 듯하다. 여기서 다음과 같은 예술의 고전적 문제가 제기된다. 한편으로 창조적 천재, 형식적 파열 등등과 다른 한편으로 규칙에 매인 전통 사이에서 예술은 어떤 위치를 점하는가? 오페라에서 규칙에 매인 전통을 체현하는 것은 마이스터징거master singers로, 이들은 어느 면에서 보수주의자와 자유주의자 사이에 분열된다. 그들은 다소간 혁신을 수용하는 동시에—아카데미나 길드에 연관되어 있기 때문에—전통을 대변하기도 한다. 여기서 혁신은 삶을 긍정하는 자유형식의 노래를 부르는 발터Walther로 대표된다. 결말을 가져오는 것은 확실히, 이 논점과 연관된 종합의 필요다.

플롯은 더없이 단순하다. 만장일치로 보내는 청중의 박수갈채 속에 발터는 자기 노래로 상을 탄다. 바그너에는 항상 노래 경연대회가 있고, 당연히 그는 항상 **그 자신을** 무대에 올려 상을 탄다—위대한 예술가들은 그렇게 놀랍도록 순진하다. 비테즈Vitez는 클로델Paul Claudel의 대작 「비단구두*Soulier de satin*」[13]가 실은 클로델 자신이 1900년에 어느 배에서 만난, 젊고 히스테릭한 폴란드 여성에게 속았던 사실과 자신이 그녀에 대해 취한 행동을 합리화할 필요에서 쓰인 작품에 불과하다고 늘 주장했다. 클로델은 그 일을 대단한 듯이 여겼으며, 비록 결과물은 훌륭했지만 애초에 작품이 그 사소한 사건에서 시작되었음에는 변함이 없다. 바그너에게도 비슷한 면이 있다. 그도 항상 자신을 노래 경연대회의 참가자로 만드는 것이다. 그리하여 발터는 경연대회에서 상을 타고, 작스는 그에게 마이스터징거가 될 것을 권유한다. 발터는 경연대회에서 새로운 시도, 즉 예술적 혁신을 통해 상을 탄 사람이지만, 그래도 그에게 전통의 아카데미에 들어갈 것을 권하는 것이다. 마이스터징거들은 추하게 발터를 조르지만 그는 그들의 청을 거절한다.

피날레는 왜 발터가 마이스터징거들을 무시하지 말고 그 자신이 마이스터징거가 되는 데 동의해야 하는지를 설명하는 작스의 대사다. 작스는 미학 영역에서의 혁신과 전통 간의 종합, 전통 안에 남아 있는 것과 전통과 결별하는 것 사이의 종합을 제안한다. 그의 대사는 이런 종류의 종합에 대한 변론이다. 왜 이것이 필요한가? 왜냐하면 그것이 역사적으로 예술의 힘을 규정하는 것이기 때문이다. 예술의 힘은 언제나 과거의 통합incorporation에 입각해야 한다. 형식적 파열의 순전한 무질서에만 그

---

13 프랑스의 시인, 극작가, 외교관이자 조각가 카미유 클로델(Camille Claudel)의 동생인 폴 클로델(1868~1955)의 방대한 시극(詩劇)으로, 1929년에 쓰여 1943년에 초연되었다. 16세기를 배경으로 하며 죄와 구원의 주제가 관통하는 사랑 이야기다 — 옮긴이.

힘이 존재할 수는 없는 노릇이다. 비록 발터가 대단한 재능을 지녔고 그의 노래가 지극히 뛰어나더라도 그는 예술의 역사적 힘이 이런 순전한 혁신의 능력 외에 다른 것 역시 요구한다고 선언할 용기를 지녀야 한다.

이는 오늘날 우리에게도 흥미로운 논쟁이다. 예술은 전적으로 형식적 감산subtraction에, 다시 말해 과거와의 단절, 급진적으로 새로운 창조, 환원 불가능한 독창성에 입각할 수 있는가? 위의 오페라에서 마이스터징거들은 이런 것을 환호한다는 면에서 매우 현명하다. 사실상 발터는 전통적 방식에 반대하는 혁신가인 것이다. 그러나 예술은 또한 역사성이기도 하다. 예술이 과거와의 단절에만 존재할 수는 없다. 하지만 예술은 어떻게 이 역사성을 자기 안에 통합할 수 있는가? 오직 다음과 같은 사실을 인정함에 의해서다. 즉 혁신은 새롭지 **않은** 어떤 것에 기초한 혁신이며, 예술이 재가해야만 하는 것, 그리고 예술의 힘을 창조하는 것은 바로 이런 변증법이라는 사실이다. 예술이 그런 힘을 지닐 수 있을 때, 예술이 역사를 — 절충적 종합을 통해서가 아니라 내재적 승인을 통해서 — 새로운 것 안에 편입시킬 수 있을 때, 오직 그때에만 예술은 하나의 민족이나 국민a people을 대표할 수 있다. 바로 여기서 독일이라는 주제가 들어온다. 신성한 독일 예술은 그런 종합을 달성한 예술, 그리하여 독일을 역사·정치적 흥망성쇠에 영향을 받지 않는 힘으로 만든 예술이다. 제국이 더이상 존재하지 않는다 해도, 독일 예술은 보편적인 힘 — 독일인들은 그런 종합을 실현함으로써 이 힘이 자신들에게 있음을 증명했다 — 으로서 계속 살아남을 것이다.

바그너에서 늘 볼 수 있는 매우 중요한 한 가지 주제는, 우리가 사유해야 할 대상이 파멸의 가설에서 살아남는 그 무엇이라는 점이다. 파멸의 장면 위를 맴도는, 또는 어떤 식으로든 그 장면 위에 남아 있는 것은 무엇인가? 물론 우리는 이런 것을 「신들의 황혼」에서 보았지만 동일한 관념이 여기 「명가수」에서도 명백하게 나타난다. 마지막의 대합창이 이를 표현한다—신성로마제국이여, 사라지라. 독일 예술의 신성한 영역은 계속 살아남을 것이다! 발터가 마이스터[14]의 휘장을 받는 데 동의해야 하는 까닭은 거기에 있다.

그러나 우리는 또다른 관념도 발견할 수 있다. 새로운 종합을 위해 자신을 희생하는 사람은 사실 작스지 발터가 아니다. 내가 언급한 종합이 현실화되도록 자신을 부인하고 어느 면에서 희생하기를 계속하는 것은 작스다. 사실은 그야말로 마이스터다—바로 그 부인을 통해 그는 마이스터가 된다. 실로 오페라의 궁극적 결말은 "우리의 새 마이스터 작스 만세!"인데, 사실상 작스는 인민the people 위에 군림하는 군주가 된 것이다.

이 점은 흥미롭다. 작스는 예술의 마이스터이기 때문에 인민의 마이스터다. 「명가수*Die Meistersinger*, 영어로는 *The Mastersingers*」라는 제목이 실로 다의적인 이유가 그것이다. 예술 영역에서 진정으로 통달mastery의 경지에 이르는 사람은 옛것과 새것 사이의 종합을 달성하기 위해서 자신을 희생할 수 있는 사람이다. 발터는 한참 후에, 그 역시 자신을 희생할 수 있을 때에 마이스터가 될지 모른다. 그러나 당장은 작스가 진정한 마이스터인

---

14 영어본 텍스트의 'Master'를 '마이스터징거'(Meistersinger, 영어로는 master singer)와의 연관성을 고려하여 '마이스터'로 옮긴다. 예술의 맥락에서는 '명인'을 뜻하지만, 바로 뒤에서 바디우는 '지배자'라는 '마이스터'(마스터)의 또다른 의미에 주목하고 이를 '명인'이라는 의미와 적극적으로 연관시킨다. 같은 맥락에서 바디우는 예술적 '통달'과 사람들에 대한 '지배력' 또는 '지배권'이라는 'mastery'의 이중적 의미를 활용하여 '예술 내적 주권'에 대한 논의를 펼친다—옮긴이.

데, 왜냐하면 그가 예술에 역사적 힘을 부여하는 새로운 종합을 달성하는 사람, 옛것 내부로부터 새것을 승인할 수 있었던 사람이기 때문이다. 이는 예술 내적 주권의 원칙이다—비록 카를 슈미트Carl Schmitt의 원칙이라고 하기는 어렵지만 말이다. 그것은 "주권자는 예외상태를 결정하는 자이다"[15]가 아니라 어떤 다른 원칙인데, 분명 그 역시 독일적 원칙이다. 예술의 마이스터는 새것이 옛것 안에 통합될 수 있도록, 예술적 혁신이 전통과 종합될 수 있도록 자기 자신을 시기적절하게 희생할 수 있는 사람이다. 따라서 그는 예술의 마이스터라는 바로 그 이유에서 **인민의** 마이스터가 되는 사람이다.

이것은 흥미로운 원칙인데, 이는 그 원칙이 예술적 통달은 천재로 환원될 수 없다는 사실에 의존하기 때문이다. 이 오페라에서 매우 분명하게 드러나듯이, 그것은 오히려 예술 영역에서의 천재와 통달의 변증법이다. 「명가수」에는 세 가지의 주요 인물유형이 있다.

• 천재: 노래에 새로운 어떤 것을 도입한 발터가 이에 해당한다.

• 전형적 반동: 인물로는 베크메써Beckmesser가 있다. 사실을 말하면 그는 유대인이고, 실제로는 마이어베어[16]를 가리킨다. 바그너가 마이어베어에게 느낀 증오심이 그의 판단을 흐리는 데 큰 역할을 했다.

• 마지막으로 마이스터: 그는 독특한 위치를 점한다. 그것은 천재와 일

---

15 슈미트의 주저 『정치신학』(*Politische Theologie* 1922) 도입부의 구절—옮긴이.

16 자코모 마이어베어(Giacomo Meyerbeer, 1791~1864). 태어날 때의 본명은 야콥 리프만 베어(Jakob Liebmann Beer). 독일의 오페라 작곡가로, 베를린에서 부유한 유대계 은행가의 아들로 태어나 일찍이 음악적 천재를 인정받았고 이탈리아에서 오페라를 공부했으며 이탈리아에 이어 프랑스에서 주로 활동했다—옮긴이.

치하는 위치가 아니라, 천재가 수용되고, 인정되며, 예술의 종합적인 힘으로 통합되는 위치다.

지금까지 사람들은 「명가수」의 결말이 그저 독일의 영광을 찬미하는 노래에 불과하다고 간단히 평하곤 했다. 그러나 이 결말은 그보다 훨씬 더 복잡하다. 독일이라는 기표가 그 핵심에 계속 현존하는 것이 사실이기는 하지만 말이다.

iii 이제 「파르지팔」 차례다. 부인否認의 문제가 이 세번째 사례에 대한 논의의 출발점이 되어줄 것이다. 「파르지팔」에서 그 문제는 권력의 이양 또는 새로운 유형의 지배/통달mastery의 출현을 내포하는 것이기도 하다. 어느 대목에서 「파르지팔」의 피날레가 시작되는지 보자. 구래의 기독교—출발점—는 죽어가는데, 이는 (완전히 죽어버린) 늙은 티투렐Titurel과 (그보다 별로 나을 것이 없는) 그의 아들 암포르타스의 모습으로 나타난다. 암포르타스는 유혹을 이기지 못했다는 사실 때문에 역겹게 피가 스며나오는 치명적 상처를 지니고 있다. 하지만 성적인 문제는 옆으로 밀쳐두자. 이 문제가 바그너에서 중요하기는 하지만 꼭 결정적인 것은 아니니까 말이다.

왜 구래의 기독교는 죽어가는가? 그것이 너무 생존에 집착하게 되었기 때문이다. 구래의 기독교가 점점 더 편협해지고 갈수록 부정적이고 방어적인 차원을 지니게 되면서 그 슬로건은 "우리는 살아남아야 하고, 기독교가 살아남도록 확실히 지켜내야 한다"가 되었다. 이는 오늘날의 상황에 대해 많은 것을 말해준다. 기독교에 아직 남아 있는 유일한 관심사는 가능한 한 오래 살아남는 것이다. 그러나 생존이 유일하게 중요한 것일 때는 성적 욕동의 압력에 무방비가 된다. 우리는 그 욕동에, 실재the Real에 압도되고 주이쌍스Jouissance에 무방비가 되는데, 여기서 주이쌍스는 암포르타스의 극히 외설적인 상처 — 지버베르크는 영화에서 이를 쿠션에 전시된 질膣로 적절히, 끔찍하게 외설적으로 표현했다 — 로 상징된다. 유일하게 중요한 것이 생존일 때 우리는 외설적인 것에 무방비가 된다.

이 죽어가는 기독교를 끝장낼 파르지팔은 그렇다면 새로운 접근법을 제안해야 할 것이다 — 이미 표현된 바와 같이 기독교의 재긍정, 또는 구원자의 구원 말이다. 그저 생존이나 자기보존에 집착하는 것이 아닌, 따라서 자기에 대한 관심이 아닌 무언가를 제안해야 할 것이다. 생존에 대한 관심은 무엇이든 사실상 **자기**에 대한 관심의 한 형태이며, 이 점이 그것이 우리를 주이쌍스의 외설에서 보호하지 못하는 이유를 설명해준다. 늙은 가부장 티투렐은 그저 자신이 계속 생존할 수 있도록 성배를 드러낼 것을 지속적으로 요구한다. 죽기 직전 무덤 안에 누운 그는 아들을 재촉한다. "의식을 거행하라, 그렇지 않으면 내가 죽을 테니!" 성체의 덮개를 벗기는 일의 유일한 효용이 티투렐로 하여금 조금 더 오래 살 수 있게 하는 것이라면, 그저 이런 상태로 영락한 기독교가 어떻게 해서 끔찍하게 기력이 쇠해졌는지는 쉽게 알 수 있다. 반면 암포르타스는 **죽기를 원하고**, 따라서 의식을 거행하기를 원하지 않는다.

따지고 보면 여기에는 아주 흥미로운 대칭이 있다. 둘 중 한 사람은 무슨 대가를 치르고서라도 살아남기를 원하고, 이런 목적을 위해 의식이 거행되어야 한다. 반면 다른 사람은 **그 자신이** 죽고 싶기 때문에 의식을 거행하기를 원하지 않는다. 이는 모두가 자기에 대한 관심의 문제다. 그러므로 적극적 해결책은 자기부인이어야 할 것이다. 파르지팔이 체현하는 연민/자기부인, 또는 연민/무사無私, unselfishness의 쌍 — 타인에 대한 절대적 관심, 그리고 자기에 대한 관심의 부재—은 내 생각에 일종의 만능적인 윤리적 공식으로 제안되는 것이 아니라(적어도 그 시대에는 아니다), 만일 기독교가 그저 생존에 매달리는 존재가 된 것이 사실이라면 그 쌍만이 기독교의 구원을 보장할 수 있는 해결책이기 때문에 제안될 것이다.

음악에서 연민/자기부인과 기독교/생존의 두 쌍은 한편으로는 암포르타스와 그의 상처라는 주제를 통해, 다른 한편으로는 파르지팔의 주제를 통해 제시된다. 원칙적으로는 파르지팔이 주인공이지만 실제에 있어 그의 주제는 약하게 표현되는데, 금관악기로는 거의 재현되지 않으며, 다소 포착하기 어렵다. 암포르타스의 고통이라는 서정적이면서 오싹한 주제와 파르지팔의 아주 약하게 표현되는 주제의 쌍은 죽어가는 기독교—관능적인 동시에 외설적이고 또한 치명적인—와 그것의 구출 또는 구원의 가설로 이루어진 쌍을 충실히 재현한다.

음악의 측면에서 볼 때, 죽어가고, 나르시시즘적이며, 치명적인 기독교를, 순진무구한 자기부인을 중심으로 하는 새로운, 재긍정된 기독교로 대체하는 데 관심을 둔 이 피날레 전체는 온유함으로의 주권의 소멸, 또는 온유함으로의 주권의 변화라고 할 만한 것을 재현하려고 시도하지 않나 싶다. 이것이야말로 이 피날레의 음악에서 진정으로 중요한 문제라고 생각된다. 그 시도가 성공했다고 볼지 말지는 부분적으로 분석과 취향의 문제다. 우리가 이 「파르지팔」의 결말에 나타나는 지나치게 감상적인 면을 다소 불편해한 불레즈에 공감할 수는 있겠지만, 그럼에도 불구하고 다음과 같은 중요한 문제를 시야에서 놓쳐서는 안된다. 파르지팔이 성창聖槍을 가지고 나타나 암포르타스를 치유하고 그에게서 권좌를 물려받는 이 결말의 의미에 관해 주장을 펼치자면, 이 치유는 사실상 일종의 **죽음**이다. 새로운 기독교는 암포르타스와 티투렐로 상징되는 이기적이고 생존주의적인 유형의 주권에 더이상 얽매여서는 안되며, 오히려 구원자의 구원으로 대표되는 겸허하고 순결한 자기부인을 중핵으로 삼아야 한다. 이에 따라 음악은 권력을 온유함으로 변화시켜야 하며, 내 생각에 바그너가 「파르지팔」의 결말부에서 전달하고자 하는 것은 또다시 이러한 변신이다.

이제 지버베르크의 작품에 대해 몇마디만 해보자. 우선 그것은 무대공연이 아니라 아주 색다른 **영화**이며, 따라서 영화의 모든 수단을 활용한다. 나는 「파르지팔」에 접근하는 방법으로 이 영화를 강력히 추천한다. 세트는 사실 바그너의 데스마스크death mask의 거대한 복제물이고, 「파르지팔」은 그 두개골 내부에서, 말하자면 두개골 극cranial drama으로 상연된다. 이 영화에는 이 세계가 어느 정도까지 사실상 외설에 장악된, 죽어가는 세계인지를 보여주는, 의도적으로 과장된 측면이 존재한다.

파르지팔에 관해 말하자면, 두 명의 다른 배우가 그의 역할을 한다. 그는 젊은 남자이기도 하고 젊은 여자이기도 하다 — 마치 두 성을 결합함으로써만, 또는 두 성 사이에는 어떤 차이도 없다거나 둘을 구별하기는 어렵다는 점을 보여줌으로써만, 과거의 기독교가 그 안에서 자신을 소진해온 치명적 관능과 외설적 주이쌍스의 구원을 재현할 수 있다는 듯이 말이다. 제2막에는 파르지팔이 유혹에 저항함으로써 자신에게 있는 자기부인의 능력을 시험해볼 것이 요구되는 뛰어난 장면이 있다. (연극에서는 유혹에 대한 저항이 어떤 등장인물의 자기부인 능력을 묘사할 수 있는 유일한 방법이다.) 여기서 유혹은 유혹녀 쿤드리의 모습으로 나타나는데, 그녀는 이미 오래 전에 암포르타스를 비롯한 모든 사람들을 유혹했고, 이제 파르지팔 앞에 그의 모친을 거의 근친상간적인 방식으로 나타나게 만듦으로써 가장 본능적인 차원에서 그를 조종하려 한다. 쿤드리는 그에게 그의 모친은 죽었다고 말하고서 부분적으로 그 모친의 음탕한 유령으로 변신하려 한다. 그리하여 일종의 성적 뱀파이어인, 죽었으면서도 살아있는 기괴한 모친이 순결한 아들을 유혹하는 극히 오이디푸스적인 장면이 펼쳐진다. 파르지팔은 쿤드리의 키스에 굴복할 정도로 유혹에 꽤 깊이 빠져든다. 그러나 키스를 하는 중에 그는 암포르타스의 상처를 느끼게 된다. 그리하여 그는 쿤드리에게서 입술을 떼고, 그녀에게서 달아나 바그너의 다른 모든 주인공들처럼 다시 끝없이 여기저기를 떠돌다가 마침내 암포르타스가 누워 죽어가고 있는 기독교의 요새에 이르는 망각된 길을 우연히 발견하게 된다.

지버베르크의 작품에서 매력적인 점은, 마치 어떤 새로운 성별화sexuation의 전조가 우리 눈앞에 보이듯이, 파르지팔이 사춘기 소년에서 사춘기 소녀로 바뀌면서 이중의 존재가 되는 것이 바로 이 키스의 순간, 키스가 이뤄지기도 하고 중단되기도 하는 그 순간이라는 것이다. 기독교의 갱신은 하나의 성별화이기도 한데, 이에 관해 영화에서 하고 있는 말은 다음과 같은 단 하나의 놀랍고 더할 나위 없이 설득력있는, 주목할 만한 내용이다. 그것은 성sexuality 그 자체에 대한 시험이 이뤄지면서, 한 소녀가 한 소년을 대체한다는 것이다. 대단원에서 이 두 사람은 하나가 될 것이다. 애초에는 대체의 문제로 나온 것이 마지막에는 결합의 문제가 되는데, 우리는 사실상 사춘기 소년과 사춘기 소녀가 한쌍을 이루는 것을 보게 되기 때문이다.

지버베르크 역시 수수께끼 같은 표정으로 끝맺음을 하는 것이 필요하다고 생각했다. 마치 인류의 미래든 기독교의 미래든 어떤 불명확한 미래에 관한 이야기인 이 모든 결말들이 어쩐지, 질문을 던지는 표정, 또는 청중 앞에 일종의 질문으로 제시되는 표정에 의해 시각적으로 다루어지기를 요구하는 듯하다.

구원자의 구원을 의미하는 마지막 합창은 파르지팔이 권력을 잡고 새 커플 — 지버베르크의 해석에서는 다소간 새 아담과 이브 같기도 한 — 이 어떤 새로운 종류의 순진무구함을 통한 인류의 새 출발을 대표하는 모습이 우리 눈앞에 펼쳐진 이후에 등장한다. 여기 그려진 것은 기독교가 병든 주권의 지속이 아니라 생기에 넘친 순진무구함의 알레고리가 될 수 있는 가능성이며, 생기에 넘친 순진무구함의 긍정적 가능성에 의한 병든 주권의 대체다. 아울러 우리는 기독교가 사실상 확실히 끝났다는, 확실히 죽었다는 것을 보여주기 위해 이 영화에서 어떻게 교황의 두개골을 사용하는지를 보았다.

여기 장뤽 낭시가 중요하게 여기는 주제, 즉 기독교의 해체deconstruction가 있는데, 그는 이를 오늘날 우리에게 긴요한 과제, 아직 성취되지 않은 과제로 본다.[17] 적어도 내가 보기에 「파르지팔」은 낭시의 말처럼 기독교를 해체하려는 시도다. 이 시도가 성공하는지 실패하는지는 또다른 이야기지만, 실제로 거기서의 문제는 해체의 시도인 것이다. 해체라는 말이, 그저 기독교에 대한 비판에 머물지 않고 이미 발생한 것을 상이한 방식으로 재긍정하는 — 재긍정이 단순한 비판보다 훨씬 더 급진적이므로 — 어떤 것을 의미한다면 말이다.

---

17 Jean-Luc Nancy, *Dis-Enclosure: The Deconstruction of Christianity* (New York: Fordham University Press 2008).

하지만 문제는 기독교가 그보다 더 탄력이 있지 않은가 하는 것이다. 「파르지팔」의 번역자 마르셀 보피스Marcel Beaufils는 서문에서 다음과 같이 주장했다. 즉 바그너는 이교도의 신들을 다룬 것과 똑같은 방식으로 기독교를 다룰 수 있다고 상상했지만 결국 그것은 오산이었으며, 「파르지팔」은 바그너가 기독교를 흡수한 것이 아니라 실제로는 기독교가 바그너를 흡수했음을 증명했다는 것이다.[18] 요컨대 바그너의 '구원자의 구원'은 실패했는데 그 이유는 기독교의 순전한 신화화가 이루어질 때가 아직 오지 않았기 때문이다. 기독교는—신화적 소재로서조차—사람들의 마음속에 여전히 너무 깊이 뿌리박혀 있어서 그런 방식으로는 다루어질 수 없기 때문에 기독교의 해체는 아직 수행될 수 없었다. 그러나 내가 생각할 때 실제로 바그너는 독일 신화의 신들에 대해서 했던 작업과 똑같은 작업을 수행하고자 했고, 기독교의 유효성을 독특하게 재긍정함으로써 기독교를 초월할 수 있음을 보여주고자 했다.

어쩌면 이는 보기보다 더 어려운 과제였을 것이다. 명백히 우리는 신성한 것 **너머의** 신성한 것과 마주하고 있으므로, 어쩌면 「파르지팔」은 신성한 극이라고 불리지 말았어야 했을 것이다. 어쩌면 바그너가 무모한 짓을 했는지 모른다. 이런 모든 문제가 논쟁의 대상이다.

8. 음악과 극화

이제 우리는 네번째 논점에 도달했다. 그것은 저변의 합리적 틀, 그리

18 Richard Wagner, *Parsifal*, trans. and pref. by Marcel Beaufils (Paris: Aubier 1964).

고 대본에 대한 음악의 종속이라는 문제로, (추정되는 바에 따르면) 음악의 외견상의 지속성 밑에는 결국 서사를 특권화하고 음악적 목표를 서사에 종속시키는 일종의 바그너적 연금술이 숨어 있으리라는 생각이다.

바그너가 대본을 먼저 쓰고 대개 그 이후로는 단 한줄도 바꾸지 않으려 한다는 취지의, 상당히 이상하지만 설득력있는 논변이 존재한다. 음악은 나중에 와야 했다. 그것은 부인할 수 없는 사실이다. 이미 상당량의 대본이 존재하는 경우 그것은 음악의 틈새에 끼워넣어져야 했다. 마치 바그너가 어느 면에서 대본의 명령을 받고 음악은 이를 따라야 했던 것처럼 말이다. 그러나 이런 생각은 그것과 전혀 다른, 내가 생각하기에는 결정적인 또다른 요소에 의해 견제된다. 바그너는 극적 주체의 본질이 **대사**speech라고 굳게 확신했으며, 주체가 '실제보다 과장된' 인물로 커지는 것은 이것으로 설명된다. 주체가 팽창하는 것, 그가 무대를 꽉 채우게 되는 것은 그가 자기 상황의 시시콜콜한 사항들에 대해, 자기가 하려는 일, 자기가 하려는 결정, 자기에게 닥친 장애물 등등에 대해 끊임없이 말을 늘어놓기 때문이다. 이런 면에서 나는 바그너가—아가멤논Agamemnon과 클리템네스트라Clytemnestra[19]가 궁극적으로 이와 다르지 않게 행동하는 한—아이스킬로스의 진정한 제자라고 생각한다.

19세기에 모든 독일인들이—누구보다도 니체가—그리스 비극과 겨룬다는 생각에 집착하고 있었음은 주지의 사실이다. 그러나 내가 제시하는 명제는 바그너가 이 경쟁에서 아주 성공적이었다는 것이다. 그는 아이스킬로스의 진정한 제자이자 그에 필적하는 자였는데, 왜냐하면 그

---

19 아이스킬로스의 비극 『아가멤논』(*Agamemnon*)에 등장하는 왕과 왕비—옮긴이.

는 결국은 대사의 기술인 일련의 기술들을 사용해서 극적 주체를 눈부시게 팽창시키는 데 성공했기 때문이다. 바그너에서 행동은 간헐적이고 대개의 경우 아주 짧다. 길게 이어지는 몇몇 대사들 사이에 불과 수 분分에 걸쳐 세 명이 죽임을 당하고, 플롯상의 사건으로는 그게 전부다. 더 일반적으로 말하면, 행동의 연쇄는 음악적 측면에서 분명 그다지 탁월하지 않다. 오페라에서 결투에 곡을 붙이는 일은 언제나 문제를 일으켰다. 그래도 수많은 결투장면이 있다. 사람들은 끊임없이 서로를 찔러대고, 이는 물론 바그너의 오페라에서도 마찬가지다. 그러나 그것을 해내기는 쉬운 일이 아니며, 바그너가 가급적 신속하게 그것을 끝낸 것이 올바른 일인지도 모른다. 사실상 흥미로운 것은 행동이 아니다. 흥미로운 것은 인물들의 대사, 다시 말하면 주체적 가능성—플롯의 시시콜콜한 사항들은 다만 그 결과나 장식일 뿐인, 새로운 주체성의 가능성—을 창조하는 대사다. 결정적인 것은 플롯상의 사건이나 행동 자체가 아니라 행동에 관해 **말해지는** 것, 행동의 주관적 측면이다. 이는 매우 중요한 점이다.

주체의 선언적 본질은 언제나 존재의 일반적 의미에 관한 명제를 구성한다. 그것은 "세계의 전반적 상황 속에서, 이 상황이 나와 그 외의 모든 이들에 대해 지닐 법한 의미의 견지에서, 나는 누구인가?"에 관한 폭넓은 선언적 명제다. 그것은 결코 주체 자신의 표현에 불과한 것도, 더욱이 내가 앞서 오페라의 앙상블과 관련해 언급한 그런 종류의 정체성들의 결합의 표현에 불과한 것도 아니다. 진실로 그것은 어떤 등장인물에 의해 전달되는 명제나 가설, 즉 상황의 전반적 의미, 그리고 이 상황과 관련한 그 인물 자신의 기획—그의 성공이나 실패의 가망—에 관한 명제나 가설이다.

이것이 언제나 이야기를 한번 더 하는 경향, 지금까지 많은 사람들의 조롱거리가 된 그 경향—내가 보기에는 아이스킬로스에도 바로 이런 경향이 있다—이 생겨나는 이유다. 바그너는 이전에 일어났던 일을 다시 이야기하는 데 지치는 법이 없다. 그는 여러 가지 다른 방식으로 같은 이야기를 반복한다. 예를 들어 한 인물이 무엇에 관해 질문하면 다른 인물이 그때까지 일어난 모든 일을 다시 이야기함으로써 그 질문에 답하는 식이다. 그러나 나는 이것이 결코 그저 편리한 해결책은 아니라고 주장하는 바이다—게다가 편리한 점이 뭐가 있겠는가? 바그너는 이야기의 반복적 구술이 다소 거추장스럽다는 점을 잘 알고 있었다. 그러나 이야기의 구술은 인물의 대사와 떼려야 뗄 수 없는 관계다. 인물의 주관적 입장은 그가 자기 나름으로 이야기를 구술함으로써만 분명하게 드러날 수 있으며, 이런 설명들 각각은 이야기를 새로운 주관적 관점에서 조명하는 유일무이한 것이다. 그러므로 그것은 사실 단순한 반복의 문제가 아니다. 물론 우리는 이미 알고 있는 것을 듣게 된다. 니벨룽족과 신들에 대해, 어떻게 그들이 황금을 두고 싸웠는지, 어떻게 거인들이 그 자리에 등장했는지 등등에 대해 다시 한번 듣게 되는 것이다. 우리는 당연히 그 이야기를 알고 있지만 그것이 핵심은 아니다. 이렇듯 이야기 내에서 이야기를 반복하는 것은 주체의 선언적 본질을 구성한다. 왜냐하면 주체는 자기 자신이나 자신의 개인적 능력에 대해 말하고 있는 것이 아니라 **이야기 자체**에 대해, 그리고 자신이 그 속에서 행하고 있다고 생각하는 역할에 대해 말하고 있기 때문이다. 그러므로 그는 그 관점에서 이야기를 다시 구술하는데, 내가 보기에 이 말들은 약한 구절이 아니라 강력한 구절이며, 또한 음악적으로, 그리고 극적으로 강력한 구절로 이해되어야 한다.

그 결과 음악은 앞서 언급한 대로 변신의 음악이 될 텐데, 거기서 우리는 어떻게 한 주체가 이야기의 구술을 통해 자기 상황을 완전히 뒤바꿔 놓는지, 혹은 대사를 전달하고 자기 상황을 변화시키는지를 보게 된다. 음악은 세계의 이야기를 주체의 교착상태로 변화시키는 무엇이다. 나는 「발퀴레」에서 음악이 바로 그런 기능을 담당하는 아주 흥미로운 한 대목을 따와 살펴보려 한다. 이 대목에서 세계의 이야기 서술은 서술의 바로 그 시간성을 통해 이야기가 주체의 교착상태로 변화되는 그런 음악적 구조를 지니고 있다. 그것은 이야기의 단순한 추가적 구술이 아니라 완전히 다른 무엇이다. 이미 우리는 작스의 독백에서 어느 정도 이런 면을 볼 수 있었는데, 「발퀴레」 제2막에 나오는 보탄의 독백에서는 이것의 전형적 예를 발견하게 된다.

먼저 이 독백이 어느 대목에서 등장하는지 간단히 설명할 필요가 있겠다. 이 독백은 4부작 전체에서 더할 나위 없이 중요한 순간이다. 왜냐하면 그것은 보탄이 스스로 좌절하게 될 것과 자신의 유일하고 진실한 소망은 궁극적으로 종말에 대한 소망임을 깨닫는 순간이기 때문이다. 독백은 그가 그때까지 일어난 모든 일을 자기 딸 브륀힐데에게 말해주는 모양새를 취한다. (부녀간의 애정은 「발퀴레」의 진정한 주제들 가운데 하나이며, 게다가 이 오페라는 그들 사이의 가슴 에이는 작별의 장면으로 끝난다.) 그런데 그가 브륀힐데에게 그때까지의 일을 맨 처음부터 전부 이야기해주는 점은 좀 이상하다. 우리처럼 그녀도 그 이야기를 이미 잘 알고 있으리라고 보는 것이 타당할 테니까 말이다. 어느 면에서 그녀는 보탄이 서술을 들어

주기 위해 우리 대신 투입된 인물이다. 우리 모두는 이야기를 잘 알고 있지만 다시 한번 들어야 한다.

보탄이 자신의 멸망에 대해 할 말은 본질적으로 두 가지다. 첫째, 그는 협정에 묶여 있기 때문에 사실상 자유롭지 않다. 그는 법에 묶인 몸이고 따라서 자신이 원하는 바를 행할 수 없다. 특히 그는 완전히 자신의 소망에 따라 자유롭게 행동하지 못한다. 그의 아내 프리카Fricka가 그에게로 달려와, 그가 법에 묶인 몸이며 따라서 결혼시의 약조를 무시하거나 근친상간하는 그의 자식들[20]로 문제를 일으켜선 안된다고 말하는 직전의 장면을 상기하라. 그의 아내의 역할은 그가 자유롭지 않음을 그에게 상기시키는 것이다. 이렇게 우리는 「반지」 연작 전체에서 아주 중요한 하나의 문제를 인식하게 되니, 곧 법에 대한 비판이다. 우리가 여기서 다루고 있는 의미에서의 법, 즉 협정이나 계약은 노예화의 세계이며, 그 속에서 소망은 그 어떤 진정으로 창조적인 힘도 갖지 못한다.

보탄도 이 점을 표현하는데, 그는 이 문제에 대처하기 위해 생각해낸 계획—완전히 자유로운 영웅, 즉 그에게 의존하지 않으면서 그의 이름으로 반지를 되찾아오고 문제를 해결할 수 있는, 법에 묶이지 않은 영웅을 창조하려는 생각—이 법에 의해 그에게 금지되었기 때문에 성공할 수 없다고 선언하는 것이다. 자기가 법에 묶여 할 수 없는 일을 대신할 완전히 자유로운 영웅을 창조하는 것은 결국 조잡한 속임수나 다름없고, 프리카는 이를 즉시 간파했다. 더욱이 그녀는 양들이 모는 수레를 타고 나타나 엄청나게 난리를 쳐댔고—사실 이 오페라에서 가장 긴 부

20 서로 사랑하는 지크문트와 지클린데는 어릴 때 헤어진 쌍둥이 남매이자 보탄의 자식들이다 — 옮긴이.

부싸움이다 — 그 결과 보탄은 자기 의도가 탄로난 것을 알고 그녀에게 진실을 인정한다.

신들이 자신의 신성과 모순을 일으키거나 신성을 부정하지 않으면서 자유로운 영웅을 창조할 수 없다는 주제는 풍요로운 잠재력을 지녔다. 예를 들어 사르트르Jean-Paul Sartre는 「파리떼*The Flies*」에서 이 주제를 이용했다. 이 연극에서 결국 자유로운 인간은 제우스에게 그만 불평하라면서 잘못은 자신을 자유롭게 만든 제우스 자신에게 있다고 말한다. 바그너의 오페라에서도 이와 비슷한 일이 일어나는데, 자유로운 영웅[21]이 보탄의 창을 부러뜨릴 것이기 때문이다. 앞서 보았듯이 가여운 보탄은 발할라로 돌아가 최후에 닥칠 재난을 기다리면서 낙심에 차 그럭저럭 시간을 보내는 수밖에 없을 것이다.

이것이 보탄의 두 가지 철학적 주제가 될 것이다. 첫째, 법의 세계 안에서는 변화하는 대상들과 관련해서 욕망에 따른 행동이 불가능하다. 둘째, 자유의 창조는 진정한 선택지가 아니다. 그리하여 유일하게 할 수 있는 일은 종말이, 자신의 파멸이 오기를 기다리는 것뿐이다. 이 종말의 우화, 종말이 도래하는 과정의 우화가 지금 거론되는 그 대목에서 서술된다.

여기서도 내가 선택한 공연은 셰로의 것이다. 무대에는 거대한 시계가 있는데, 그것은 시간의 흐름을 상징하는 일종의 푸코의 추다. 보탄의 주관적 나르시시즘을 상징하는 커다란 거울도 있다. 이처럼 시간의 흐름으로 표현되는 객관적인 법과 거울 속의 나르시시즘적 반영 사이의 간극이

---

21 즉 보탄의 손자인 지크프리트 — 옮긴이.

분명하게 제시된다. 이 둘 사이에서 장면이 전개되고, 그 맨 마지막에, 시간이 마침내 승리할 바로 그 시점에 보탄이 시간을 멈추게 될 터이다.

그 장면이 어떻게 구성되는지는 쉽게 알 수 있다. 장면이 시작될 때 우리는 거의 보탄의 혼잣말을 듣는 것 같다. 이 점은 보탄이 거울에 비친 자기 모습과 대화를 나누는 것처럼 장면을 연출한 셰로의 아주 탁월한 발상 덕분에 특히 분명하게 표현된다. 그러다가 음악이 결말에 유기遺棄의 주제를 향해 고조될 때의 장면을 자세히 살펴보면, 그것은 극히 의도적으로, 계산된 방식에 따라 아주 엄청난 오케스트라 소리가 뿜어져 나와 일련의 단계—이 단계들을 구별하기는 어렵지만, 사실 그것은 음악 예술의 더할 나위 없이 경이로운 예를 제공한다—를 거쳐 절정에 이르도록 구성되어 있음이 드러난다.

이 장면에서 말하고 있는 것은 바그너 자신이 관련된 중요한 이야기다. 다시 말해 그것은 힘과 무능이 평형을 이루는 순간들, 그 두 가지가 호환될 수 있는 순간들이다. 이런 발상은 다음과 같은 문장에서 명시적으로 표현된다. "내가 나의 협정들로써 다스리니 그 협정들의 노예가 되도다."[22] 힘과 무능의 평형이 드러나는 이런 순간들은 바그너에게 있어 언제나 창조성을 고무했다.

9. 음악과 헛된 기다림

앞서 보았듯이 아도르노가 바그너를 비판하는 점 중의 하나는, 그에게

22 Richard Wagner, *The Ring of the Nibelung*, trans. Andrew Porter (New York: W. W. Norton and Company 1976), 109쪽.

서 기다림은 전적으로 그 궁극적 해결, 그 기다림의 결과 때문에 존재하는 것이므로 그것은 조작된 기다림이라는 것이었다. 아도르노는 베르크의 「보체크」에서 헛된 기다림을 뛰어나게 구현하는 유명한 크레센도 악구를 언급한다. 이 논점에 관한 한 그는 바그너와 베케트를 대비하는데, 이는 앞서 언급한 대로 베케트가 형식을 넘어서 헛된 기다림 자체를, 즉 최종적 결과에 의해 완성되는 어떤 것이 아니라 순수한 기다림으로서의 기다림을 재현할 수 있었던 한에서 전형적인 모더니스트였기 때문이다. 아도르노는 바그너가 자신의 목적론과 자신에게 잠재된 변증법적 헤겔주의 때문에 기다림을 그런 식으로 다룰 수 없었다고 비판한다.

이에 대해 다음과 같이 반론을 펼칠 수 있다. 예술사 전체에서 가장 긴 기다림은 의심할 여지없이 「트리스탄과 이졸데」 제3막에 나오는 트리스탄의 기다림이다. 그러면 혹자는 이렇게 대꾸하리라. 그건 사실이지만 길이가 언제나 증거가 되지는 않는다. 그렇지만 그 사례가 기다림의 예술적 자료 가운데 가장 엄청난 것이라는 점은 반박의 여지가 없다. 모든 것이 신속하게 마무리될 테지만(이졸데가 도착하고, 트리스탄은 그녀가 도착하자마자 죽으며, 마르크Mark 왕이 도착하고, 그러자 이졸데가 사랑 때문에 죽고, 오페라는 끝난다), 제3막의 4분의 3이 오로지 기다림만으로, 상처 입은 트리스탄이 이졸데가 오기를 기다리는 그 기다림만으로 이루어져 있는 것이다.

하지만 어쨌거나 이졸데가 실제로 온다는 것이 반론이다. 나는 이졸데가 마침내 도착한다는 사실이 결코 기다림이 일어나는 음악적, 오페라적, 또는 극적 방식을 결정하지 않는다고 주장한다. 기다림은 기다림 자체로 제시되는 것이다. 나는 이 점에 대해서 앞서 고통의 문제를 다루며 펼친 주장과 비슷한 식의 주장을 펼치려 한다. 즉 어떤 주어진 순간에 치유나 구원이 일어난다는 것이 꼭 사물의 실재reality가, 그 예술적 현시에 관한 한, 그로써 논박된다는 뜻은 아니라는 것이다. 이는 특히 다음과 같은 이유에서 그러하다. 이졸데는 분명 도착하지만, 그때 트리스탄이 할 수 있는 일은 죽는 것밖에 없으므로 그녀의 도착은 어느 면에서 모든 기다림 너머에 있다. 그는 겨우 "이졸데"라고 말하고 나서 죽는다. 이는 기다림의 해결이라기보다 다소간 기다림에 대한 보충물*supplement* 같다. 그것은 결코 어떤 다른 것의 시작이 아니다. 다만 그것은 기다림 너머에, 마치 기다림을 초과한 듯이, 이졸데의 품에 안긴 트리스탄의 죽음이라는 이 궁극적 형상이 실제로 존재한다는 사실에 해당할 뿐이다. 그러나 기다림 자체는 바로 그것 자체를 위해 현시되는 어떤 구조structuring다.

이 기다림이 제3막 전체에 걸쳐 어떻게 구축되는지를 분석적 관점에서 보여준다면 흥미로울 것이다. 공간이 허락한다면 우리는 그에 대해 거시-구조적 분석을 시도할 수 있을 것이다. 사실 세 가지의 연속적 계기繼起, 말하자면 세 번의 재생이 있고, 그 각각은 트리스탄이 의식을 잃을 때 끝나며, 이후 그는 다시 기다림을 시작한다. 기다림의 무익함은 트리스탄을 되살려내는 기쁨이 매번 극히 헛된 것으로 제시된다는 사실에서 나타난다.

이번에 내가 염두에 두고 있는 공연은 위대한 독일 극작가 하이네 뮐러의 연출로 바이로이트에서 상연된 것이다. 뮐러는 아도르노를 읽었고, 그가 바그너에서의 기다림과 베케트에서의 기다림을 대비시켰다는 것을 알고 있었다. 뮐러가 보기에는 배우를 제외하면 「트리스탄과 이졸데」에서의 기다림은 베케트의 헛된 기다림과 동일했다. 따라서 그는 이

제3막을 마치 베케트의 작품을 연출하듯이, 바로 그렇게 연출했다. 베케트의 극에서와 똑같이 무대는 종말론적 분위기를 띠며 흙먼지에 휩싸이고 등장인물들은 재로 덮였다. 플루트로 향수에 젖은 아주 구슬픈 노래를 연주하는 양치기조차 눈이 멀어 검은 안경을 쓰고 땅바닥에 앉는 완전히 베케트적인 인물이다. 하이네 뮐러가 드러내준 아이러니들 가운데 하나는 「트리스탄과 이졸데」를 베케트 작품처럼 연출하는 것이 정말로 그럴 듯하다는 것, 트리스탄의 기다림을 베케트 식으로 각색하는 것이 가능하다는 것을 보여준 점이다.

이런 일이 조금이라도 그 내부에서 저변의 어떤 구원에 의해 형성되었다고 말하기는 어려울 듯하다. 오히려 공연에서 보여주는 것은 기다림의 **유기**와 두드러진 부재이며, 계기繼起들 각각은 오로지 등장인물의 죽음이나 의식의 상실로 끝난다. 내부에서 전개되는 사태는 기다림에 내재한 참을 수 없는 느낌이 점점 더 커지거나 늘어나는 것이며, 바로 이 때문에 어떤 다른 피날레도 가능하지 않다.

오페라의 진행에서 이런 것을 성공적으로 이끌어내는 데는 하이네 뮐러에게 대단한 주의와 재능을 요구했을 것이다. 일종의 극적 에너지, 기다림과 연관된 특별한 종류의 비통함이란 것이 있는데, 극에서 그것을 발견하기를 기대할 수는 있지만 동일한 것을 오페라에서 달성하기는 매우 어려운 일이다.

10. 음악, 그리고 시간의 새로운 형식들

이제 결론을 맺자면(그게 정말 가능하다면 말이다), 우리는 어느 면에서 가장 중요한 문제에 도달했다. 그것은 시간의 경험을 창조하는 능력으로 측정되는 바의 바그너 음악의 본질이다. 바그너는 개별적 아리아들의 형식주의를 포기하겠노라고 선언했지만, 결국에는 포화된 무한선율에 대한 충절을 포기한 것도 사실이다. 따라서 논점은 시간의 경험을 창조하는 그의 능력을 평가하는 데로 모아지는데, 이는 아도르노의 비판, 즉 바그너의 음악에는 아도르노가 희구하는 그런 종류의 형식 — 형식 자체의 분열일 뿐인 형식 — 이 부재했으므로 바그너에게는 새로운 시간경험의 가능성을 발전시키지 못한 죄가 있다는 비판과 연관된다.

나는 오히려 시간의 독창적 경험을 창조했을 뿐 아니라 바그너 특유의 개념인 시간의 세 가지 변별적 유형, 진실로 그가 발명했으며 그의 음악에 전형적인 이 유형을 창조한 공을 바그너에게 돌릴 수 있다고 말하겠다.

• 첫번째 유형을 나는 **이종**異種 **세계들의 시간***the time of disparate worlds*이라고 부르고자 한다. 그것은 한 세계에서 다른 세계로의 이행의 시간, 세계들의 간격이 벌어짐에 따라 창조되는 시간이다. 그것은 환승transit의 시간, 또는 방랑의 시간이라고도 부를 수 있을 텐데, 방랑은 바그너에서 매우 중요한 현상이다.

• 두번째 종류의 시간은 첫번째에서 파생되지만 그것과는 전혀 다른 시간으로, **불확실성 시기의 시간***the time of the period of uncertainty*이다. 여기서 우리는 하나의 결정이나 플롯상의 사건, 주체성을 다루고 있으며, 또한 어떤 가능성의 창조가 아직 실제로 구체화되지 않았고 따라서 무엇인가가 불확실하게 돌아가고 있는, 어떤 사이시간을 다루고 있다.

- 마지막으로 **비극적 역설의 시간***the time of the tragic paradox*이 있다.

나는 이 세 종류의 시간과 그들이 서로 엮이는 방식이, 작품의 길이에 관해 바그너에게 쏟아지는 비판들을 무색하게 하는 그의 전형적 창조물이라고 생각한다. 사태의 진실은, 그가 이런 시간유형들을 창조한다는 사실의 관점에서 볼 때 그의 음악이 긴지 짧은지는 그다지 중요하지 않다는 것이다. 중요한 것은 그의 음악이 언제나 시간의 이 새로운 경험 안에서 생겨난다는 점이다. 따라서 나는 바그너의 음악이 길고 그것도 내생적으로 그렇기 때문에 그 안에서는 사실상 시간의 그 어떤 진정한 경험도 발견할 수 없다는 비판은 근거가 없다고 본다. 이제 이 세 가지 시간유형을 간단히 살펴보자.

1. 한 세계에서 다른 세계로의 이행의 시간

첫번째 유형의 시간, 즉 한 세계에서 다른 세계로의 이행의 시간의 경우, 음악은 하나의 장소나 세계에서 다른 곳으로의 이행을 위한 매개체 역할을 한다. 이런 시간유형은 음악에 의해 구축된다. 바그너는 대개 다음과 같은 방식으로 이 작업을 수행한다. 그는 매우 긍정적이고 절제된 주제적 구조 안에 어떤 **다른** 구조를 도입하는데, 후자는 전자에서 멀리 떨어진 파생물처럼 보이지만 그는 그것을 전자의 내부로부터 들여온다. 2차원 주기구조quadratic periodic structure 같은 어떤 것이 확립되고 그 내부로부터 이 구조와의 거리감을 창출하는 어떤 것이 도입되는데, 그러면서도 2차원 주기구조와 그로부터 파생되는 것, 또는 그것을 내부로부터 형성하거나 전개하는 것 사이에는 항상 어떤 결정 불가능성이 있다. 이것이 진실로 이행의 시간을 창조한다.

이를 가장 잘 보여주는 예는 분명 「파르지팔」 제1막에 나오는 간주곡이다. 여기에는 하나의 이행, 엄밀히 말해서 행진이 있는데, 바로 뒤에 오게 될 기사들의 행렬을 예비하는 행진이다. 우리는 바깥에서 안으로, 서술에서 의식儀式으로, 잠재하는 삶에서 임박한 죽음으로 이동한다. 다시 말해 하나의 상징적 세계에서 다른 상징적 세계로의 일군의 이행들이 우리에게 주어진다. 우리는 행진을 소개하는 도입부의 명시적 주제에서 마지막에 일종의 신성한 종 울림으로 이동하는데, 이 종 울림은 사실상 또다른 행진, 즉 기사들의 등장을 예고한다. 이런 진행에 귀를 기울이고 있으면 우리는 음音의 형상에 곧바로 표현된 어떤 시간경험이 창조되고 있다는 아주 강력한 느낌을 받게 된다.

지버베르크의 영화에서 이 진행 전체는 대단히 장식적이다. 그가 이런 시간의 경험을 부분적으로 독일을 천천히 가로지르는 탐험으로 해석하고, 그 탐험은 각 주州를 대표하는 기旗와 국기의 집합으로 상징되기 때문이다. 게다가 나치의 깃발도 보이는데, 마지막이 아니라 처음에 등장하는 그것은 말하자면 송별의 의미를 지닌다. 왜냐하면 이 탐험은, 지버베르크가 죽어가는 기독교를 독일이 병들어 썩어가고 있다는 느낌과 등치시키는 한, 사실상 죽어가는 독일을 향한 행진이기 때문이다. 기사들 가운데 한 명이자 그 지방의 착한 사람으로서 파르지팔의 계도자啓導者인 구르네만츠Gurnemanz는 파르지팔을 성배의식에 데려간다. 그들의 보행은 일종의 통로에서 이루어지는데, 이 통로는 근본적으로 독일이 자신의 죽음을 향해 가는 통로다.

이러한 시간경험은 음악에 의해 구축되며, 더욱이 그라운드 베이스(기초 저음)가 사실상 행진, 즉 한 세계에서 다른 세계로의 이행을 상징하는 행진이 된다. 이 이행의 주체는 파르지팔이다. 음악과 등장인물 양자의 측면에서 볼 때, 이런 시간성을 새로운 어떤 것으로 경험하는 인물이 (이에 관한 모든 것을 이미 알고 있는) 구르네만츠는 아니기 때문이다. 변화의 매개체 역할을 하는 자, 그것을 겪어야 하는 자는 파르지팔이다. 외부의 자연과 내부의 질병 사이의 이런 독일적 통로를 발견하게 되는 자는 파르지팔인 것이다.

2. 불확실성 시기의 시간

두번째 유형의 시간을 나는 사이시간, 또는 불확실성의 시간이라고 불렀다. 본질적으로 그것은 아직 구현되지 않은 가능성들의 시간, 가능한 어떤 것의 창조가 아직 미결 상태인 시간, 그 창조가 계획 가운데에는 있으나 아직 실행에 옮겨지지는 않은 시간이다. 그런데 이런 시간유형의 어떤 측면은 오늘날 우리 자신의 상황과도 밀접하게 연관될 수 있어 참으로 흥미롭다. 이 시간은 무엇인가가 발생했지만 더이상은 그것의 실행이 불가능하고, 반면 앞으로 도래할 것은 아직 목전에 있을 뿐인 그런 시간이다.

입센Henrik Ibsen이 자신의 극 「황제와 갈릴리인*Emperor and Galilean*」에서 묘사한 것은 바로 이런 상황이다. 주인공 율리아누스F. C. Julianus 황제는 기독교 제국에 이교異教를 부활시키기를 원했던 로마의 황제다. 로마 제국 내의 기독교는 위선일 뿐이므로, 과거의 아름다움은 죽었고 새로운 진리는 아직 탄생하지 않았다는 것이 바로 그의 입장이다. 우리는 아름다움의 세계—또는 수수께끼—와 진리의 기독교적 세계 사이에서 미정

상태로 멈춰서 있다. 이런 시간적 상황은 현재 우리가 처해 있는, 20세기와 21세기 사이의 절합articulation에 비견될 수 있을 것이다.

이런 시간양식에 상응하는 음악적 진행은 사이시간을 예시하는 바그너의 수많은, 상당히 압축적인 악절들에서 발견할 수 있다. 이를 위해 그가 사용하는 기술은 거품들처럼 여기저기서 흩어져 나오는 오케스트라 소리의 분산효과와 결합된 일종의 주제적 불확실성이다. 다시 말해 우리는 정확히 무엇이 지배적 주제인지, 또는 그런 주제가 될 것인지 알지 못하며, 관현악법은 유기적 긍정 속에 화합되는 대신 다소간 방황하는 경향을 띤다. 개인적으로 나는 바그너의 이런 악절들이 아주 흥미롭고 혁신적인 것으로 느껴진다. 유사성을 과장하지는 말아야겠지만, 그 악절들은 때로 약간 드뷔시의 것처럼 들린다. 지금 다루고 있는 바로 그런 간주곡들에 삽입된 이 악절들은 궁극적으로 정착하지 않는, 바그너 안의 드뷔시적인 순간들이다.

딱 들어맞지는 않아도 이런 현상을 내포하는 하나의 예가 「탄호이저」 제3막의 서곡에서 발견된다. 제2막에서 탄호이저는 교황을 만나러 갔었고, 제3막에서는 망연자실하여 돌아온다. 그런데 오페라가 그에 관한 어떤 소식도 제공하지 않기 때문에, 우리는 이 두 막 사이에 무슨 일이 벌어졌는지 확실히 아는 바가 없다. 엘리자베트는 계속 기도하고 있다. 그녀는 탄호이저가 마침내 문제를 해결했는지 못했는지 알지 못하는 것이다. 그리하여 탄호이저의 운명에 관한 한 우리는 그의 출발과 귀환 사이의 미정 상태에, 사이시간 속에 있게 된다. 제3막의 서곡이 묘사하는 것은 이런 상태이고, 그 때문에 그 서곡은 우리로 하여금 기나긴 독백인 엘리자베트의 기도를 듣기 위한 마음의 준비를 하게 만들면서도 모호함을 띤다.

내가 지금 언급하고 있는 악절은 순전히 관현악적이다. 우리는 독특한 종류의 주제적 교직으로 구성되는 시간경험을 하게 된다. 그 리듬은 상승하거나 하는 그런 종류가 아니다. 그것은 자기 자신에게로 되돌아오는 그런 종류의 시간성인데, 이는 기다림의 형상이 연루되어 있기 때문이다. 물론 이 기다림은 트리스탄의 경우와는 다르다. 사실상 우리는 이미 발생한 일에 관한 불확실성의 형상을 다루고 있는 것이다.

3. 비극적 역설의 시간

세번째 유형의 시간인 비극적 역설의 시간은 본질적으로 사실들이 전개되는 방식의 외양을 펼쳐놓되 그 외양 안에 일종의 간극을 창조하여 그 외양 뒤에서 그것과 갈등하는 훨씬 더 광범위한 시간성을 드러내는 그런 시간이다.

주지하듯이 비극적인 것은 바로 그런 갈등이다. 비극적인 것은 언제나 사물의 외양과 그보다 훨씬 더 광범위한 어떤 것 사이의 갈등인바, 이 어떤 것은 그 외양 안의 간극에서 드러나는 무엇으로서 오랫동안 은밀히 그 외양의 운명에 영향을 미쳐온 것이다. 외양을 지배하는 이 감추어진 거대한 시간성의 드러남이 비극적 역설의 시간이다. 바그너가 이런 종류의 시간을 연출하고자 할 때 그는 담론이나 명시적 주제, 때로는 심지어 선율을, 대개 낮은 음역의 관현악곡으로 만들어지는 깊고 은밀한 층위의 음악과 맞붙여놓는 방식을 택한다. 이런 것이 관현악법과 박자에서 바그너가 이룬 혁신의 진정한 본질이다. 즉 혁신은 기성의 선율적 담론과 대조되어, 말하자면 갑자기 틈새로 모습을 드러내는 뜻밖의 지하해양에 비견될 만한 음악의 밑바닥 층이 이런 식으로 위를 향해 뿜어져 나오는 양상을 창조해내는 그의 능력에 있다.

이 현상을 잘 보여준다고 생각되는 예는 「신들의 황혼」 제1막에 등장한다. 그것은 반신반인 알베리히Alberich의 아들 하겐의 독백이다. 이 신들 모두는 자기 아들을 낳아 그 아들을 통해 서로 맞서 싸우는 데 혈안이 되어 있다. 결국 모든 전쟁은 이런 방식으로 작동한다. 전선에 보내지는 것은 아들들인 것이다. 여기서도 다르지 않다. 신들 가운데 하나는 지크프리트를 낳고 다른 신은 하겐을 낳는다. 그리하여 「신들의 황혼」 제3막에서 펼치는 내용은 어느 정도는 이 두 아들들 간의 대결이다. 그런데 둘 중 어느 쪽도 자기 아버지를 특별히 좋아하지 않는다. 이 오페라에는 하겐과 알베리히 사이에 벌어지는 끔찍한 장면이 있고, 이와 마찬가지로 「지크프리트」에는 보탄과 (자신의 정신적 아버지의 창을 부러뜨리는) 지크프리트가 정면대결을 벌이는 장면이 있다. 물론 이 두 아들은 모두 어느 정도 자기 아버지에게서 독립해 있기 때문에, 아버지의 잠재적 영향력은 그 아들들 각각이 자기 아버지와 사이가 좋지 않다는 사실로 나타난다. 두 아들은 서로 대결을 펼치고, 저 어둡고 창백하며 침울한 아들 하겐은 지크프리트가 용龍 파프너Fafner에게서 반지를 빼앗아 브륀힐데에게 주었기 때문에 그 반지를 차지하려고 음흉한 계획을 꾸민다. 반지는 전능의 반지인 동시에 완전히 금의 노예가 된 중상주의 사회의 상징이다.

하겐은 비극적 시간의 도구이면서도, 등장인물들의 선언적 차원에 걸맞게 자신의 독백에서 스스로 그 시간을 묘사한다. 하겐은 멸시당하는 추한 존재이며, 총아 지크프리트는 그를 혐오스런 벌레로 여긴다. 그러나 사실 자기 자신도 모르는 지크프리트의 운명을 결정하는 것은 하겐이며, 궁극적으로 반지를 차지하고 승리하게 될 자 역시 그다. 그 흉측한 난쟁이는 라인 강을 따라 내려가는 지크프리트의 여행이 진행되는 바로 그 시점, 다시 말해 영웅의 밝은 미래가 확증되는 듯이 보이는 그 시점에 자기 자신의 승리에 찬 운명에 대해 열변을 토한다.

일화를 하나 소개하자면, 셰로의 공연에서 하겐 역을 맡아 노래한 남성은 그 자신이 신新나치주의 성향의 소유자였다. 그는 프랑스 가수들 전부를 깊이 경멸했고 그들이 왜 바이로이트에 와 있는지부터 납득할 수가 없었기 때문에 적잖은 문제를 겪었다. 그는—꼭 하겐처럼—퉁명스럽고 화를 잘 내는, 참으로 골치아픈 존재였고, 어쩌면 그래서 그의 연기가 눈에 띄게 탄력을 받았는지도 모른다. 결과적으로 DVD에는 마지막 대목에 이 친구의 대단히 섬뜩한 클로즈업 장면이 등장한다.

말이 나온 김에 나는 바그너가 구사하는 하나의 아주 중요한 기술이 여기 예시되고 있음을 언급하고 싶다. 나는 그것을 하나의 주제에 대한 다른 주제의 종속이라고 부르겠다. 하겐의 독백 말미에, 그가 노래를 다 부르고 난 후 우리는 지크프리트와 연관된 칼의 모티프와 보탄의 힘의 모티프를 듣게 된다. 그러나 이때쯤이면 이 모티프들은 말하자면 하겐의 숙명적 성격이 강요하는 관현악법 안에 완전히 편입된다. 그리하여 이제 라이트모티프들은 보통 그것들로 연상되는 등장인물들을 식별해 주는 대신 하겐에 의해 조작되는 운명을 표현하는 기능을 한다.

어떤 주어진 주제가 하나의 서사적 혹은 주체적 역할을 할 뿐만 아니라 또다른 주제를 위한 질료로 기능할 수도 있다—마치 원래의 주제 **자체**가 사실상 이 다른 주제인 것처럼—는 가능성은 화성和聲과 관현악법에서 바그너가 지닌 탁월한 기량과 연관된 지극히 놀라운 능력을 함축한다. 이 현상이 실제의 소리로 표현되는 것은 저음 금관악기를 통해서다. 특히 칼의 모티프가 그런데, 보통 이 모티프는 높은 음역대에서 연주된다. 원칙적으로 그것은 영웅적 모티프지만 여기서는 극히 불길한 음으로 연주되며, 그리하여 우리는 정말 하겐의 마음속으로 들어가게 된다. 하겐 자신이 인정하듯이 그는 자기가 저 호한好漢인 영웅에 맞서 모든 것을 조작하고 있음을 잘 알고 있다. 이 점은 음악에 표현되는바, 지크프리트의 영웅적 주제는 어두운 색채를 띠고 그 아래로는 내내 찰싹이는 물소리가 들리는데, 이 물소리는 실로 하겐을 상징하는 것이다.

11. 결론

나는 초두에 언급한 주제, 즉 순수예술의 주제로 결론을 맺고자 한다. 왜냐하면 우리가 지금까지 논의해온 모든 것은 사실상 바그너가 이 순수예술의 문제에 관해—그것의 실종을 둘러싼 향수가 아니라 아마도 우리의 지평 안의 그 현존이라는 견지에서—우리에게 무엇을 가르쳐줄 수 있는가 하는 제목 아래 포괄될 수 있기 때문이다.

나는 바그너가 자기 자신의 위대함이라고 생각한 바(이에 관해서는 많은 명시적 공언들, 그리고 그와 같은 의도를 담은 말들이 존재한다)와 진정으로 그의 위대함이 자리하고 있는 곳, 즉 오늘날 **우리가** 식별할 수 있는 성취들을 구별할 필요가 있다고 생각한다. 이런 식의 업데이트는 바그너와 전혀 다른 어떤 이, 즉 그의 프랑스인 라이벌인 말라르메의 경우에도 마찬가지로 시의적절하다는 점을 지적하고 싶다. 내 생각에는 말라르메 역시 우리에게 시적 위대함에 관한 그의 전언을 업데이트하려는 대단히 복잡한 노력을 기울일 것을 요구하는데, 그 위대함은 말라르메 자신이 생각했던 것, 즉 새로운 종교의 창시와는 좀 다르다. 새로운 종교의 창시라는 생각은 19세기에 보편적으로 퍼져 있었다. 바그너와 위고를 비롯한 많은 사람들이 거기에 집착했다. 그러나 분명 우리는 말라르메의 시나 바그너의 오페라에서 진정으로 성취된 바를 그런 종류의 이데올로기적 포화飽和에서 구별해야 한다.

다시 말해 관건은 새로운 신화의 창조를 목적으로 하는 신화적 주장이 아니며(그런 면도 있기는 하지만), 독일 민족의 재구상이나 예술의 총체화도 아니다. 이 모든 것이 바그너의 명시적 진술에서 발견될 수 있지만, 그것은 더이상 우리에게 위대함의 잠재적 질료를 제공하지 않기 때문에 오늘날 우리에게 의미심장한 것은 이제 그런 것이 아니다. 내 생각에 우리가 바그너에서 끌어낼 수 있는 것은 총체성이나 메시아적 의지와는 구별되는 위대함이 어떤 것일지에 관한 다섯 가지 규칙rules — 이것을 어떻게 불러야 할지는 확실치 않은데, 다섯 가지 지침directions이나 단서clues라고 할 수 있을지도 모르겠다 — 이다.

1. 가능성의 창조

첫번째 규칙은 가능성 창조의 감각과 연관된다. 바그너는 가능성의 창조를 분명히하기 위해 예술이 취할 수 있는 방식에 관한 모범적인 감각을 보여준다. 그의 음악에 이런 예는 많다. 이 문제에 관한 한 어떤 바그너적 전략이 있는데 이를 헤겔적이거나 변증법적인 전략이라고 하기는 어렵다. 그것은 새로운 주체적 가능성이 어떻게 출현할 수 있는지를 그것이 발생하고 있는 모습대로 보여주는 데 있다. 나는 그것이 서사나 이야기보다 음악적 과정을 포함한다는 점을 보여주려고 노력했다.

2. 가설의 다수성

두번째 규칙은 예술작품 및 그에 대한 바그너의 개념에서는 언제나 가설의 다수성이 용인될 수 있다는 것이다. (그는 다른 모든 것들을 흡수할 어떤 궁극적이고 최종적인 통일하는 가설이나 목적을 좇지 않았다.) 이 가설의 다수성은 여러 가설들 가운데 하나를 선택하기가 망설여질 정도까지 용인될 수 있다. 위대한 예술이 탄생하려면 예술은 자신이 설명하거나 자신이 존재하게 만드는 가능성들의 다수성과 관련된 망설임의 극단에까지 모험을 감행해야 한다.

3. 현재의 분열된 주체를 용인하기

세번째 규칙은 주체의 현재적 본질을 구성하는 주체의 내적 분열과 연관된다. 주체는 현행화되는 어떤 구조가 아니며 플롯상의 특정한 사건도 아니다. 주체 내의 분열은 현재 내 주체의 본질이며, 바그너에게 이 본질은 고통을 포함한다. 따라서 예술이 비예증적non-illustrative 방식으로 주체의 문제와 연관되는 한, (그저 후에 해결책을 제공하려고 현시하는 분열이 아닌) 해결 불가능한 분열을 현시하는 현행성이라는 문제가 제기된다. 이는 분열을 용인하는 문제, 더 넓게 말해서 이질적인 것을 용인하는 문제다 — 그것에 적합한 형식을 찾을 수 있다면 말이다. 탄호이저의 독백에서 보았듯이, 바그너의 음악에서 분열된 주체는 분열에 적합한 형식의 제안에 다름 아니다.

4. 해결의 비변증법성

네번째 규칙은 해결의 비변증법성non-dialecticity, 즉 해결이 꼭 예술적 과정 안에 정립된 차이들의 반복, 지양, 응축, 또는 그 차이들에 대한 해답이 되지는 않을 가능성에 연관된다. 결국 이는 해결이 비변증법적일 수 있지만 그렇다고 꼭 자의적 중지의 사례가 되는, 또는 되어야 하는 것은 아님을 인정하는 것이다. (이런 자의적 중지는 변증법적 해결의 인상을 피하고자 해결을 중단[interruption]으로 대신하려는 유혹이라는, 주요하고도 매우 현재적인 문제다.) 내 생각에 바그너의 방식—반복하자면, 그가 언제나 성공했다는 말은 아니다. 내 말뜻은 전혀 그런 것이 아니다—은 음악의 중단 자체는 아닌 해결의 형상을 탐색하는 것인데, 그렇다고 이 형상이 꼭 하나의 일방적 가능성이나 단일한 관념을 강요하는 데 있는 것도 아니다. 또한 언제나 망설임의 요소가 연루되어 있는 것이다.

5. 최종성 없는 변화

마지막 규칙은 전개 원리로서의, 그 어떤 최종성finality도 없는 변화라는 관념과 연관된다. 그런 관념이 의미하는 바는 그 전개에 어떤 형식을 부여하는 것이 변화의 자원들에 포함될 수 있다는 것이다.

이 다섯 가지 규칙(물론 다른 규칙들도 발견할 수 있다)을 가지고 바그너는 음악적 자원을 발명했다고 나는 믿는데, 이 자원은 물론 모방하거나 복제하라고 우리에게 주어진 것이 아니라 하나의 가능한 지침으로 주어진 것이다. 내가 생각하기에 그 핵심에는 국지적 세포들이 하나의 전체적 상황을 구상configure할 수 있게 만드는 변화들에 대한 비할 데 없는 통달mastery이 자리하고 있다.

궁극적으로 우리가 바그너에게서 배울 수 있는 가장 중요한 점은 이런 식의 위상학적인 것이 아닐까 싶다. 그것은 국지적인 것과 전체적인 것의 관계에 있는데, 바그너는 실로 이에 관한 어떤 의미심장하고 혁신적인 관념을 제시했다고 나는 믿는다. 이런 관념은 극의 대본 작성에서 관현악법의 세부들에 이르기까지 바그너 작품의 모든 측면에서 발견할 수 있다. 이런 까닭에 나는 줄곧 다음과 같은 관점을 견지해왔다. 그가 자기 작품의 전반적 구상을 국지적 세포들의 변화에 연관되도록 만든 덕분에 — 때로 약간의 술책이 있기는 했지만(그가 교활한 사람이었던 것은 사실이다) — 필연적으로 그는 단순히 어떤 것을 종결시킨 사람이 아니라 새로운 어떤 것의 창시자가 되었다.

이런 맥락에서 나는 바그너와 비교하기는 이상해 보일는지도 모르는 한 사람, 즉 하이든을 떠올리지 않을 수 없다. 하이든의 음악에서는 작은 세포들이 지닌 유연성의 체계적 이용이 엄격하게 질서를 이룬 그들의 배열보다 결국은 실제로 더 중요하다. 바그너에게도 이와 유사한 점이 있다. 그의 경우 한층 규모가 크기는 하지만, 그는 로맨틱 오페라계의 하이든이라고 할 수 있을 것이다. 주지하듯이 하이든은 여러 면에서 고전적 스타일의 창시자였고, 바그너의 경우에는 이후에 포기된 어떤 새로운 스타일의 발명 같은 것이 있었다고 나는 확신한다.

어떤 이가(바라케로 기억한다) 바그너와 같은 경우는 유일무이하다고 말했는데, 내게는 이 말이 매우 놀랍게 느껴졌다. 바그너가 미친 영향은 지대했기 때문에(그에게 영향을 받지 않은 사람은 없었다) 그 말은 역설적이다. 하지만 또 다르게 보면, 어떤 본질적인 측면에서 바그너는 후계자가 없었던 것이 사실이 아닐까 싶은데, 왜냐하면 그를 제쳐두는 것이 중요하거나 심지어 필수적이라고 생각되던 시기가 한때 오래 지속되었기 때문이다. 그러나 상황이 달랐더라면 일어났을 수도 있었을 어떤 일이 그립다는 뜻은 아니다. 그보다 내가 논하고 싶은 것은, 모든 반증에도 불구하고 바그너는 여전히 미래의 음악을 대표한다는 가설이다. 그리하여 나는 아주 기본적인 사항들로 돌아가서 다음과 같이 주장하고자 한다. 바그너가 라이트모티프와 총체성, 라이트모티프와 '무한선율'을 연결한 것—우선은 오페라의 정해진 음률音律을 '무한선율'로 대체하고, 다음은 이것을 모두 라이트모티프로 조직한 것에 관한 바그너의 교훈은 종종 이런 식으로 요약된다(그 묘사가 완전히 잘못된 것은 아니다)—은 그럼에도 불구하고 총체성에서 자유로운 위대함을 향한 일보라고 말이다. 우리에게 가장 중요한 것은 바로 이런 길이다. 즉 그가 위대함을 열망한 최후의 인간, 어찌 됐든 자신의 최대 강점인 분야에서 총체성을 배제하기를 열망한 최후의 인간이었을 가능성 말이다.

강의 V

「파르지팔」의 수수께끼

내가 제기하고 싶은 질문은 이것이다. 「파르지팔」의 진정한 주제는 결국 무엇인가?

말이 떨어지자마자 여러분은 (나 자신이 그렇듯이) 오페라의 주제에 관해 묻는다는 것이 어떤 의미인지 알고 싶을 것이다. 만일 주제가 **이념**the Idea 구성의 특정한 양식, **이념** 자체가 구성되는 특정한 방식을 의미한다면—나는 예술을 **이념**의 예술적 질료로의 하강이라고 보지 않고, 오히려 예술적 질료들의 배치assemblage 자체가 **이념**의 자리를 구성한다고 본다—어떻게 오페라의 주제가 무엇이냐고 물을 수 있는가?

가령 영화처럼 지극히 불순한 예술형식을 다룰 때 주제란 특히 어려운 문제다. 영화에서의 주제에 관해서는 (나 자신의 주장을 포함해서) 많은 논쟁이 있었다. 영화는 극도로 복잡하고 중첩되는 질료들로 이루어진 복합 예술 형식이며, 어떻게 **이념**이 그 안에서 형성되느냐는 대단히 까다로운 문제다. 그러나 영화의 출현 이전에 오페라는 이미 극히 불순한 예술 형식이었다. 사실 오페라는 19세기의 환상적인 원초적 영화proto-cinema

같았다. 사실상 오페라와 영화의 연관이 그 자체로 하나의 화두인 이유가 그것이라는 점을 덧붙여두자.

불순한 예술형식의 문제점은, **이념**이 형성되는 특정한 방식이 불순한 것이 순수해지는 순간이라는 점이다. 즉 그것은 극도로 불순하고 복잡한 악곡인 오페라 내부에서 바로 이 불순함에 내재하는 순수함이 출현하는 순간을 탐지하는 문제, 바꿔 말하면 어떻게 불순한 것에서 순수한 어떤 것이 만들어지는지를 결정하는 문제다. 그리하여 문제는 확실히 다음과 같은 사실과 연관되어 있다. 사실상 **이념**의 예술적 질료들의 배치, 즉 **이념**이 질료적으로 구성되는 방식은 이질적인 다수성 내부에서, 또는 어쨌든 외관상 이질적인 다수성 내부에서 일어난다는 것이다.

불순한 예술형식의 문제를 이런 각도에서 접근한다면 질문은 다음과 같은 것이 된다. 이질적 다수성이란 무엇인가? 다수성은 우연과 무nothingness로 구성될 때, 즉 그것이 질료적 우연성—다수성이 혼합하는 다양한 예술적 자원들 또는 질료들의 종종 이질적인 조합—에 노출되고 이로 인해 **이념**의 순수함을 무에, 그 질료들의 우연성 아래 사라짐에 노출시킬 때 이질적이라고 말할 수 있을 것이다.

사람들은 지극히 불순한 예술형식들에 내포된 이질적인 다수성에 특징적인 이런 우연성과 무의 조합을 특히 「파르지팔」에서 발견했고, 이에 따라 프랑수아 니콜라가 기민하게 분석하고 해부한 그 전통, 즉 「파르지팔」을 폄하하는 전통이 생겨났다. 「파르지팔」이 바그너 최고의 오페라가 아니라 지친 노인의 작품이라는 생각은 사실 아주 오래전부터 있었다. 토마스 만에 따르면 「파르지팔」은 과소평가돼왔고, 그것도 엄청나게 과소평가돼왔다.[1]

그렇다면 우연에 대해서는 무슨 말을 할 수 있는가? 우연의 요소 때문에 사람들은 「파르지팔」의 (비웃음을 유발하는) 무대장치 및 상징에서의 뒤범벅hotchpotch을 줄기차게 비판해왔다. 「파르지팔」을 비웃기는 매우 쉽다. 나 자신도 때로는 그 일에 동참한다.

• 우선 그 모든 기묘한 기독교적 장식품이 있다. 성배, 구원, 미사, 육신의 죄악 등등.

• 인종차별적 요소들도 있다. 이 문제를 피해갈 수는 없다. 가령 '구원자의 구원'은 그리스도가 유대인이기 때문에 그 자신이 구원되어야 함을 의미했다고 단언되기까지 했다. 그러나 그렇게까지 극단적이지는 않아도, 「파르지팔」에는 사실상 이데올로기적 뒤범벅의 일부인, 피와 관련된 사항들, 피의 순수함 문제와 관련된 사항들이 있다.

• 또한 의심스러운 성적 상징학이 있다. 「파르지팔」에서 정숙함의 옹호와 관능의 옹호를 구별하기가 어렵다는 니체의 주장은 결국 전적으로 잘못된 것은 아니다. 섬기다*serve*와 더럽히다*corrupt*가 그렇듯이 그 두 가지는 서로 바꿔놓아도 아무 문제가 없다. 꽃 처녀들의 장면은 음악에 있어서는 뛰어날지 모르지만, 그 장면이 바이에른의 매음굴과 아주 흡사하다는 주장이 종종 제기되어왔다!

---

1 2006년 5월 6일, 프랑스 고등사범학교에서 개최된 「파르지팔」 학술대회에서 프랑수아 니콜라가 발표한 글 「'파르지팔'을 들어보시오!」(Écoutez *Parsifal!*)와 이자벨 보도즈의 발표문 「'파르지팔'에서 '파르지팔'로」(De *Parzival* à Parsifal)를 참조하라. www.diffusion.ens.fr/index.php?res=cycles&idcycle=282.

• 그리고 암포르타스의 상처가 있다. 그것은 물*the Thing*이다—슬라보예 지젝은 이에 관해 더할 나위 없이 뛰어난 글을 썼다[2] —지버베르크의 영화에서 거의 한점의 고깃덩어리처럼 전시되는, 그리고 여성 성기와의 어떤 자명한 유사성을 띠는 그 **물** 말이다.

「파르지팔」에는 이 모든 것이 뒤범벅되어 있다. 사실 이 오페라는 하나의 거대한 뽑기주머니, 극도로 의심스러운 잡동사니로 볼 수 있다. 자, 우연에 관해서는 이쯤 하자. 무無의 경우는 어떤가? 무 역시, 「파르지팔」이 (추정되는 바에 따르면) 사실은 **이념**의 순수함을 생산할 수 없다는 점을 보여주는 효과들을 초래했다.

• 이 오페라는 종종 시간의 과도한 확장 때문에 비판되었다. 바그너의 이전 오페라들에서는 변형의 체계였던 라이트모티프들의 체계가 「파르지팔」에 와서는 분명한 연속은 아니더라도 확장의 체계가 되었으며, 특히 상당히 많은 「파르지팔」의 주제들이 쉽게 결합되거나 변형될 수 있는 분절적 세포들이 아니라 긴 주제들이기 때문에 그러했다는 비판이 제기돼왔다.

• 「파르지팔」에서는 장식적인 가장假裝의 느낌이 난다는 주장도 있었다. 이 오페라가 변형에 서툴다는 점을 감추려는 바로 그 목적에서 그 오랜 바그너

---

2 Slavoj Žižek, "The Politics of Redemption. Why is Wagner Worth Saving?," *Journal of Philosophy and Scripture*, vol. 2, no. 1 (Fall 2004). 앞서 언급한 「파르지팔」 학술대회에 제출된 그의 발표문 「한 편의 브레히트적 교훈극으로서의 「파르지팔」 (*Parsifal*, une pièce du théâtre didactique brechtienne)도 참조.

적 요술이 동원되었다. 그러나 마치 페인트를 확 처바르듯 부린 요술이었다.

• 또 하나의 비판은 이 오페라에 숭고한 것이 현존하기는 하나 그것은 키치적인, 조금 감미로운 그런 종류의 숭고함이라는 점이었다. 불레즈조차 아무래도 「파르지팔」의 결말을 좋아할 수가 없었다. 그는 이 작품이 감상적이라는 사실을 피해갈 수는 없다고 말했다.

만일 이것이 「파르지팔」의 궁극적 의미라면, 이는 이 작품이 불순한 예술형식들과 관련해서 **이념**을 형성하는 두 가지 투쟁, 즉 이질적 다수성의 두 효과인 우연과 무에 대한 투쟁에서 실패했음을 의미한다. 만일 우연과 무에 대항해 싸우는 것이 실로 「파르지팔」의 평가에서 관건이라면, 어떻게 그것들과 싸울 수 있는가? 이와 관련해 말하자면 말라르메에게는 더할 나위 없이 명백한 예술의 윤리가 있고, 나는 말라르메의 기획과 「파르지팔」에서 바그너의 기획을 비교해볼까 하는데, 내가 이렇게 하는 이유는 나중에 분명해질 것이다.

사실상 문제는 우연을 무한으로, 그리고 무를 순수함으로 변화시키는 것과 관련되어 있다. 이는 엄밀히 말해서 우연과 무를 그 어느 쪽이든 없애는 것이 아니라 변화시키는 것을 뜻한다. 두 가지 모두 말라르메가 쓴 『이지튀르*Igitur*』의 수고 마지막에 극히 강하게 언급되어 있다. 첫째, 『이지튀르』에서의 행위와 관련해 말라르메는 "그것은 우연을 무한으로 환원한다"[3]고 적는다. 이것이 첫번째 투쟁이다. 다음으로, 『이지튀르』 수고의 마지막 문장은 다음과 같다. "무는 떠나갔고, 순수함의 성城이 남았네."[4] 그리하여 우리는 다음과 같이 말할 수도 있으리라. 우연과 무의 유해한 효과에, 또는 그 둘의 결합에 특히 노출된 불순한 예술작품의 경우, 주제는 순수함의 성이 그것의 노출disclosure 또는 그것의 무한한 탈-봉쇄dis-enclosure와 조우하는 순간, 즉 순수함이, 말하자면 무를 승인validate 하면서, 또한 탈-봉쇄가 되는 순간일 것이다. 다시 말해 그것은 열린 성이 된다 — 순수함의 열린 성.

사실상 이것이 「파르지팔」에 대한 잠정적인 묘사다. 여하튼 파르지팔 — 사람 이름 파르지팔, 즉 그 등장인물 — 은 실로 이 모든 것을 상징한다. 사실 등장인물 파르지팔은 열린 순수함, 폐쇄closure[5]라기보다는 탈-봉쇄로서의 순수함이라는 이 문제를 대표한다. 그러나 파르지팔은 실제로 하나의 **인물**이 아니라는 점에 주목해야 한다. 그를 하나의 인물로 상상하려고 하는 즉시 우리는 난관에 부딪힌다. 제2막에서 자기 모친의 이미지에 유혹되는, 그러고 나서 얼마간인지 모를 시간 동안 길을 잃는 (그런데 왜 그런지는 사실 아무도 모른다) 이 동정童貞의 이야기는 이렇다 할 내용이 별로 없는 게 사실이다. 궁극적으로 파르지팔은 그다지 하는 일이 없다. 사실 그는 기본적으로 아무런 일도 하지 않는다. 어느 시점에 '아니오'라고 말하는 것이 거의 전부다. 등장인물로서 그는 단조롭다. 게다가 노래도 아주 조금밖에 부르지 않는다. 오페라 전체를 통틀어 겨우 20분을 노래하는데, 거의 단 한번에 해치워도 될 분량이다. 게다가 보통

---

3 "il réduit le hasard à l' *Infini*"(it reduces chance to the Infinite). Stéphane Mallarmé, *Oeuvres Complètes* (Paris: Gallimard 1945), 442쪽. 영문은 *Stéphane Mallarmé: Selected Poetry and Prose*, ed. Mary Ann Caws (New York: New Directions 1982), 100쪽에 실린 메리 앤 코스(Mary Ann Caws)의 번역.

4 "Le Néant parti, reste le château de la pureté?"(Nothingness having departed, there remains the castle of purity). 앞의 책, 443쪽. 영문은 앞의 영문판 101쪽.

5 앞서 'closure'를 '종결'로 옮겼으나 성(城)의 이미지나 '탈-봉쇄'와의 연관을 고려하여 이후로 '폐쇄'로 옮긴다 — 옮긴이.

파르지팔 연기는 대단히 힘들고 정말 고역이라는 점, 특히 가수가 커다란 목욕통처럼 뚱뚱한 65세의 인물이라면 그렇다는 점을 인정해야 한다. 그런 몸으로 파르지팔 역을 해내기는 지크프리크 역을 하는 것보다 더 힘들다. 살찐 가수에게는 지크프리트 역만 해도 이미 충분히 힘들지만! 지버베르크는 비범하고 기발한 해결책을 들고 나왔지만 립싱크라는 이점이 있었던 것이 사실이다.

따라서 나는 등장인물로서의 파르지팔이라는 관념은 완전히 포기되어야 하고, 그는 사실상 하나의 **기표**로 간주되어야 한다고 생각한다. 그가 구현하는 것은 '라인Rein'[6]의 기표, 즉 '순수한' 기표다. 바로 **그**가 순수함의 성이다. 그의 상징적인 호弧, arc — 그의 기표의 작용 — 는 순수한 순진무구함, 다시 말해 순진무구함으로서의 순수함, 또는 '순수한 바보der reine Tor/the pure Fool'의 순수함 — 일종의 광기에 가까운 것으로서의 순수함, 사실상 예언에 의해 예고된 순수함 — 에서 시작한다. 그의 상징적인 호는 이 광적인 순수함, 예언으로서의 이 순수한 순진무구함에서 출발하여 오페라 마지막에서의 그의 대사speech로까지 줄곧 이어지는데, 대사란 수행적performative 언어행위이기 때문에 그의 대사는 사실상 하나의 수행performance, 연기이다. 그러나 이 대사가 말해지는 바로 그 순간 어떤 정반대의 현상 같은 것이 연루된다. 순수함만이 남지만 그 지위는 완전히 변화되었다. 이제 그것은 '가장 순수한 지혜의 힘reinsten Wissens Macht/purest wisdom's might'[7]이 된 것이다. 파르지팔의 호는 이처럼 무지한 순수함의 무기력함에서부터 힘 또는 위력으로서의 순수함, 앎의 위력a force of knowledge

6 라인강(江)의 이름은 독일어로 '순수하다'(rein)는 의미를 지닌다 — 옮긴이.

으로서의 순수함으로 나아간다.

이 점은 중요하다. **순수하다는** 것, **순수함은**—어떤 의미에서 주체가 그래야 하듯이—궁극적으로 **이념**의 이름이며 그렇기 때문에 그것은 불변소不變素다. 그러나 그 **속성**들은 변한다. 본질적으로 이 오페라는 변치 않는 순수함의 속성들에 있어서의 변화에 관한 이야기다. 다시 말해 우리는 무지non-knowledge로서의 순수함에서부터 앎의 위력으로서의 순수함으로 나아가는바, 이것이 「파르지팔」의 이야기다. 따라서 우리가 여기서 순수함의 성의 구축을 다루고 있음은 분명하다.

이와 대조되는 것이 저 다른 성城—부르크Burg—몬살바트Montsalvat다.[8] 이 성의 문제점은 바로, 그것이 자기 자신을, 자신의 폐쇄를 향하고 있으며 무한을 품을 수 있는 능력을 모두 상실했다는 것이다. 즉 그것은 폐쇄되었다. 그리고 그것은 아버지의 기표 아래 폐쇄되었는데, 비록 암포르타스도 부분적으로는 그에 대해 책임이 있지만 주된 책임은 티투렐에게 있기 때문이다. 티투렐은 자신이 죽더라도 계속 살 수 있게 하는 것이 성배라고 생각한다. 그는 무덤 안에 아직 산 채로 누워 있으며, 주기적으로 성배를 보면 그 상태를 유지할 수 있다. 그러나 이는 성배가 지닌 변용變容의transfigurative 상징성을 다소간 자기중심적으로 사용하는 것

7 Richard Wagner, *Parsifal*, trans. Andrew Porter, *English National Opera Guide* #34 (London: John Calder 1986), Act 3, scene 2. 영문판 번역자의 주: 여기서 'Wissen'은 'knowledge'(앎) 대신 시적으로 'wisdom'(지혜)으로 번역되었다. 그러나 바디우는 'Wissen'을 원뜻에 더 충실하게 'savoir'(앎)로 옮기며, 따라서 나는 이후로 'knowledge'라는 용어를 사용하겠다.

8 '몬살바트'는 「파르지팔」에 나오는 성의 이름으로, 여기에 성배가 안치되어 있고 티투렐의 아들 암포르타스와 그의 기사들이 성배를 지키고 있다. '부르크'는 독일어로 성을 뜻한다 — 옮긴이.

이기에, 공동체의 소멸과 쇠퇴를 유발하는 죄는 따지고 보면 결국 티투렐에게 있다. 그리하여 무지에서부터 앎으로 나아가는 불변소로서의 파르지팔의 순수함은 이 폐쇄 주위에, 그 개방을 구성하는 방식으로 구조화될 것이다. 그러므로 실로 우리는 「파르지팔」의 이야기에서 이질적이고 불순한 질료의 가공과 재가공으로서의, 따라서 우연과 무에 대한 구성적 투쟁으로서의, 순수함과 무한을 연결하는 논리를 발견한다.

이 오페라의 최종적 전언인 '구원자에게 구원을'은 이런 투쟁을 가리키는 이름이다. 결국 **구원자**란 자신의 폐쇄에 도달한 존재를 의미한다. 그러므로 그것은 구원되어야 한다. 구원자 자신의 구원, 즉 자기를 폐쇄해버린 어떤 것의—순수함으로 변형되는 무에 의한, 불변의 순수함의 호에 의한—무한한 재개방이 있어야 한다. 그리하여 이야기는 진정으로 **무한**과 **순수함**을 「파르지팔」의 서사 안에, 파르지팔이라는 등장인물 자신을 구성하는 요소로서 기입한다.

이와 대조되는 상징성이 폐쇄된 자들인 티투렐–클링조르Klingsor 쌍에서 발견된다. (매우 흥미롭게도 「파르지팔」의 모든 등장인물들은 작은 그룹으로 나눌 수 있으며 어떤 조합도 가능한데, 이는 참으로 놀랍다. 어느 순간에든지 티투렐과 클링조르가 동일한 것을 대표한다고 말할 수 있다. 그러나 클링조르와 암포르타스 역시 서로 연관된다. 쿤드리와 클링조르도 서로 연합하지만 쿤드리와 암포르타스도 마찬가지다. 파르지팔로 말하자면, 그는 보편적 기표이기 때문에 당연히 모든 이와 어울린다.) 「파르지팔」의 서사에서 무한과 순수함의 기입의 상징성과 대립되는 상징성은 티투렐–클링조르 쌍에 구현되는데, 이 쌍은 사실 암포르타스–쿤드리 쌍을 봉쇄한다enclose. 암포르타스는 티투렐의 아들이고 쿤드리는 클링조르의 노예인 것이다. 그러므로 티투렐–클링조르 쌍 안에 있는 암포르타스-쿤드리 쌍은 후에 탈봉쇄dis-enclosed되어야 할 존재다. 이 쌍은 순수함의 작용이 무한한 것으로 드러날 수 있는 그런 방식으로 개방되어야 할 것이다.

이상의 논의에도 불구하고 다음의 사실은 분명하다. 내가 엄밀하게 이야기의 견지에서 주제의 문제를 해결했는지는 모르지만 애초에 하려 했던 일을 완수한 것은 결코 아닌데, 왜냐하면 이야기란 결국 오페라의 실제적 본질에 대해 주변적이기 때문이다. 분명 오페라는 그 이야기로 환원될 수 없다. 따라서 지금까지 내가 논한 바는 단지 일차적이고 추상적인 차원에 불과하다. 그런 것이 존재하기는 하지만 그로 인해 논점, 즉 오페라의 주제라는 문제가 해결되지는 않는다. 다른 식으로 말하자면 이렇다. **이념**의 지표로서의—질료의 우연성 및 그 효과의 무에 대한 투쟁으로서의—무한과 순수함 사이의 연관은 오페라 안의 어디에서 표현되는가?

그러므로 나는 음악의 구조structuring와 오페라의 극적 효과를 구분할 수 없는 순간, 즉 우리를 자신 안으로 편입하는, 음악의 구조와 극적 효과 사이의 구분 불가능성의 명료하고 뚜렷한 느낌이 우리에게 참되게 전달되는 순간에 오페라의 주제가 드러난다고 말하고자 한다. 내재적 응집력으로서의 (또는, 나 자신의 철학적 어휘를 사용하자면, 오페라의 초월론적 표지標識[transcendental registration]나 오페라 세계의 초월론적인 것으로서의) 오페라의 주제가 드러나고 그 순간 이후로 계속해서 오페라 전반에 두루 퍼지게 되는 것은 특정 순간으로 지각되는 이런 구분 불가능성의 현상 속에서다. 그런 순간들이 오페라 전반에 두루 퍼지는 방법은 그 자체로 대단히 중요한 분석적 문제다.

따라서 우리는 오페라의 주제가 음악의 조직과 극적 효과 사이의 분별 불가능성의 순간들에 기초해서 인지될 수 있다고 말할 수 있을 것이다. 그리하여 불순함이 그 자체로 폐기되지 않고 실제로는 **종합되는** 순간들이 있다. 그 다양한 구성요소들은 일소되지도, 상쇄되지도 않으며, 분별 불가능성의 효과로서 지속되는 것이다. 이것이 하나의 일반론이 될 것이다.

이제 이런 발상의 소개말에 해당할 두 가지 예를 살펴보기로 하자.

모차르트의 「돈 조반니」의 주제는 무엇인지 묻는다고 가정해보자. (이는 언제나 뜨거운 논쟁의 대상이었다.) 앞서 말한 기준들을 적용한다면, 결국 「돈 조반니」의 주제는 유혹, 여성 등등이 전혀 아니라고 말해야 할 것이다. (사실 이 오페라는 경계선상에 있는, 애절하게 희극적인 작품이다. 주인공 돈 조반니는 정말 시도하는 모든 일에서 실패한다. 그의 이야기는 길게 펼쳐지는 일련의 실패담이다.) 내 생각에 주제는 매우 '18세기적인' 것으로, 우리는 초자연적인 것에 맞설defy 수 있다, 그것이 가능하다는 발상이다. 그런 가능성은 18세기에 비판의 형상에 의해 도입되었다.

여기서 주제는 지연되기도 하고 예고되기도 한다. 주제는 **지연된다**. 사실 오페라의 끝에서 두번째 장면, 돈 조반니가 실제로 기사장騎士長의 석상에 맞서고 마침내 자신의 죽음을 각오하며 받아들이는 장면[9]에 가서야 주제가 선포되기 때문이다. 우리는 초자연적인 것에 맞설 수 있다—반드시 **맞서야** 하는 것은 아니지만 말이다. 그러나 주제는 또한 **예**

9 돈 조반니는 자신이 농락하려던 여성의 아버지인 기사장과 결투를 벌인 끝에 그를 죽이고, 그의 무덤에 세워진 석상을 장난삼아 저녁식사에 초대한다. 이 석상은 식사 자리에 도착해 돈 조반니의 회개를 촉구하나, 그는 회개를 거부하고 버티다가 지옥불에 떨어진다—옮긴이.

고된다. 이 장면의 음악적 소재가 이미 서곡에 등장하기 때문이다. 이처럼 주제는 사전에 선포되기도 하고 지연되기도 한다. 그러면 주제는 어떻게 오페라에 두루 퍼지는가? 내 생각에는 모든 것을 결합하고 (희극적 순간에조차) 오페라 전체에 스며드는, 매우 독특한 형태의 밤의 불안—서곡의 요구imperatives에 의해, 그리고 하나의 가능성, 즉 만일 초자연적인 것에 맞설 수 있다면 인간의 모든 모험에는 서스펜스와 불안이 스며들게 된다는 이 특정한 가능성으로서의 끝에서 두번째 장면에 의해 틀이 주어지는 밤의 불안—을 통해 주제가 퍼져나간다.

이제 또다른 예를 살펴보자. 드뷔시의 「펠레아스와 멜리장드」의 주제는 무엇인지 묻는다고 가정해보자. 「펠레아스와 멜리장드」에 관해 내 생각을 말하자면, 내게는 이 오페라의 어떤 공연이든지 그 성공과 실패가 소수의 극히 짧은 순간들에 달려 있다는 사실이 언제나 놀라웠다. 가령 멜리장드가 펠레아스에게 "당신은 왜 떠나가나요?"[10]라고 할 때의 말투가 그렇다. 지금까지 나는 멜리장드에 대한 해석은 전적으로 이 한 줄의 대사가 말해지는 방식에 달려 있다고 생각했다.

이 오페라에는 그와 유사한 다른 순간들도 있는데 거기에는 언제나 멜리장드가 등장한다. 가령 뒤에 그녀가 "정말로 행복해!"[11]라고 말하거나 맨 마지막에 "아, 아, 이젠 자신이 없어! 이젠 자신이 없어!"[12]라고 말할 때의 말투가 있다. 이런 말들은 말하거나 노래하기가 굉장히 어렵고 거

---

10 Claude Debussy, *Pelléas et Mélisande*, trans. Hugh Macdonald, *English National Opera Series Guide* #9 (London: John Calder 1982), Act I, scene 3.

11 앞의 책, Act II, scene 2.

12 앞의 책, Act IV, scene 4.

의 불가능한데, 오페라는 극히 간명한 방식으로 바로 이런 순간들에 의존하여 주제를 전달하는 것이다. 왜 그래야 할까? 왜냐하면 내 생각에 「펠레아스와 멜리장드」의 주제는 **사랑에서 말해지지 않는 것의 효과**이기 때문이다. 말해지지 않는 것을 말하기와 연관된 어떤 것이 문제되는 순간—앞서 거론한 세 가지 예는 모두 그런 경우다—은 주제가 드러나는 순간이다. 그러므로 지연되거나 예고되는 어떤 것 대신, 음악이 철저히 분해되어stripped down 현재 말해지고 있는 것의 차원만 남아 있는, 유예되고suspended 암시적인 형식들이 주어진다.

따라서 어쩌면 이 예들은 「파르지팔」 이외의 오페라에서 이런 주제이론을 정당화하는 데 다소간 도움이 될 수 있을 것이다. 이 이론을 「파르지팔」에 적용할 경우, 우리는 그 순간을 찾음으로써 주제의 문제에 새로운 접근법으로 다가갈 수 있다. 우선 나는 「파르지팔」에서 주제가 노래나 언어적 발화 자체에 의해 선포되거나 지탱되지는 않는다고 생각한다. 주제는 다른 곳에서 발견될 것이다. 명시적으로 진술되는 것은 우리를 「파르지팔」의 주제로 곧장 안내하지 않는다. 이것의 증거나 실례로 내가 발견한 것은 두 가지인데, 하나는 오페라의 첫 대목에, 하나는 마지막에 등장한다.

사실 「파르지팔」은 자명한 이유에서 구르네만츠의 장황한 서술과 파르지팔의 결어結語로 틀지어져 있다. 구르네만츠의 장엄한 서술은 프랑수아 니콜라가 그 매체라고 부르는 것을 확실하게 드러낸다. 그것은 하나의 종합적 언술로, 거기서 종합은 명백하게 나타난다. 그 다양한 구성 요소들이 조금만 분리된다면 우리는 이 요소들의 근본적 이질성을 볼 수 있다.

작품 말미의 파르지팔의 대사에 관해 말하자면, 나는 파르지팔에 대한 우리의 해석이 이 대사와 관련한 우리의 생각이나 느낌에 상당 부분 의존할 것이라고 생각한다. 개인적으로 나는 그것이 의미의 그 어떤 효과도 결여한 음악이라고 생각한다. 「신들의 황혼」에서 브륀힐데의 마지막 대사가 진정한 결어라면, 파르지팔의 경우는 회피하는 듯한 대사다. 그의 대사는 거의 의미를 전달하지 않으며, 이는 「파르지팔」의 주제는 무엇인가 하는 문제가 대사, 공표, 또는 서술의 차원에서 해결되는 것이 아님을 증명한다.

적어도 내가 보기에 그 문제는 지금까지 전통적으로 거론되어온 대조적 특징들, 즉 신성한 것의 세계 vs. 속된 것의 세계, 실재의 세계 vs. 현상의 세계, 순수함의 세계 vs. 관능의 세계, 또는 남성적 세계 vs. 여성적 세계 등의 견지에서 해결될 것도 아니다. 지금까지 「파르지팔」에 관해 이 모든 주요 대립들이 제시되었고, 그 항목은 더 늘어날 수도 있다 — 지성적인 것 vs. 감각적인 것, 성城 vs. 숲(심지어는 건강식 또는 채식), 정결한 피 vs. 부정한 피, 유대인 vs. 비유대인, 그 밖의 무엇이건 간에, 「파르지팔」을 설명하는 방편으로 이런저런 시점에 그 분석에 연루되는 그 어떤 고전적 대립까지도 다 포함해서 말이다. 가장 설득력있는 대립은 아마도 현상과 실재 간의 대립이 아닐까 싶다. 왜냐하면 현상이 사라지는 이야기인 제2막의 극적 중심에 그 대립이 작동하고 있기 때문이다. 그러나 이것이 제2막의 역학을 밝혀줄 수는 있어도 오페라 전체의 구조를 설명해주지는 못한다.

그리하여 「파르지팔」의 주제를 발견할 수 있는 곳은 이런 변증법적 대립들도, 니체가 발전시킨 기독교의 문제도 아니다. 「파르지팔」에서 십자가에 못 박힌 그리스도가 해결책이라기보다 하나의 **문제**라는 점은 더할 나위 없이 명백하다. 십자가에 못 박힌 그리스도는 기독교의 **정반대다.** 원래의 기독교적 구원이 변질된 상황의 문제, 즉 그것이 아무것도 아닌 것이 되었다는 문제에 대한 해결책으로 우리를 인도할 것은 그에 대한 반작용reaction이 아니다. 그렇기 때문에 「파르지팔」의 기본 발상은—이 점은 대단히 중요하다—기독교의 부활이 필요하다는 것이 아니다. 비록 그것이 종종 이런 식의 사고에 상당히 가까워지기는 하지만 말이다. 그것은 엄밀히 말해 기독교 자체를 쇄신하는 문제가 아니다. 이는 해결책이 아닌 것이다. 사실 이 기독교의 문제와 관련하여 「파르지팔」이 제안하는 한계점은 자신의 무한함 속에 유예된다. 그것은 완수된 어떤 것이 된다는 의미에서의 변증법적 지양이 아니다. 우리에게 주어지는 유일한 것은 그저 무한과 연민이 연결되어 있다고 선포하는, 무한함 속에 유예된 한 점이다. 연민은 폐쇄를 무한에 개방하는 것을 가능하게 하는 수단이다. 기독교 자체 내의 폐쇄된 것을 포함해서 폐쇄된 것을 탈봉쇄하기 위해 연민이 요구된다. 이런 이유로 파르지팔은 오페라의 마지막에 나오는 대사에서 "연민의 지고의 힘"[13]에 대해 말하게 된다.

따라서 앞선 접근법들은 무용지물이다. 그렇다면 음악에서 시간의 확장에 어울리는 극적 형상, 그 음색과 동연적同延的이고 음악에서 소리의 성층成層, layering과 연관되기도 하는 극적 형상(프랑수아 니콜라가 「파르지팔」에서의 "구름 효과"라고 부르는 것)을 우리는 어디서 발견할 것인가? 화음과 대위법을 구분 불가능하게 만들려는 시도가 실제로 이루어지는 순간들,

---

13 Richard Wagner, *Parsifal*, Act III, scene 2, trans. Derrick Everett, www.monsalvat.no/trans3.htm.

수평적 차원과 수직적 차원의 직조가 새로운 기술의 사용을 통해 실제로 초래되는 순간들을 우리는 어디서 찾을 것인가? 어디서 이런 일이 일어나는가?

나는 그것이 성에서의 성배의식을 비롯한 두 개의 장면에서 가장 강력하게 일어난다고 본다. 이 오페라에는 대의식大儀式이 치러지는 순간이 두 번 등장한다. 1막 2장과 3막 2장이 그것인데, 두 번 모두 어떤 말할 수 없이 아름다운 오케스트라 음악으로 시작된다. 의도적인 대칭이 있는 셈이다. 따라서 나는 「파르지팔」의 주제는 현대적 의식儀式이 가능한가에 관한 문제라고 말하고 싶다. 주제는 의식의 문제이고, 이 문제는 「파르지팔」에 본질적이다. 그것은 종교의 문제와 구별된다. 왜 그런가? 의식은 한 집단, 또는 심지어 공동체의 자기 재현양식이라고 할 수 있지만 초월은 그 의식의 본질적 조건이 아니기 때문이다. 사실 「파르지팔」이 제기하는 문제는 초월 없는 의식이 가능한가 하는 것이라고 말할 수 있을 것이다.

따라서 여기서의 문제는 숭고의 문제, 숭고의 미학 — 문제는 때로 이것으로 환원되곤 했다 — 과도 구별된다. 「파르지팔」에서의 의식을 포함해서 의식은 숭고의 미학에서 사실상 하나의 수단, 숭고를 떠받치는 형식적 지주일 뿐이다. 바그너는 우리로 하여금 의식을 이런 식으로 바라보도록 하기 위해 최선을 다했다. 이 오페라에서 의식은 상승의 구조를 취하는데, 합창단 하나는 돔의 맨 아래에, 또 하나는 중간에, 세번째(천사 같은 아이들의 목소리)는 저 위 꼭대기에 위치한다. 그리하여 의식은 초월을 함축하는 상승의 원리 위에 구축된 것처럼 보인다. 그러나 실제 사태가 그렇다고는 생각되지 않는다. 질문은 계속 남는다. 초월 없는 의식, 따라서 어떤 것에 대한 수단이 아니라 **물 자체**인 의식, 그 자체로 공동체의 재현인 의식이란 과연 무엇인가?

19세기 말에는 의식의 문제가 사방에서 제기되었고 의식은 그 자체로 하나의 목적이 되었다는 점을 기억해야 한다. 논점은 초월의 수단으로서의 의식이 아니라 하나의 **가능성**으로서의 의식이었다. 의식은 가능한가가 문제였는데, 여기 함축된 명제는 의식이 실로 더이상 가능하지 않다, 현대는 의식이 불가능한 것이 되었다는 바로 그 사실로 특징지어진다는 것이었다. 말라르메가 말했듯이 의회의 개회상태를 하나의 의식으로 간주하기는 어려울 것이다!

자명하게도 여기서 나는 다시 말라르메와 관련된 이야기를 이어가고 있다. 말라르메에서 의식은 명시적이고 심지어 근본적인 문제였다. 『책*Le Livre*』— 현실화되지 않은 그 유명한 『책』— 은 사실상 의식을 위한 지침서protocol였다는 점을 상기하자. 그 수고手稿의 상당 부분은 의자를 어떻게 배치하고, 집전자는 어디에 서 있고, 비용은 얼마나 들지 등의 문제에 바쳐져 있다. 『책』은 대부분 그런 사항들을 내용으로 한다. 그것은 대규모 집회에서 읽히고 배포되도록 의도된 의식 지침서였다. 이런 시각에서 볼 때 『하나의 주제에 관한 변주*Variations on a Subject*』에 나오는 「종교 의례」라는 절節 전체는 하나의 참조대상이 될 수 있다. 뒤에서 다시 설명하겠지만 이런 글들은 「파르지팔」과 관련해서 일깨워주는 바가 대단히 많다.

이 글들에서 말라르메는 의례나 의식의 다양한 형상들을 검토했으며, 이는 필연적으로 의식의 원형으로서의 미사, 그 신성한 의례로 그를 이끌었나. 그가 첫번째로 살핀 것은 연주회 시곡이었는데, 이에 관해 그는 다음과 같이 말했다. "음악은 인간 최후의, 그리고 가장 완전한 종교로서 자기본성을 드러낸다."[14] 당시의 사태는 확실히 그러했다. 그러나 이제 음악은 외로운 종교가 되었다. 대규모 록 콘서트에서 의식에 대한 염원은 노골적이다. 온갖 부류의 젊은이들이 의식에 대한 이런 깊은 염원을 공유하는 모습을 볼 때 우리는 그 염원을 강렬하게 느낀다. 다만, 그것은 패러디다. 그것은 결코 패러디를 넘어서지 못하지만 (「파르지팔」도 마찬가지일 텐데, 이 점에 대해서는 뒤에 다시 언급하겠다) 그래도 분명 그것을 넘어서기를 시도한다. 음악은 한때 "인간 최후의, 그리고 가장 완전한 종교"였으나, 이제 「파르지팔」의 제1막에 나오는 기사단처럼 딱한 상태의 인간 종교로 밝혀졌다. 음악은 결국 귀에 이어폰을 꽂고 있는 것—휴대용 음악 플레이어!—과 비슷한 상태가 되었다. 분명히 휴대용 음악 플레이어보다 의식에서 더 멀리 떨어진 것은 없을 것이다. 의식이란 특정 장소에서 열리는 집회로서, 하나의 장소의 구성이다. 반면 휴대용 음악 플레이어는 장소를 결여한 음악이다.

말라르메는 다음으로 미사에 주목했는데, 그는 바그너처럼 기독교의 은유와 상징체계에 젖어 있었기 때문에 미사가 "성체의 축성 속에" 확인된다고 말했다.[15] 말라르메에 있어 미사는 성배가 아닌 성체의 문제지만, 그럼에도 불구하고 그것은 물*the Thing*이며, 이는 의식儀式 대상의 원형

---

14 Mallarmé, *Oeuvres Complètes*, 388쪽: "La Musique s'annonce le dernier et plénier culte humain" (Music declares itself to be the last and most complete human religion). 영문 번역은 Heath Lees, *Mallarmé and Wagner: Music and Poetic Language* (Hampshire: Ashgate 2007), 18쪽에 실린 로즈메리 로이드(Rosemary Lloyd)의 것이다(약간 수정됨).

으로 확인된다. 말라르메에게 가톨릭 미사는 원형적 의식이었다. 그러므로 이런 면에서 역시 바그너가 동일한 일반적 질료를 다루고 있었음을 알 수 있다.

마지막으로, 말라르메가 제시한 세번째 가설은 국가 (또는 정치) 종교의 미장센이었다. 그의 주장에 따르면 "자기 나라에 대한 헌신은," 그것이 어떤 환희에 가득 차기 위해서는, "종교를 요구한다." 그런 환희는 그다지 자명한 것이 아니다. 그를 위해서는 종교가 필요할 것이다.[16] 이런 맥락에서 말라르메의 제목들은 매우 의미심장하다. 그가 의식의 문제를 탐구하는 대목들의 제목은 "신성한 쾌락"과 "가톨릭교"다. 사실 모더니티는 새로운 의식이 그 본질에 있어 세속적laïque이어야 한다는 데 있지 않을까 하고 생각했을 때 그가 내린 결론은 내가 보기에 매우 현대적이었다. 논점을 검토한 후에 그는 다음과 같이 말한다. "그 무엇도 (중략) 전적으로 세속적인 것으로 증명되지 않을 텐데, 왜냐하면 '세속적'이란 단어는 정확한 의미를 지니지 않기 때문이다."[17] 이 점에 관해서 나는 그

---

15 앞의 책, 394쪽: "Notre communion ou part d'un à tous et de tous à un, ainsi, soustraite au mets barbare que désigne le sacrement—en la consécration de l'hostie, néanmoins, s'affirme, prototype de cérémonials, malgré la différence avec une tradition d'art, la Messe." *Stephane Mallarmé: 1842-1898: A Commemorative Presentation including Translations from his Prose and Verse with Commentaries* (Madison, NJ: Drew University 1942), 129쪽에 실린 그레인지 울리(Grange Woolley)의 영문 번역은 다음과 같다(약간 수정됨). "Our communion or part of one to all and of all to one, thus, liberated from the barbarous meal that the sacrament designates—in the consecration of the host, is nonetheless affirmed, prototype of ceremonials, in spite of its difference from an art tradition, the Mass"(이처럼 우리의 영성체, 즉 하나를 모두에게, 모두를 하나에게 나눔은 성례가 가리키는 야만적 식사에서 벗어나서, 하나의 예술 전통인 미사와의 차이에도 불구하고 성체의 축성 속에 의식의 원형으로 확인된다).

의 말에 전적으로 동의한다. '세속적'이란 단어는 정확한 의미가 없고, 따라서 그것은 집단 자체의 현시를 위한 장소가 '세속적'이라는 명칭 하에 재현되거나 구성될 가능성을 원천적으로 배제한다.

따라서 한 가지 해결책만 남게 되는데, 이는 바그너 역시 선택하지 않을 수 없었던 해결책이다. 즉 종교를 넘어서는 것이다. 종교를 뿌리 뽑거나 철폐하는 것은 불가능하다. 우리는 종교를 넘어서야 한다. 그러므로 종교는 어떤 연관을 통해 지양되어야 하는데, 말라르메에게 그것은 **유비**類比의 연관일 것이다. 이는 결코 종교가 아닐 것이다. 종교와의 유비는 '구원자에게 구원을'에 대한 엄밀하게 말라르메적인 등가물이다. 우리가 현대적 의식을 유지하고자 하는 한—말라르메는 그것이 유지되어야 한다고 깊이 확신한다—문제에 대한 해결책에서 어떤 유사한 점이 있다.

"어떤 종류든 장엄함이 옛적의 **그림자**와 유사한 것으로서 펼쳐지리라"[18]라는 말라르메의 유명한 문장이 있다. 이 문장은 「파르지팔」의 제사題辭로 쓰일 수도 있을 것이다. "옛적의 **그림자**"는 19세기 기독교의 고

---

16 앞의 책, 397쪽: "cela ne demeurera pas moins, que le dévouement à la Patrie, par exemple, s'il doit trouver une sanction autre qu'en le champ de bataille, dans quelque allégresse, requiert un culte: étant de piété." 에릭 간스의 영문 번역은 다음과 같다. "it will nevertheless remain true that devotion to one's country, for example, if it is to find a basis elsewhere than on the battlefield, in some form of exultation, needs a religion, being of the order of piety"(그럼에도 불구하고, 가령 자기 나라에 대한 헌신은, 그것이 전쟁터가 아닌 어떤 곳, 어떤 환희의 형식 속에 근거를 두기 위해서는, 신앙심 차원의 종교를 필요로 한다는 점은 변치 않는 사실일 것이다).

17 앞의 책, 397쪽: "Rien en dépit de l'insipide tendance, ne se montrera exclusivement laïque, parce que ce mot n'élit pas précisément de sens."

18 앞의 책, 394쪽: "Une magnificence se déploiera, quelconque, analogue à l'Ombre de jadis."

갈된 본질을 가리킨다. "장엄함"은 이 고갈에 함축된 모든 것의—현대적 의식의 발명을 통한—지양을 의미한다. "어떤 종류든"이란 우리가 민주주의 시대를 살고 있으며 따라서 앞으로 펼쳐질 이 장엄함이 종교적 특수성에 얽매일 수 없다는 점을 나타낸다. 그 장엄함은 이 "어떤 종류든"을 용인해야 하는 것이다. 내 나름의 관심사에 따라 이는 자명하게 다음과 같이 표현될 수 있다—문제는 일반적인 것the generic의 의식이 가능한가를 아는 데 달려 있다. 일반적인 것의 의식이 있을 수 있는가? 말라르메가 말하고 있는 바는 바로 그것이다.

1895년에 말라르메는 "장엄함이 펼쳐**지리라**"라고 썼다. 그는 여전히—조심스럽게—미래시제로 말하고 있는 셈인데, 이에 반해 바그너는 「파르지팔」이 초연된 해인 1882년에 이미 자신이 그 사건을 일으켰다고 생각한다. 그러므로 바그너의 명제는 의식이, **새로운** 의식이, 존재한다는 것이다. 그러나 실제로 어떤 방식으로 존재하는가 하는 질문이 있을 수 있다. 그것은 의식을 위한 극장으로서 존재한다. 그러나 이는 매우 복잡한 문제인데, 극장은 바이로이트인 것이 분명하기 때문이다. 바이로이트는 의식이 일어나는 장소, 즉 「파르지팔」이 공연되는 장소다. 그러나 여기서 의식이란 실제로 무엇이란 말인가? 그 의식이란 바이로이트에서 공연되는 것으로서의 의식인가, 아니면 **바이로이트 자체**가 의식의 터인가? 그것은 특정 의식을 치르려는 목적으로 한데 모인 「파르지팔」의 청중인가, 아니면 「파르지팔」에서 그 계보와 역사가 실제로 자세히 이야기되는 그 의식인가?

사실 바그너는 이 점에 관해 근본적으로 양가적이다. 실로 그는 바이로이트가 의식의 터가 될 것을 주장했으며 특히 「파르지팔」을 위해 그것을 주장했는데, 이는 주지하듯이 그가 「파르지팔」이 바이로이트에서만 공연될 수 있고 공연되어야 한다고 생각했기 때문이다. 그리고 그것이 의식이었기 때문에 그는 마지막에 박수갈채가 없어야 한다고, 그것은 통상의 극적 관행에 얽매이지 말아야 한다고, 순수하게 의식적인 차원을 위해 공연의 측면, 스펙터클의 측면은 말하자면 없애버려야 한다고 생각했다. 그러나 의식이 실로 바이로이트라면 의식의 **내용**은 의식의 **공연**이며, 따라서 의식은 의식의 의식이라는 사실을 그가 피해갈 수는 없었다! 바로 이것이 문제였다. 그것은 그가 의식이 실제로 일어났는지 확신할 수 없음을 인정하는 셈이었다. 그러므로 "장엄함이 펼쳐**지리라**"라고 말한 말라르메가 옳았는지 모른다. 「파르지팔」에서 장엄함이 펼쳐지기는 하지만, 그것이 재현의 재현, 또는 의식의 의식인 한, 장엄함은 폐쇄를 재확립할 법한 어떤 것 안에서 펼쳐진다.

그러면 말라르메가 "유사한"이라는 말로 의미하는 바는 무엇인가? 말라르메의 명제는 새로운 의식이 "옛적의 **그림자**"와 "유사한" 것이 되리라는 것이다. 대단히 주목할 만한 점은 사실 이미 바그너가 새로운 의식은 그런 유사한 것이 되리라는 것을 보여주려고 시도했었다는 것이다. 그는 미래의 새로운 의식이 옛 의식의 지양인 한에 있어 그 옛 의식과 유사하다는 점을 보여주려고 노력했다. 새로운 의식은 무대장치와 심지어 음악의 면에서 옛 의식과 유사하다—「파르지팔」에 등장하는 두 의식 간의 유사점은 명명백백한 것이다. 그리고 핵심적 문제는 바로, 옛 의식과 새로운 의식, 1막 2장의 의식과 3막 2장의 의식 사이의 차이가 정확히 어떻게 발생하는지를 결정하는 것이다.

그렇다면 이제 앞의 논점으로 돌아가서, 「파르지팔」의 주제subject는

'옛적의 **그림자**'(나는 여기서 말라르메 식의 표현을 사용하고 있다)에서 새로운 의식으로의 이행을 하나의 의식으로서 **재**현하는 것과 연관된다. 바그너는 '옛적의 **그림자**', 즉 옛 의식에서 새로운 의식으로의 이행과 연관된 소재를 보여주거나 의식—두번째 의미의 의식, 즉 자기반영적이거나 자기재현적인 의식—으로 변화시킬 것이다. 그것이 그의 주제thematics다.

명백히 이는 이 주제가 그 감각적·음악적 구성요소와 그 밖의 구성요소의 측면에서 어떻게 존재하는가 하는 문제로 우리를 인도한다. 작품 자체에서, 그리고 음악, 이야기, 장식, 대본 등등 사이의 연관이나 분별 불가능성에서, 두번째 의식과 첫번째 의식, 파르지팔이 수행하는 의식과 자기 무덤에 식사를 대령하기를 원하는 티투렐의 명을 받아 암포르타스가 수행하는 그 이전의 의식 사이의 차이는 무엇인가?

바로 여기서 모든 난점이 시작된다. 결국 그런 차이들은 상당히 수수께끼 같은 문제이기 때문이다. 더욱이 우리는 여기서의 관건이 우리에게 근본적이며 전적으로 동시대적인 문제라는 점을 알 수 있다. 즉 우리는 복원에 해당하지 않을 새로운 의식, 사실상 옛 의식을 보존하거나 재생산하는 향수에 찬 기획이 되지 않을 새로운 의식의 가능성을 추구할 수 있는가? 「파르지팔」을 보게 되면, 그러니까 내 생각에 극적 효과와 음악적 효과가 결코 분리되지 않는 의식상의 순간들, 따라서 **이념**이 확실히 질료 안에 진입하고 있는 순간들(**이념** 자체를 의문시해선 안된다는 뜻은 아니다. 그것은 복원의 **이념**일 수도 있다)을 보게 되면, 우리는 그 두 장면 사이의 차이가 무엇인지를 물어야 한다.

무대장치, 즉 터의 구조는 변하지 않는 점이 눈에 띈다. 우리는 여전히 성 안에 있다. 그런데 감독들은 종종 무대장치를 바꾸곤 한다. 그들은 폐허가 된 성, 또는 심지어 버려진 철로나 그 비슷한 것들이 있는 황폐하고 낡은 요새를 보여준다. 그런 변화들은 **이념** 자체에 봉사하지 않는 한 변호의 여지가 없다. 실상은 무대장치가 변하지 않고 유지되는 것이며 이를 가장 잘 보여주는 증거는 구르네만츠가 파르지팔에게 "그래, 맞아, 정말로 자네는 같은 곳으로 돌아왔네"라고 말하는 점이다. 파르지팔이 지닌 문제점은 전적으로, 그가 성창聖槍을 되찾은 후에도 같은 곳으로 돌아온다는 것이다.

의식의 **형식적** 지침은 예전과 같다 — 성배가 드러나 보여야 한다는 것. 물체들도 같다 — 성배와 성창. 궁극적으로 성배를 드러내는 것이 의식의 본질, 그 절대적 핵심이다. 그러나 암포르타스가 더이상 하지 않으려 하는 것이 이것인데, 성배의 베일을 벗길 때마다 그는 바닥에서 고통에 몸부림치게 되기 때문이다. (그런데 암포르타스의 신음이 오페라에서 가장 괴이한 경우는 아니지만 — 각자 취향이 다른 법이다 — 그에게 이부프로펜[19]을 좀 주고 싶은 느낌이 드는 것은 사실이다!) 암포르타스가 고통에 짓눌려 도저히 그 일을 계속할 수 없게 되자 파르지팔이 그를 이어 왕이 된다. 사실 파르지팔은 의식을 치르기에 앞서 이미 왕으로 선포되었다. 파르지팔 자신이 구르네만츠에게 "저를 왕으로 삼으십시오!"라고 요구했고 구르네만츠는 "물론이지"라고 답했던 바다. 그리하여 파르지팔은 왕이 되었고, 이제 그가 현장에 나타난다. 그래서 무슨 일을 하는가? 이전과 정확히 똑같은 일이다! **형식적인 면에서** 그는 정확히 똑같은 일을 한다. 성배의 베일을 벗기고 그것을 기사들에게 보여주는 것. 그러므로 무대장치는

---

19 소염진통제의 일종 — 옮긴이.

변하지 않으며 형식적 지침 역시 동일하게 유지된다.

이 형식적 지침은 무엇을 요구하는가? 이는 매우 흥미로운 점이다. 형식적 지침 역시 매우 말라르메적이다. 그것이 요구하는 것은 집전자, 군중, 모종의 상징적 물체들로, 전체적으로 아주 단순하고 기본적인 사항이다. 두 개의 상징적 물체(성배와 성창), 한 명의 주主 집전자, 그리고 군중만 있으면 되는 것이다. 집전자의 의무는 물체들을 군중에게 보여주는 것이다. 사실 이것은 그 단순함에 있어 매우 말라르메적인데, 논점은 **보여주는 것이** 무엇을 뜻하는지, 그리고 **누가 보여줄 수 있는지**에 전적으로 달려 있기 때문이다. 어떤 비범한 조건이 충족되어야 함은 명백하다. 암포르트타스가 그것을 더이상 행할 수 없음은 명백하고, 다른 어느 누구도 할 수 없음도 명백하다. 그렇지 않다면 왜 나이든 자 가운데 아무나 한 사람이 "당신이 하기 싫다면 내가 하지!"라고 간단히 말하지 못하는지를 이해하기가 어려울 것이다. 가령 가련한 구르네만츠는 자신이 성배의 베일을 벗기는 장면을 상상하지 못한다. 그런 일은 절대 불가능한 것이다. 그러나 구르네만츠는 착한 사람이다. 적어도 그는 타락하지 않을 것임을 우리는 맨 처음부터 알 수 있다—그는 이미 너무 늙었다. 그러면 아무라도 그 일을 하면 안될까? 안된다. 의식의 집전자가 되기 위해서는 어떤 엄격한 조건(분명 아주 모호한 조건이기는 하지만)을 충족시켜야 한다. 말라르메에서 미래의 집전자는 시인이다. 그는 명시적으로 그렇게 말한다. 시인은 미래의 의식의 사제가 될 것이다.

그리하여 집전자, 군중, 모종의 물체가 필요한데, 오페라 마지막에 일어나는 일에 관해서만 보면 그와 동일한 물체들, 집전자, 심지어 동일한 군중인 기사들이 우리 앞에 존재한다. 그러나 이 대목에서 문제는 집전자의 변화에 집중된다. 이전의 의식에서 이 의식—그러므로 현대적 의식의 가능성—으로의 변화는 새로운 집전자가 있다는 사실과 관련이 있다. 이처럼 오페라는 **집전자가 변화**하는 이야기를 전한다.

집전자는 가장 넓은 의미에서 이해될 수 있다. 어쩌면 새로운 집전자는 결국—나는 지버베르크가 이 점에서 옳았다고 본다—파르지팔-쿤드리 듀오(2인조) 같은 어떤 것일 것이다. 하지만 이는 별로 중요한 문제가 아니다. 새로운 집전자가 있다. 그리고 최초로 여성이 성에 들어갈 수 있다는 사실이 의미심장하다. 이는 새로운 점들 가운데 하나다—여성은 이제 의례에 참여할 수 있다. (쿤드리는 다만 죽으러 그곳에 왔을지 모르지만, 어쨌거나 그건 하나의 시작이다!) 그렇다면 결국 집전자의 변화는 무슨 의미를 내포하는가? 집전자의 이런 변화, 암포르타스에서 파르지팔로의 이행, 또는 (이렇게도 말할 수 있겠는데) 티투렐-암포르타스에서 파르지팔-쿤드리로의 이행의 내용은 무엇인가?

자, 이제 우리는 문제의 핵심, 즉 **이념** 자체의 문제에 다가가고 있다. 내용상의 이런 변화가 극적 측면에서 볼 때 한 인물에 의한 다른 인물의 대체에 의해서 이루어지기 때문이다. 파르지팔이라는 새 왕이 있고, 그는 암포르타스에게 다음과 같이 말한다. "이제 내가 당신의 역할을 대신하겠습니다. 당신은 치유되었어요. 내가 당신의 상처를 아물게 했지요. 그러나 이제부터는 자신이 왕이라는 생각을 버리십시오."—치유는 대가 없이 오지 않는다—"이제는 **내가** 왕이오!" 극적 측면에서 볼 때 이 일은 파르지팔이 병을 앓고 있는 암포르타스의 자리를 대신 차지함으로써 일어나지만, 그 대체substitution 자체가 모호하다. 내 말뜻은 그 대체가 그것이 만들어내는 **차이**의 측면에서 모호하다는 것인데, 왜냐하면 형식적인 면에서 행동은 계속 동일하기 때문이다.

그 대체는 파르지팔의 말을 통해 음악에서도 의미화signify된다. 그리고 바로 이 순간 주제가 드러나는 것이 사실이다. 그러나 내가 보기에 문제는 다음과 같은 것으로, 극적 견지에서 그 대체는 일어났을 수도 있지만, 그럼에도 불구하고 그것은 (그 형식적 제스처는 동일한) **대체**이기 때문에 진정으로 **의미화**되지 않는다는 것이다. 그리고 음악적 견지에서 그 대체는— 성城의 탈봉쇄의 새롭고 무한한 기록의 개시로서— 의미화될지 모르지만, 어쩌면 파르지팔의 대사와 그에 이은 것의 음악적 질료는 또한 단순히 암포르타스의 언술과 파르지팔의 언술, 암포르타스의 울부짖음과 파르지팔의 극히 부드럽고 위무적인 음악 사이의 두드러진 대조를 통해 이를 음악적으로 의미화한다. 파르지팔의 선언은 승리감이 제어된 선언이다. 그러나 부드럽고 위무적인 음악인 이 음악적 질료가 상당히 제어되어 있다는 바로 그 사실 때문에 그것은 그 이접disjunction의 의미를 진정으로 밝혀주지 못한다.

궁극적으로, 그리고 결론에 거의 가깝게 나는 다음과 같이 주장하고자 한다. 「파르지팔」의 주제가 19세기 말에 제기된, 새로운 의식儀式의 가능성에 관한 중대한 문제— 집단이 초월 없이 자기 자신에게 스스로를 재현할 새로운 의식은 어디서, 어떻게 일어날 것인가 — 라는 데 우리가 동의한다면, 실로 이것이 「파르지팔」의 주제라면, **이념**의 실현과 관련하여 복원과 혁신 사이에 어떤 미결정성이 있음을 우리는 인정해야 한다. 나는 복원이 혁신보다 우세하다고 말하려는 것이 아니라 그 둘 사이에 결정 불가능성이 있다고 말하려는 것이다. 모든 것을 고려할 때 주제는 어쩌면 바로 **이것**이다. 그것은 새로운 의식의 문제에 관해서 복원과 혁신, 향수와 어떤 새로운 것의 창조 사이에 그 어떤 뚜렷한 구별도 없다는 관념이다.

그런데 오페라에서 끝맺음의 공식인 '구원자에게 구원을'이 본질적으로 초두에 선포된 예언의 완성이라는 사실은 앞의 관념을 보여주는 또 다른 예일 수 있다. 어떤 것이 예언의 완성일 때에는 즉시 복원과 혁신 사이의 절대적 미결정성이 존재하게 된다. 왜냐하면 만일 어떤 것이 예언되었고 그 운명이 실현되게 되어 있다면, 사실상 필연성이나 법칙의 차원이 파열이나 불연속의 차원보다 우위를 점하기 때문이다.

이는 20세기의 정신을 사로잡은 (어쩌면 오늘날에도 그럴지 모르는) 한 가지 문제를 끌어들인다. 바로 의식은 그 본질에 있어 정말로 **새로울** 수 있는가,라는 문제다. 복원과 혁신 사이의 미결정성에 불과한 것이 아니라 참된 **창조**에 의거해 존재할 의식의 현대적 형식이 정말로 있을 수 있는가?

독자들이 잘 알고 있듯이 20세기의 정치는 의식의 문제에 집착했다. 바그너가 원原나치주의자proto-Nazi였다고 비난받는 이유, 그리고 라쿠라바르트처럼 지적으로 세련된 사람이 새로운 의식의 문제는 대중의 폐쇄closure를 되풀이하는 신화적 구상을 대중에게 강요하는 데 있다는 근본적 논변을 여전히 펼칠 수 있었던 이유 가운데 하나는 그것이다. 바그너의 전 작품의 신화적 본질에 관한 이론에서는 바그너가 대중의 미학화의 예술적 선구자, 즉 사실상 주기적으로 의식의 형태를 취하는, 대중에게 신화적 형상을 강요해야 할 필요의 선구자에 불과했다고 주장한다. 그리하여 뉘른베르크와 모스크바의 대규모 군중집회들은 의식들, 즉 민중들이 사실상 자기재현에, 그러나 그들의 무한한 잠재력의 반영이 아니라 본질상 신화적인, 대대적인 새로운 폐쇄에 불과한 것으로서의 자기 재현에 호출된 의식들이었다. 20세기를 사로잡은 대중의 의식적儀式的 가시성은 바그너의 기획, 그리고 사실상 말라르메의 기획과도—앞서 보았듯이 이 논점에 관한 한 그들 사이에는 어떤 중요한 차이도 없기 때문에—상통하는 것으로 추정된다.

그러나 이는 전혀 사실이 아니라고 생각하는데, 왜냐하면 대중에게 신화를 강요하는 것이 바그너의 해결책이었다고는 생각되지 않기 때문이다. 바그너는 이 문제를 탐구했다. 그는 그것을 한 오페라의 주제로 만들려고 시도했는데, 그 일은 매우 어려운 것이다. 그 작품의 진정한 결말은—예술적 위대함의 견지에서 보았을 때 결말이 주제를 구현하거나 그것을 존재하게 만든다고 가정한다면—그 특정 대목에서 복원과 혁신 사이의 선택은 사실상 쉬운 일이 아니었으며 향수와 어떤 새로운 것의 창조 사이의 결정은 유예된 채로 남아야 했다는 것이라고 나는 믿는다.

따라서 니체가 바그너와 벌인 싸움은 여기서도 적실하다. 니체에게는 바그너가 결국은 실패했다고 말할 만한 충분한 이유가 있었을지도 모른다. 그러나 니체 자신은 어떤 유형의 단절을 제안하는가? 그는 **스스로** 고통받는 광기의 주체가 되기를 제안했다. 게다가 그는 이렇게까지 말했다. "**나는** 세계사를 둘로 쪼개고 있다." 그러나 그는 '나'라는 단어를 끌어들였고 자기 목숨으로 그 대가를 치렀다. 그는 불가능한 의식의 바로 그 지점에 그 '나'를 끌어들였던 것이다.

불가능한 의식과 관련하여, 그것 대신에 유기dereliction 같은 어떤 것이 일어난다는 관념이 의문의 여지 없이 「파르지팔」의 본질적 주제다. 이런 의미에서 쿤드리는 오페라의 여주인공으로 볼 수 있다. 확실히 쿤드리야말로 결정한다는 것이 결국 불가능하다는 점을 알고 있는 자다. 그녀의 비범한 음악적 기량, 즉 결정 불가능한 음역(그녀가 메조소프라노인지 아니면 소프라노인지에 관한 잘 알려진 문제), 현저히 들쑥날쑥한 선율, 그녀가 낼 수 있는 음의 고저에서의 놀라운 변주 등, 이 모든 것은 어쩌면 우리가 의식적儀式的 접근이 통하지 않게, 또는 어쨌거나 결정 불가능하게 만드는 역사적 가변성mutability을 다루고 있다는 점을 암시한다. 실제의 사태가 그럴지도 모른다.

그렇다면 이는 **민주주의는 정의상 의식의 실패**라는 점을 암시할 것이다. 말라르메는 사실이 이렇지 않을까 하고 생각했다. 의식, 또는 의식의 시도가 있을 때마다 전체주의가 고개를 쳐들었다는 점을 증명하기 위해 분명 많은 논변들이 동원될 수 있다. 그러나 그런 논변들은 신빙성이 있는가? 인류가 정말 의식 없이 지낼 수 있는가? 정치가 의식 없이 유지될 수 있는가?

분명 나는 장기적 관점에서 그것이 가능하다고 생각하지 않는다. 상품의 무한한 유통은 인간관계의 지속 가능한 모델을 구성하지 않으며, 결과적으로 그 문제는 답해지지 않은 채 남아 있다. 「파르지팔」의 결론이 대체로 현실주의적이었다 하더라도 그 작품이 동시대적인 것은 이런 의미에서다 — 나는 바그너 자신에 관해 말하고 있는 것이 아니다. 바그너 자신은 논점을 벗어나 있다. 바그너 자신은 그런 결론에 도달했는데, 이는 만일 그렇지 않았다면 그가 의식을 가지고 의식을 만들려는 시도는 하지 않았을 것이기 때문이다. 그는 다음과 같이 말할 필요가 없었을 것이다. "「파르지팔」이 새로운 의식에 관한 작품이기도 하려니와, 그에 더해 나는 바이로이트에서 하나의 의식을 창조했다." 한번 생각해보라

— 잘 차려입고 세계 각처에서 모여든 부르주아들이 청중석을 채우고 있는 의식이란 결국은 한심한 광경이었다! 마지막에 아무도 박수갈채를 보내지 않았고, 모두가 말 한마디 없이 극장을 나서서는, "테너는 별로였어" 하고 논평하면서 자우어크라우트[20]를 구하러 갔다(다른 할 일이 뭐가 있었겠는가?). 미사를 마치고 나서 사제는 별로였다고 말할 수도 있다. 그로 인해 의식 자체의 의식적 성격이 감소하는 것은 아니다. 그러나 「파르지팔」의 경우 의식의 자기반영적 성격(의식의 의식)이 의식적 제안 ceremonial proposition 그 자체, 즉 초월 없이 기독교를 지양한다는 이른바 보편적인 제안의 타당성에 의문을 제기하거나 그에 대해 재단을 내렸다는 것은 분명하다. 제안은 그런 것이었다.

그리하여, 비록 바그너의 결론이 결정 불가능성의 결론이라 해도, 말라르메의 표현대로 과연 **군중**이 자기 존재를 선언하는가의 문제는 반란의 집단적 형상 속에 배타적으로 요약될 수 없기 때문에 그 문제는 여전히 적실한 것으로 남아 있다. 인민의 선언, **군중**의 선언은 무정부적 반란만으로는 아무래도 충족될 수 없다. 그 선언은 또한 자신의 일관성을 제안하고, 고찰하고, 생산해야 하는 것이다.

따라서 내가 확고하게 믿는바, 의식은 필요하다. 아마도 그것은 오늘날 필요**하고도** 불가능하다. 그러나 이는 심각한 문제가 아니다. 사태는 종종 그러하다. 진정한 문제는 그와 같이 필요하고도 불가능하다. 가능성은 더이상 그것을 기대하지 않는 바로 그 순간에 찾아온다. 사건이란 그런 것이다. 오늘날의 사건은 의식을 가능하게 만드는 어떤 것이리라

---

20 Sauerkraut: 소금에 절인 양배추 — 옮긴이.

고 말할 수 있을 것이다. 이런 의미에서 「파르지팔」은 나름대로 예언적이다 — 의식을 가능하게 만들 사건이 일어날 것인가? 「파르지팔」에서 발생하는 일은 그것이다. 그러나 내 생각에 이 오페라는 형식적 관점에서 보았을 때 의식을 어떤 새로운 것으로 변화시키는 데, 새로운 의식을 진정으로 치환하는 데 성공하지는 못한다.

상황은 이와 같고, 바로 그렇기 때문에 이제 나는 다시 말라르메를 인용하면서 이 강의를 정말로 끝맺으려 한다. 우리는, 적어도 우리의 상상력 속에서는, "미래의 축하연 속으로의 침입intrusion into future celebrations"[21]을 실천해야 한다고 말라르메는 말했다. 미래의 축하연 속으로 침입하는 것이야말로 「파르지팔」이 우리에게 권하는 일이다. 그것은 적어도 미래의 축하연 속으로 침입할 준비를 할 수 있기를, 즉 미래의 축하연을 예견하거나 그를 위한 필요조건을 갖추기를 우리에게 권한다. 이런 이유로 나는 「파르지팔」에 있는 향수 — 나는 그것을 인정한다. 그것은 분명 존재하며, 혁신과 균형을 이루고 있다 — 가 다만 이렇게 미래의 축하연 속으로 침입하는 것의 배면, 그 뒷면, 또는 그 필요성이라고 말하고자 한다.

그러므로 우리는 향수와 침입 사이에서 평형을 유지하고 있다. 그렇지만 "미래의 축하연 속으로의 침입"은 단순한 복원에서 한발 더 나아간 것이다. 말라르메와 바그너가 우리 앞에 내놓은 의식의 문제는 그런 역사적 상태에 처해 있다.

---

21 앞의 책, 392쪽: "l'intrusion dans les fêtes futures."

발문: 슬라보예 지젝

바그너,
반유대주의,
‘독일 이데올로기’

| 발 문 |

바그너, 반유대주의, '독일 이데올로기'

슬라보예 지젝

내 이스라엘인 친구 우디 알로니Udi Aloni는 바그너의 반유대주의가 일면적이라는 사실을 무엇보다 잘 보여주는 하나의 사건을 이야기해주었다. 20년 전에 그는 급진적 문화선동가 집단에 속해 있었다. 이 집단은 이스라엘에서 바그너 음악의 공개연주를 금하는 데 반대하는 의미에서, 자기들 클럽에서 바그너의 「반지」 무삭제 비디오를 상연하겠다고 일간 신문들에다 공표했다. 그들은 물론 그날 저녁에 광란의 댄스를 동반한 음주파티를 열 셈이었지만 희한한 일이 일어나서 이를 중단해야 했다. 비디오 상연시간이 다가오자 점점 더 많은 수의 나이든 유대인 남녀가 히틀러 이전 시대 독일의 엄숙하면서도 우스꽝스러운 구식 복장을 하고서 클럽에 나타났다. 이들에게 바그너 작품의 공개상연은 나치가 그의 음악을 오용했던 기억보다 더 깊은 차원에서, 바그너의 오페라가 한때 자신들의 문화적 경험에서 무척이나 중요했던 바이마르 독일의 그리운 옛 시절을 생각나게 했던 것이다. 선동가들이 이 예상치 못한 손님들을 존중해서 광란의 파티를 접고 그날 저녁을 차분한 음악감상의 시간으로 보냈음은 두말할 필요가 없다.

1995년 뉴욕의 콜롬비아 대학에서 열린 바그너 학술대회에서, 참가자들 대다수가 앞다투어 그의 예술의 반유대주의적 · 원파시즘적 차원을 폭로하는 기술을 선보인 다음에, 청중 가운데 한 사람이 놀랍게도 소박한 질문을 던졌다.

> 여러분이 말하는 것이 모두 사실이라면, 반유대주의가 바그너의 인간적 특징만이 아니라 그의 예술의 핵심에 관계된 어떤 것이라면, 홀로코스트의 경험 이후에 우리가 왜 계속해서 바그너에 귀를 기울여야 할까요? 우리가 바그너의 음악을 즐긴다면, 이로 인해 우리는 홀로코스트에 공모했거나 적어도 묵인한 자로 낙인찍히게 되는 것인가요?

당황한 참가자들은—우리가 더이상 바그너의 공연을 하지 말아야 한다고 진심을 담아서 제안한 단 한 명의 솔직한 광신적 반바그너주의자의 명예로운 경우를 제외하고는—"아니지요, 물론 우리는 그런 뜻이 아니었어요, 바그너는 뛰어난 곡을 썼지요…"라는 취지의 말을 더 혼란스런 모양새로 답변삼아 주워섬겼다. 그것은 전혀 설득력이 없는 타협적 발언이었고, 다음과 같은 표준적인 심미주의적 답변보다도 한심했다. "사적인 개인으로서의 바그너는 그 나름의 결함이 있었지만, 그는 말할 수 없이 아름다운 곡을 썼고, 그의 예술에서는 반유대주의의 흔적을 찾아볼 수 없습니다." 바그너에 대한 우리의 열렬한 애착은 학문의 공적 담론에서는 부인되어야 할 외설적인 비밀로 남아야 하는가?

문제는 독일의 이데올로기적 정체성의 핵심에 관계된 더욱 일반적인 것이다. 사람들은 두 개의 독일이 있다고 주장하곤 한다. 냉혹한 규율과 국가에 대한 헌신적 봉사에 강조점을 둔 금욕적 · 군사적인 '프로이센적' 독일과, 쿨투어Kultur, 문화, 예술, 정신적 형태의 '삶의 환희joie de vivre'에 강조점을 둔 더 친근한 남부 오스트리아-바이에른-슈바벤의 독일이 그것이다. 만년의 괴테가 독일에서 쿨투어가 쇠퇴하고 정치적인 게르만 민족주의가 발흥하는 것을 보았을 때 그는 이것이 낳을 위험을 전망하며 공포에 사로잡혔다. (혹자는 20세기 후반의 독일연방공화국[서독]과 독일민주주의공화국[동독]의 이중성 자체가 이 대립을 표현한다고 주장할 수도 있다. 사람들은 종종 독일민주주의공화국의 '프로이센적' 성격에 주목했다.) 이런 시각에서 나치주의는 예상대로 '프로이센적' 독일의 정점으로 나타난다. 괴테가 혜안을 지니고서 나치 위협의 그림자를 바로 그 기원에서 지각했던 것일까? 우리는 이런 결론을 거부해야 한다.

나치가 자신들의 선조로 보는 바그너가 「명가수」의 피날레에서 독일 제국Reich의 쇠망 이후 독일 예술의 존속을 경축했던 것은 우연이 아니다. 히틀러가 오스트리아인으로서 바그너에 대한 광적인 애착을 보였으며 프로이센 군국주의보다 독일의 쿨투어에 훨씬 더 심취해 있었다는 것은 우연이 아니다. 그리고 제1차 세계대전 당시 (토마스 만의 1918년 작 「한 비정치적 인간의 고찰[Reflections of an Unpolitical Man]」을 위시한) 독일에 대한 보수적 방어의 지배적 모티프가 프랑스와 앵글로색슨 문명으로부터의 독일 쿨투어의 방어였다는 것도 우연이 아니다. (그런데 이에 근거하여 우리는 나치주의뿐 아니라 오늘날의 이슬람 근본주의와 기독교 근본주의까지 포괄하는 야만의 간명한 정의를 제안할 수 있다. 야만이란 문화의 반대가 아니라 오히려 순수한 문화다. 즉 그것은 문명 없는 문화다.) 나치주의는 '프로이센적'이지 않았다. 오히려 그것은 두 독일의 종합을 실행했다. 쿨투어의 독일에 의한 '프로이센적' 독일의 완전한 전유가 그것이다. 여기서 우리는 필립 라쿠라바르트의 본을 따를 수 있겠는데, 그는 나치주의의 기원을 실러Friedrich von Schiller와 보수적 낭만주의자들에서 시작된 후後칸트적인post-Kantian **정치적인 것의 미학화**에서 발견했다.

바그너로 돌아가자. 수년 전 슈투트가르트 국립 오페라단이 무대에 올린 「반지」의 대성공에도 불구하고 이 공연은—바이로이트에서 열린 파트리스 셰로의 획기적인 100주년 기념공연과 더불어—바그너의 작품에 명확한 해석의 열쇠를 제공하는 선택지들을 모두 고갈시켰다. 셰로 이후 가장 대표적인 두 바그너 공연—루트 베르크하우스Ruth Berghaus[1]가 연출한 프랑크푸르트 오페라단의 「반지」(1985~87), 그리고 한스위르겐 지버베르크의 영화 「파르지팔」(1982)—은 모두 '해석에 맞서는against interpretation' 후後손탁post-Sontag[2]적 정신의 영향권 하에 들어 있다. 언뜻 보아도 이 두 번안은 서로 극과 극이다. 베르크하우스는 「반지」의 미학적 통일성을 손상시키고, 모든 기호들과 이데올로기적 모티프들의 부조화를 드러내며 그것과 더불어 유희하는 포스트모던하고 해체적인 독해를 보여준다. 작품의 살아있는 통일성은 산만한 다수의 몽타주(짜깁기)로서

---

1 (1927~96) 독일의 안무가이자 오페라 감독. 1980년부터 1987년까지 프랑크푸르트 오페라단에서 활동했다 — 옮긴이.

2 미국의 평론가, 에세이 작가, 소설가이자 반전 활동가인 수전 손탁(Susan Sontag, 1933~2004)은 1966년에 평론집 『해석에 맞서서*Against Interpretation and Other Essays*』를 출간했다 — 옮긴이.

비난을 받는다. 등장인물들은 상이한 상투적 관념들을 연기하는 인형들 같다. 베르크하우스는 브레히트의 제자로서 「반지」를 외래화外來化, extraneate[3]하지만 해석의 확실한 배경을 제공하지는 않는다. 그리하여 남는 것은 오직 의미화의 조화롭지 못한 단편들의 끝없는 유희뿐이다.

이와 대조적으로 지버베르크는 좌파적인 이데올로기적 · 비판적 독해에 전적으로 반대한다. 그는 바그너 작품의 신화적 충격을 되살려내기를 원하는데, 그것을 역사로부터 추상화함으로써가 아니라 역사 자체를 신화적 조직texture 안에 편입시킴으로써 그 일을 수행하려 한다. 놀라운 사실은 차이점들에도 불구하고 이 두 번안이 얼마나 유사한가 하는 점이다. 지버베르크의 「파르지팔」 역시 확실한 해석틀이 결여된, 조화롭지 못한 상징들로 넘쳐난다. 지나치게 많은 의미가 일관성을 깨뜨리며, 그 결과 남는 것은 어떤 깊고 헤아릴 수 없는 신화적 의미가 있다는 일반적 인상뿐이다.[4] 이처럼 우리에게는 기호의 조화롭지 못한 다수성이 동일하게 주어진다 — 첫번째에서는 외래화된, 인공적이고 무의미한 조합combinatoire의 양식으로, 두번째에서는 더 깊고 의미심장한 헤아릴 수 없음unfathomability의 양식으로.

지버베르크가 바그너적 비유들의 진정한 의미를 해명하기를 갈망하는

---

3 현실과 환상(fantasy)의 분리, 그로 인한 현실의 낯설어짐을 뜻하는 지젝의 '외래화'(extraneation) 개념은 브레히트의 '소격효과'나 '낯설게 하기'와 유사하나, 지젝은 극적 상황의 허구성을 폭로하는 브레히트 식의 '낯설게 하기'에 대해 그것이 현실 자체에 필연적으로 내재하는 환상적 차원을 직시하지 않는다고 다소 비판적인 태도를 견지함을 감안할 필요가 있다. 제시된 번역어가 가장 적절한 선택인지는 모르겠으나, 더 좋은 대안이 나올 때 까지 일단 '외래화'로 옮긴다 — 옮긴이.

4 Patrick Carnegy, *Wagner and the Art of Theatre* (New Haven and London: Yale University Press 2006)의 상세한 개관을 참소하라.

역사주의적 독해—하겐은 자위하는 유대인을, 암포르타스의 상처는 매독을 의미하는 등등—를 거부한 것은 옳은 일이다. 그런 독해의 논리에 따르면 바그너는 당대에 모든 사람이 아는 역사적 약호들을 동원하고 있었다고 한다. 어떤 사람이 비틀거리거나 하이톤의 목쉰 소리로 노래를 부르거나 불안한 몸짓을 하면 그가 유대인인 것을 '모든 사람이 알았다'는 식이다. 그러나 뭔가 돌출된salient 것을 우리는 정말 이런 식으로 알게 되는가? 그런 역사주의적 맥락화가 불필요할 뿐 아니라 실질적 장애가 된다면 어쩌겠는가? 「파르지팔」 같은 작품을 올바로 이해하기 위해서 이 모든 역사적 소품들을 **잊어야** 한다면 어쩌겠는가? 역사주의적 환원주의와 추상적 심미주의는 동전의 양면이다. 하나의 작품은 자신의 역사적 맥락에 비추어 영원한 것이 아니라 자신의 역사적 순간의 도전에 응하는 방식을 통해 영원하다.

우리는 역사적 소소함에서 빠져나와야, 작품을 **탈맥락화**해야—작품이 원래 뿌리박고 있던 맥락에서 그것을 떼어내야—한다. 「파르지팔」의 원래 맥락보다, 상이한 역사적 맥락화들을 가능하게 하는 그 형식적 구조에 더 많은 진실이 있다. 바그너의 거대한 비판자 니체는 바그너의 새로운 형상을 제안하면서 그런 탈맥락화를 수행한 첫번째 인물이었다. 그 형상은 이제 게르만 신화의 시인, 과장된 영웅적 위엄의 시인 바그너가 아니라 '세밀화가miniaturist' 바그너, 히스테리화한 여성성과 섬세한 구절들과 부르주아 가정의 퇴폐에 결부된 바그너였다.

여기에 알랭 바디우의 획기적인 바그너 연구가 이룬 업적의 일단이 있다. 이 연구는 **바그너라 불리는 사건**의 예술적 · 정치적 통일성을 다시 주장한다. 모든 역사적 소품들을 넘어서, 바그너의 작품은 유럽 모더니티의 교착상태에 대한 어떤 비전과 그에 대한 응답을 구현하는바, 이 비전과 응답은 결코 원파시즘적인 것으로 일축해버릴 수 없다. 권력과 지배의 바로 그 기초를 바그너보다 더 근본적으로 의문시한 예술가가 있었던가? 바그너의 하겐에게서 자위하는 유대인을 보는 대신 포퓰리즘적인 파시스트 지도자의 최초의 명확한 묘사를 보는 것이 훨씬 더 생산적이고 시급하지 않은가? 성배 기사단을 동성애적이고 엘리트적인 남성 공동체로 일축해버리는 대신 거기서 새로운 탈가부장적 · 혁명적 집단의 윤곽을 식별하는 것이 훨씬 더 생산적이고 시급하지 않은가?

바그너를 위한 싸움은 끝나지 않았다. 비판적 · 역사주의적 패러다임과 심미주의적 패러다임이 고갈된 오늘날 그 싸움은 결정적 국면에 들어서고 있다. 이 싸움이 무엇이 걸린 싸움인지를 명백하게 하기 위해 우리는 모차르트로, 그리고 어쩌면 오페라의 바로 그 기원으로까지 되돌아가야 한다.

자비와 그 변형들

모차르트의 「황제 티투스의 자비*La clemenza di Tito*」[5]처럼 (상대적으로) 인기 없는 작품이 음악사에서 그토록 결정적인 구조적 역할을 한다는 것은 흔한 일이 아니다. 다시 설명하겠지만, 이 작품을 인기없게 만든 것은 그 고대적 성격이 아니라 오히려 그 기이한 동시대성이다. 그것은 우리 시대의 몇몇 핵심적 문제들을 곧바로 다룬다.

---

5 1791년에 초연된 모차르트의 2막짜리 오페라 세리아 — 옮긴이.

「황제 티투스의 자비」는 오페라의 바로 그 기원에서부터 시작하는 연쇄 안에 위치시켜야 한다. 왜 오페라 역사의 처음 한 세기에 오르페우스Orpheus 이야기가 단연 최고의 주제로 떠올랐을까? (이때 이 주제의 번안은 거의 백 편에 달했다.) 아내 에우리디케Eurydice를 자신에게 다시 데려다주기를 신들에게 간청하는 오르페우스의 형상은 말하자면 오페라, 정확히 말해 오페라 아리아의 기본틀을 제공하는 간間주체적 성좌를 대표한다. (자율적 행위자이자 법적 권력의 피지배자라는 이중적 의미의) **주체**Subject와 (신, 왕, 또는 궁정풍 연애—미네[die Minne][6]—에서의 귀부인인) 그 **주인**Master의 관계가 (합창으로 구현되는 집단에 대조되는) 영웅의 노래를 통해 드러난다. 그 노래는 기본적으로 **주인**을 향한 탄원, 자비를 베풀어달라는, 예외로 해달라는, 혹은 영웅의 위반을 용서해달라는, 주인에 대한 요청이다. 주체성의 최초의 기본적 형태는 **주인**에게 잠시 그의 **법**을 중지해줄 것을 간청하는 **주체**의 이 목소리다. 주체성 내의 극적 긴장은 권력과 무기력 사이의 모호함에서 발원하는데, 이는 **주인**이 **주체**의 간청에 답하는 방식인 은총grace의 제스처로 표현된다.

공식 이데올로기와 관련해서, 은총은 **주인**의 최고권력, 자신의 법 위에 올라설 수 있는 권력을 표현한다. 진정으로 강력한 주인만이 자비를 베풀 수 있는 여유를 지니는 것이다. 여기에 나타나는 것은 인간적 **주체**와 그의 신적 **주인** 간의 일종의 교환이다. **주체**, 즉 유한한 생명체인 인간이 자기희생의 봉헌을 통해 자신의 유한성을 극복하고 신적 지고함에

---

6 독일어 'Minne'는 궁정풍 사랑(courtly love), 즉 귀부인에 대한 중세 기사의 사랑이나 연정을 일컫는다 — 옮긴이.

도달할 때 **주인**은 자신의 인간성의 궁극적 징표인 **은총**의 숭고한 제스처로 답한다. 그러나 이 은총의 행위는 동시에, 강요된 공허한 제스처의 제거할 수 없는 표식으로 낙인찍혀 있다. **주인**은 어쨌거나 그가 하도록 강요되는 것을 자유로운 행위로서 촉진한다는 점에서, 궁극적으로 필요라는 질료로 미덕을 만든다. 만일 그가 자비를 거부하면 그는 **주체**의 공손한 간청이 노골적 반역으로 변할 위험을 감수하게 되는 것이다.

여기서 결정적인 것은 몬테베르디Claudio Monteverdi의 「오르페오*Orfeo*」에서 글루크C. W. Gluck의 「오르페오와 에우리디케*Orfeo ed Euridice*」로의 이동이다.[7] 글루크의 공헌은 주체화의 새로운 형식에 있었다. 몬테베르디에서 승화sublimation는 가장 순수한 형태로 나타난다. 오르페우스가 에우리디케를 보려고 돌아서고 그리하여 그녀를 잃게 된 후 신은 그를 위로한다. 그가 피와 살을 지닌 인간으로서의 그녀를 잃은 것은 사실이나, 이후로 그는 그녀의 아름다운 자태를 어디서나 식별할 수 있으리라 — 하늘의 별에서, 새벽이슬의 반짝임에서…. 오르페우스는 이 반전의 나르시시즘적 이익을 재빨리 수용한다. 그는 자기를 기다리고 있는 에우리디케의 시적 미화glorification에 넋을 빼앗긴다. 간단히 말해 그는 더이상 **그녀**를 사랑하지 않으며, 그가 사랑하는 것은 그녀에 대한 자신의 사랑을 드러내 보이는 **그 자신**의 모습이다.

물론 이는 왜 오르페우스가 뒤를 돌아보아서 일을 망쳐놓았는가 하는

---

7 몬테베르디(1567~1643)는 이탈리아의 작곡가로, 1607년에 씌어진 그의 작품 「오르페오」는 바로크 양식의 초기 오페라 가운데 하나다. 글루크(1714~87)는 현재의 독일 바이에른 지방에서 태어나 이탈리아에서 수학한 오페라 작곡가로, 1762년에 초연된 「오르페오와 에우리디케」는 오페라에서 지나치게 복잡한 플롯을 지양하고 극과 음악을 단순화한 혁신적 작품으로 평가된다 — 옮긴이.

영원한 문제에 어떤 다른 시사점을 던져준다. 여기서 우리가 조우하는 것은 다만 죽음 충동과 창조적 승화 간의 연관이다. 오르페우스가 뒤돌아보는 것은 엄밀한 의미에서 도착적倒錯的인 행위다. 그는 에우리디케를 숭고한 시적 영감의 대상으로 되찾기 위해 의도적으로 그녀를 상실하는 것이다(이는 클라우스 테벨라이트[Klaus Theweleit]가 전개한 생각이다[8]. 그러나 우리는 여기서 한발 더 나아가야 하지 않을까? 사랑하는 오르페우스의 난경을 알고 있는 에우리디케 자신이 의도적으로 그를 자극하여 그가 돌아보게 만들었다면 어떨까? 그녀가 다음과 같은 추론을 펼쳤다면—"그가 나를 사랑하는 것은 알지만, 그는 위대한 시인이 될 사람이고 그게 그의 운명이야. 나와 결혼해서 행복하게 살아서는 그 약속을 이룰 수 없지. 그러니 내가 할 수 있는 유일하게 윤리적인 일은 나 자신을 희생하는 것, 그를 자극하여 뒤를 돌아보게 하고 나를 잃게 만드는 것, 그래서 그가 자신의 재능에 어울리게 위대한 시인이 될 수 있도록 하는 것이지."—그리하여 그의 주의를 끌기 위해 살짝 기침을 하거나 그 비슷한 행동을 하기 시작했다면?

이런 예는 넘쳐난다. 자신을 희생하여 (즉 의도적으로 오르페우스를 자극해 그가 자기 쪽으로 시선을 돌리고 그래서 자기를 하계로 돌려보내게 만듦으로써) 그의 창조성을 구원하고 그가 자신의 시적 사명을 추구해나가도록 그를 놓아주는 에우리디케처럼, 바그너의 「로엔그린*Lohengrin*」에 나오는 엘자Elsa 역시 의도적으로 치명적인 질문을 던져 로엔그린을 구원하는데, 그가 진

---

8 Klaus Theweleit, *Buch der Koenige, Band I: Orpheus und Eurydike* (Frankfurt: Stroemfeld und Roter Stern 1992) 참조.

짜로 바라는 바는 물론 자신의 고통을 창조성으로 승화시키는 외로운 예술가로 남는 것이다. 이런 예는 바그너의 브륀힐데—저 '고난의 자기 희생적 여성'—에서 궁극에 달한다. 그녀는 자신의 소멸을 원하는데, 자기 죄의식을 보상하려는 필사적 방편으로서가 아니라, 사랑하는 남자를 구원하도록 운명지어진 사랑의 행위로서 그것을 원하는 것이다. 바그너 자신이 프란츠 리스트Franz Liszt에게 보낸 유명한 편지에서 표현한 대로—

> 애정 어린 여성의 사랑은 지금껏 나를 행복하게 했지. 내게 "사랑해요!"라고 말할 수 있도록 그녀는 고난과 고뇌의 바다 속에 자신을 감히 내던졌네. 그녀의 그 모든 애정을 알지 못하는 자라면 그 누구도 그녀가 얼마나 많은 고난을 당해야 했는지 판단할 수 없어. 우리는 그 무엇도 면할 수 없었네—하지만 그래서 나는 구원받고, 그녀는 이를 알기에 복된 기쁨을 느끼지.

여기서 다시 우리는 신화적 고지高地에서 일상의 부르주아적 현실로 내려가야 한다. 여성은 자기 연인을 단념함으로써 사회질서 안으로의 그의 재편입을 가능하게 하는 트라비아타Traviata처럼, 공공대중의 눈에는 보이지 않는 채로 있는 자신의 고난으로써, 사랑하는 남자를 **위한** 단념, 그리고/또는 그에 **대한** 단념으로써—이 두 가지는 언제나 변증법적으로 연결되어 있는데, 왜냐하면 사랑에 대한 서구 이데올로기의 환상적 논리에 따르면, 여성이 자기 남자를 단념해야 하는 것은 바로 그 남자를 위해서이기 때문이다—그녀가 남자의 구원, 그의 공적·사회적 승리를 가능하게 했다는 사실을 알고 있다.

그러나 글루크의 경우에는 대단원이 완전히 다르다. 오르페우스가 뒤를 돌아보고, 그럼으로써 에우리디케를 상실한 후에, 그는 유명한 아리아 '에우리디케 없이 어찌할까Che faro senza Eurydice'를 부르면서 자살하려는 의도를 드러낸다. 바로 이런 전적인 자포자기의 순간에 **사랑**의 여신이 개입하여 그에게 에우리디케를 돌려준다. 이 특정한 형식의 주체화—주체의 간청에 대한 단순한 응답으로서가 아니라 주체가 자기 목숨을 내걸기로, 모든 것을 감수하기로 결심한 바로 그 순간에 주어지는 응답으로서의 **은총**의 개입—로 글루크는 이야기를 비튼다. 여기서 결정적인 것은 주체적 자율에 대한 주장과 '실재the Real의 응답,' 대타자the big Other가 보여주는 자비 사이의 연관이다. 상호대립되기는커녕, 두 가지는 서로에게 의존한다. 근대적 주체는 '대타자'의 지지에 의존할 수 있는 한에서만, 자신의 자율이 사회적 실체에 의해 지탱되는 한에서만 자신의 근본적 자율을 주장할 수 있다. '자율과 자비'의 이 제스처, 주체가 완전한 자율을 주장하는 바로 그 순간에 자비가 개입하는 이 제스처가 모차르트에서 바그너에 이르는 오페라의 역사에서 줄곧 발견된다는 것은 놀랍지 않다. 「이도메네오*Idomeneo*」와 「후궁後宮, *Seraglio*」[9]에서 대타자(넵튠, 태수 젤림[Selim])는 주인공이 자신의 목숨을 희생하려는 바로 그 순간에 자비를 보여주며, 「마술 피리*The Magic Flute*」에서는 심지어 두 번씩이나 똑

---

9 「이도메네오」는 1781년에 초연된 모차르트의 오페라 세리아다. 「후궁」은 「후궁에서의 도주*The Abduction From the Seraglio*, 원제 *Die Entführung aus dem Serail*」의 약칭으로, 1782년에 초연된 모차르트의 오페라를 가리킨다. 'abduction/Entführung'(유괴)을 '도주'로 표현한 것은 오페라가 태수(太守)의 후궁에 갇힌 여인을 그 연인인 남성이 구출하려는 이야기를 담고 있기 때문이다. 이보다 더 잘 알려진 오페라 「마술 피리」는 10여년 뒤인 1791년에 작곡되었다—옮긴이.

같은 일이 일어난다(대타자의 마술적 개입이 파미나[Pamina]와 파파게노[Papageno]의 자살을 막는다). 「피델리오Fidelio」[10]에서는 레오노레Leonore가 플로레스탄Florestan을 구하기 위해 자기 목숨을 내놓는 바로 그 순간 트럼펫이 내무장관의 도착을 알린다. 마지막으로 바그너의 「파르지팔」에서는 암포르타스가 자기 기사들의 칼에 찔려 죽기를 요청하는 바로 그때 다름 아닌 파르지팔이 개입하여 그를 구원한다.

몬테베르디와 글루크 사이에 일어나는 일은 따라서 승화의 실패다. 주체는 더이상 은유적 대체를 수용할 태세가 아니다 — '존재 대신 의미'를 선택할 태세, 즉 사랑하는 이의, 피와 살을 지닌 현존 대신, 그가 그녀를 어디서나, 별이든 달이든 그 어디에서나 볼 수 있으리라는 사실을 선택할 태세가 더이상 아닌 것이다. 그보다 그는 자기 목숨을 버리는 쪽, 모든 것을 버리는 쪽을 택하며, 바로 이 지점에서, 승화의, 그 은유적 교환의 거부가 남긴 빈곳을 채우기 위하여, 자비가 개입하여 완전한 파국을 막아야 한다. 오늘날에도 여전히 우리는 이런 실패한 승화의 그림자 속에 살고 있다.

미셸 우엘벡Michel Houellebecq의 소설들[11]은 이런 맥락에서 흥미롭다. 그는 "종교와 전통의 붕괴, 쾌락과 젊음의 무제한적 숭배, 과학적 합리성과 적막함에 완전히 장악된 미래의 전망"[12]으로 특징지어지는 현재 서

---

10 베토벤의 유일한 오페라로 1805년 작이다 — 옮긴이.

11 가령 『어느 섬의 가능성*The Possibility of an Island*』(New York: Knopf 2006)을 보라. (1958년생인 우엘벡은 생존하는 프랑스 작가로서 세계적으로 주목을 받고 있으며, 국내에는 세계적 베스트셀러인 『소립자』(1998)를 비롯하여 처녀작 『투쟁 영역의 확장』(1994), 『플랫폼』(2001), 『어느 섬의 가능성』(2005), 『지도와 영토』(2010) 등이 번역되어 있다 — 옮긴이.)

12 Nicholas Sabloff, "Of Filth and Frozen Dinners," *The Common Review* (Winter 2007), 50쪽.

구사회 내의 승화의 실패라는 모티프를 끝없이 변주한다. 1960년대의 성해방이 지니는 어두운 측면이 여기 있으니, 곧 성sexuality의 완전한 상품화다. 우엘벡은 성혁명 이후의 아침을, 즉 즐기라는 초자아의 명령에 지배되는 우주의 불모성을 묘사한다. 그의 모든 작품은 사랑과 성의 이율배반에 초점을 맞춘다. 섹스는 절대적인 필요이고, 그것을 단념하는 것은 곧 시들어 죽는 것이며, 따라서 사랑은 섹스 없이 자라날 수 없다. 하지만 동시에 사랑은 바로 그 섹스 때문에 불가능하다. "후기자본주의가 지닌 패권의 전형적 본보기로서 증식하는" 섹스는 "지금까지 인간관계를 영구적으로 더럽혀서 그것으로 하여금 비인간화라는 리버럴한 사회의 본질을 불가피하게 재생산하도록 만들었다. 본질적으로 그것은 사랑을 파괴했다."[13] 이처럼 섹스는, 데리다 식으로 표현하면, 사랑의 가능성의 조건인 동시에 불가능성의 조건이다. 승화의 기적은 정확히 이런 이율배반을 일시적으로 해결한다는 것이다 — 그것을 통해 사랑은 부패하고 있는 성적인 몸의 바로 그 결함들 속에서 계속해서 스며나온다.

카트린느 브레야Catherine Breillat[14]의 「로망스*Romance*」에는 이런 사랑과 성 사이의 근본적 분열을 완벽하게 극화하는 환상적인 장면이 있다. 여주인공은 그녀의 몸이 겨우 들어갈 만한 구멍이 뚫려 있는 칸막이로 한가운데가 나뉜 작고 낮은 탁자 위에 엎드려 누운 자신의 모습을 상상한다. 상체로는 괜찮은, 다정한 남자를 마주하고 그와 부드럽고 애정 어린 말

13 앞의 책, 51쪽.

14 (1948~) 프랑스의 영화감독. 「로망스」는 1999년 작이다 — 옮긴이.

과 키스를 나누는 사이, 하체는 난폭하게 삽입을 반복하는 하나나 그 이상의 섹스머신 수컷들에 내맡겨져 있다. 그러나 진짜 기적은 이 두 연쇄가 잠시 일치할 때, 섹스가 사랑의 행위로 '성변화聖變化, transubstantiate'될 때 일어난다. 사랑과 성적 향유의 이 불가능한/실재적real 결합을 부인하는 방식은 네 가지가 있다. ① 마치 사랑하는 이에 대한 성적 욕망은 사랑의 비진정성inauthenticity을 증명한다는 듯이 무성적無性的인 '순수한' 사랑을 찬미하기 ② 강렬한 섹스를 '유일한 진짜 사랑the only real thing'이라고 주장하며 사랑을 상상적 유혹에 불과한 것으로 치부하는 정반대의 주장 ③ 이 두 가지 측면을 분리하여 서로 다른 두 사람에게 할당하기 — 한편으로 자신의 사랑스런 아내(또는 다가갈 수 없는 이상화된 **귀부인**)를 사랑하면서 다른 한편으로 '저속한' 정부情婦와 섹스하는 것 ④ 그 두 가지의 거짓된 직접적 통합으로, 여기서 강렬한 섹스는 한쪽이 상대방을 '진실로 사랑한다'는 사실을 증명한다고 가정된다 — 마치 우리의 사랑이 진정한 것임을 입증하려면 모든 성행위가 소문자자한 '세기의 섹스'가 되어야 한다는 듯이 말이다.

이 네 가지 입장은 모두 잘못됐다. 그것들은 사랑과 섹스의 불가능한/실재적 결합에 대한 가정으로부터의 도피다. 진실한 사랑은 그 자체로 충분하며, 섹스를 상황에 무관하게 만든다. 그러나 '근본적으로 섹스는 상관이 없다'는 바로 그 이유 때문에 우리는 초자아의 어떤 압력도 없이 섹스를 충분히 즐길 수 있다. 사랑과 섹스는 구별될 뿐 아니라 궁극적으로 양립 불가능하다 — 아가페와 에로스처럼 그들은 완전히 상이한 차원에서 작동하는 것이다. 사랑은 자비롭고, 자기를 내세우지 않고, 스스로를 부끄러워하는 반면, 섹스는 강렬하고, 자기를 주장하고, 소유욕이 강하고, 본래 폭력적이다(또는 정반대다—소유욕이 강한 사랑 vs. 성적 쾌락에의 너그러운 몰두). 그러나 진짜 기적은 ('대체로'가 아니라 예외적으로) 이 두 연쇄가 잠시 일치할 때, 섹스가 사랑의 행위로 '성변화'될 때 일어나는데, 이는 정확히 라캉적인 의미에서 실재적인/불가능한, 따라서 본질적 희귀함의 특징을 띠는 하나의 성취다. 이 기적은 승화의 기적이다. 사랑의 대상은 이상화되지 않으며, 그 모든 결함들과 함께 받아들여진다. 이 대상 속에서, 대상을 통해서, 대상의 결함들 속에서 절대적 **물**Thing이 스며나온다. 히치콕Alfred Hitchcock의 「현기증*Vertigo*」에서 매들린Madeleine에 대한 스카티Scottie의 강박적 사랑이 거짓인 이유는 그것이다. 만일 그의 사랑이 진실했다면 그는 (평범하고 저속한) 주디Judy와 (숭고한) 매들린의 완전한 동일성을 받아들였어야 했다. 사랑의 코미디는 서로 어울리지 않는 대립물들, 숭고한 것과 우스꽝스러운 것의 이러한 동일성 속에 존재한다. 혹은 페르난두 페소아Fernando Pessoa[15]가 말했듯이, "모든 연애편지는 코믹하다. 코믹하지 않다면 사랑에 관한 편지가 아닐 것이다."

포스트모던 이데올로기의 비판자 모차르트

이뉴잇(에스키모)족의 옛 전설을 재구성한 독창적 영화 「빨리 달리는 자The Fast Runner」는 캐나다 북부의 이뉴잇족 자신에 의해 만들어졌다. 이 작가들은 마지막 대목을 변경하여, 관여된 모든 자들이 죽는 원래의 살육 대신 조금 완화된 결말을 도입하기로 결정했다. 그들은 그런 종결이 오

15 (1888~1935) 포르투갈의 대표적 시인이자 비평가 — 옮긴이.

늘날 더 적절하다고 주장했다. 역설적인 것은 오늘날의 특정한 요구에 맞춰 기꺼이 이야기를 각색하려는 이런 태도가, 작가들이 여전히 오랜 이뉴잇 전통의 일부라는 사실을 증언한다는 점이다. 그런 '기회주의적' 재구성은 전근대 문화의 한 특징인 반면, '원본에 대한 충실함'이라는 관념 자체는 우리가 이미 모더니티의 공간 안에 있다는 것, 전통과의 직접적 접촉점을 상실했다는 것을 나타낸다.

고전적 오페라를 상이한 (대개는 현재의) 시대로 옮겨놓을 뿐 아니라 서사 자체의 몇가지 기본적 사실들을 바꿔서 연출하려는 근래의 수많은 시도들을 다룰 때 우리는 이 근본적 역설을 염두에 두어야 한다. 우리로 하여금 그런 시도의 성공이나 실패를 판단할 수 있게 하는 그 어떤 선험적 · 추상적 기준도 없다. 그런 개입은 모두가 모험적 행위이며 그 자체의 내재적 기준에 의거해 판단되어야 한다. 그런 실험이 우스꽝스럽게 실패하는 경우도 종종 있다. 그러나 항상 그렇지는 않고 또 미리 성패를 점칠 방법은 없으므로 우리는 그 모험을 감수해야 한다. 한 가지는 분명하다. 즉 고전 작품에 충실할 수 있는 유일한 방법은 그런 모험을 감수하는 것이며, 모험을 회피하는 것, 전통적 자구字句를 고수하는 것은 고전의 정신을 배반하는 가장 확실한 방법이라는 사실이다. 다시 말해 고전적인 작품을 계속 살아있게 만드는 유일한 방법은 그것을 '열린' 것으로, 미래를 지시하는 것으로 다루는 것, 발터 벤야민이 환기한 은유를 사용하자면, 마치 고전 작품이 현상용 약품을 필요로 하는 하나의 필름, 그러나 그 약품은 사실의 발생 이후에 발명되는 그런 필름인 것처럼 행동하는 것이다. 이런 식으로 우리는 오늘날에 와서야 온전한 사진을 얻을 수 있다.

'대담한' 동시에 근거가 충분한 듯이 보이지만 확실히 잘못된 변화들(또는 해석들)이 있다. 가령 「코시 판 투테」의 피날레를 연출하는 방식들 가운데 하나를 보자. 대본은 마지막에 재결합되는 쌍들이 누구인지를 명시하지 않기 때문에(그들은 처음과 같은 사람들인가, 아니면 짝이 서로 바뀌었는가?), 가끔 「코시 판 투테」는 짝이 서로 바뀌는 식으로 연출된다. 이런 변화의 문제점은 바로 그것이 심리적으로 설득력이 있다는 데 있다— 마치 짝이 처음에 잘못 맺어졌다가 우스꽝스러운 가장假裝을 통해 연정의 참된 대상을 발견하는 것처럼 보이는 것이다. 그러나 이렇게 「코시 판 투테」를 참된 사랑의 발견이라는 표준적 플롯 속에 재기입함으로써 그 플롯의 불편한 전제— 모든 연정은 '인위적'이기 때문에 첫번째 연정은 그것을 대체하는 연정 못지않게 기계적으로 생산된다는 관념—는 말소되고 만다.

성공적인 변화가 이루어진 경우들 가운데 특히 두 가지가 돋보인다. 하나는 장피에르 포넬Jean-Pierre Ponnelle[16]이 바이로이트에서 연출한 「트리스탄과 이졸데」로, 이 오페라의 제3막에서 트리스탄은 홀로 죽는다. (이졸데는 남편인 마르케[Marke] 왕의 곁에 머물고, 오페라의 끝에 그녀가 다시 등장하는 것은 죽어가는 트리스탄의 환각에 불과하다.) 다른 하나는 지버베르크의 「파르지팔」이다. (여기서 암포르타스의 상처는 부분 대상으로서, 그의 육체 외부에 베개 위에 놓인, 끊임없이 피를 흘리는 질膣과 같다. 게다가 파르지팔을 연기하는 소년은 암포르타스의 고통과 쿤드리에 대한 그의 거부를 알아챈 후에 차가운 소녀로 대체된다.)

---

16 (1932~88) 프랑스의 오페라 감독. 1981년에 바이로이트 축제에서 「트리스탄과 이졸데」를 무대에 올렸다 — 옮긴이.

두 경우 모두에서 변화는 계시의 엄청난 힘을 지닌다. 이것이 진정으로 그렇게 되어 마땅한 일이라고 믿고 싶은 강한 유혹을 우리는 떨쳐버릴 수 없다.

이런 사고선상에서, 「파르지팔」이 현대의 거대도시에서 일어나고 클링조르가 매음굴을 운영하는 발기불능의 포주로 등장한다고 상상해보자. 클링조르는 쿤드리를 시켜서 라이벌 마약상 조직인 '성배'파 조직원들을 유혹하게 한다. '성배'파는 상처 입은 암포르타스가 운영하고 있는데, 그 아버지 티투렐은 마약 과다복용으로 상시적인 정신착란 상태에 있다. 암포르타스는 '의식을 거행하라'는, 즉 그날 판매할 마약분을 공급하라는 자기 조직원들의 끔찍한 압박에 시달린다. 그는 쿤드리 때문에 '상처 입은'(에이즈에 감염된) 몸으로, 쿤드리가 그에게 펠라티오를 해주다가 페니스를 물어버렸던 것이다. 파르지팔은 노숙자 미혼모의 젊고 미숙한 아들로서 마약의 매력을 이해하지 못한다. 그는 쿤드리가 자신에게 펠라티오를 하는 동안 '고통을 느끼고' 그녀의 구애를 거부한다. 파르지팔은 '성배' 조직을 인수하면서 자기 공동체 내에 한 가지 새로운 규칙을 세우니, 그것은 마약의 자유로운 분배다.

「트리스탄과 이졸데」에 대해서도 이와 비슷한 시나리오를 상상해볼 수 있을 텐데, 그것은 시칠리아의 가부장적인 두 갱단-어부 가문 사이

---

17 이탈리아의 작곡가 피에트로 마스카니(Pietro Mascagni, 1863~1945)가 조반니 베르가(Giovanni Verga)의 단편소설을 각색한 대본에 곡을 붙여 만든 1막짜리 오페라로 1890년에 초연되었다. 시칠리아 섬을 배경으로 두 남자가 한 여자를 두고 혈투를 벌이는 이야기이며, 제목은 '시골의 기사도'라는 뜻이다 — 옮긴이.

18 마피아 시부의 두목 — 옮긴이.

의 갈등으로 행동이 전치된 것, 「카발레리아 루스티카나*Cavalleria Rusticana*」[17]로 전치된 「트리스탄과 이졸데」 정도가 될 것이다. 한쪽 가문의 카포capo[18]가 이졸데를 자기에게 데려오도록 만灣 건너편의 다른 쪽 가문에 자기 조카(트리스탄)를 보낸다. 가문간의 불화를 끝내기 위한 결혼 계획이 세워진다. 배 안에서 두 사람은 과거에 마주쳤던 일을 회상하고, 이졸데를 수행하는 하인은 나중에 그녀에게 독약 대신 플라시보placebo, 僞藥 약물을 건넨다.

근래의 모차르트 공연 가운데서 서사에 섬세한 변화를 주는 데 뛰어나게 성공한 경우는 (비디오테이프와 DVD로 구해볼 수 있는) 피터 셀러스Peter Sellars[19] 연출의 「코시 판 투테」다. 행동이 현대적 배경으로 설득력있게 전치된 점 — 배경은 미국 해군기지로, 데스피나Despina는 지역의 바를 소유하고 있고, 두 신사(해군 장교)는 알바니아인이 아니라 자주색과 노란색으로 머리를 물들인 펑크족이 되어 돌아온다 — 과 상관없이, 그 중심적 전제는 유일하게 진실하고 열정적인 사랑은 철학자 알폰조Alfonzo와 데스피나의 사랑이라는 것인데, 그들은 자신들의 절망적 사랑의 교착상태를 실연하기 위해 젊은 두 쌍을 가지고 실험한다. 이런 독해는 모차르트적 아이러니의 바로 그 핵심을 찌른다. 여기서 아이러니는 냉소주의와 대조되는 것으로 보아야 한다. 극단적으로 단순화해보면, 냉소가는 자신이 사적으로는 조소하는 어떤 믿음을 겉으로 가장한다면(공적으로는 조국을 위한 희생을 설교하면서 사적으로는 이득을 챙긴다), 아이러닉한 경우 주체는 사태를 겉으로 보이는 것보다 더 진지하게 받아들인다. 즉 그는 자신이

---

19 (1957~) 미국의 오페라 감독 — 옮긴이.

공적으로 조소하는 것을 속으로는 믿는다. 알폰조와 데스피나, 냉정한 철학적 실험자와 타락하고 방종한 하녀는 가련한 두 쌍의 남녀와 사랑 때문에 우스꽝스럽게 얽히고설킨 그들의 상황을 자신들의 트라우마적 연정과 대면하는 수단으로 이용하는 진정한 열정적 연인이다.

「코시 판 투테」를 모차르트의 오페라 가운데 가장 당혹스럽고 트라우마적이기까지 한 작품으로 만드는 것은 다름 아닌 그 내용의 우스꽝스러움이다. 우리의 심리적 민감성에 의거할 때 우리가 불신을 중지하고, 두 여인이 알바니아인 장교로 변장한 자기 연인을 알아보지 못한다는 전제를 받아들이기는 거의 불가능하다. 그렇다면 19세기 내내 이 오페라가 이야기를 그럴 듯하게 만들기 위해 각색된 형태로 공연되었다는 사실은 놀랍지 않다. 이런 변화의 주요 판본은 세 가지가 있었는데, 그 모두는 트라우마적 내용에 대한 프로이트적 부정negation의 주요양식에 완벽하게 들어맞는다. ① 두 여인은 '알바니아인 장교들'의 진짜 정체성을 줄곧 알고 있었다는 점이 연출에 의해 암시되었다. 그들은 자기 연인들에게 버릇을 가르치려고 그저 모르는 척했던 것이다. ② 끝에 재결합하는 쌍들은 처음의 쌍들과 다르다. 그들은 서로 짝을 바꾸고, 그리하여 정체성의 혼란을 통해 사랑의 참되고 자연스런 관계가 확립된다. ③ 가장 급진적인 경우로, 음악만 그대로 사용되고 완전히 새로운 대본으로 전혀 다른 이야기가 펼쳐진다.

에드워드 사이드Edward Saïd는 모차르트가 「코시 판 투테」를 작곡하던 시기인 1790년 9월 30일에 자기 아내 콘스탄체Constanze에게 보낸 편지에 우리의 주의를 환기시켰다. 그녀를 곧 다시 만나게 되리라는 것에 기쁨을 표한 후에 모차르트는 다음과 같이 말했다. "만일 사람들이 내 가슴속을 들여다볼 수 있다면 나는 나 자신이 거의 부끄러워질 거요….” 사이드가 명확히 지각하듯이, 우리는 이 대목에서 어떤 사적이고 음란한 비밀(모차르트가 마침내 자기 아내를 다시 만나서 행할 일들에 대한 성적 판타지 등)의 고백을 기대할 것이다. 그러나 편지는 이렇게 계속된다. “나에게는 모든 것이 차가워요— 얼음처럼 차갑지.”[20] 바로 이 지점에서 모차르트는 ‘사드와 함께 칸트를Kant avec Sade’의 그 괴이한 영역 안으로 들어온다. 이 영역에서 성애는 그 열정적이고 강렬한 성격을 상실하고 그 정반대, 즉 아무런 감정도 투입하지 않고 자기 의무를 수행하는 칸트적인 윤리적 주체처럼 차가운 거리를 두고 실행하는 쾌감의 ‘기계적’ 실습으로 변한다.

「코시 판 투테」의 근본적 비전은 이것, 즉 주체가 열정적 참여에 의해서가 아니라 자신들의 열정을 규제하는 맹목적 메커니즘에 의해 결정되는 우주가 아닐까? 「코시 판 투테」와 ‘사드와 함께 칸트를’의 영역 사이에 유사한 점이 있다고 하지 않을 수 없는 이유는 바로 그 오페라가 제목에 이미 암시된 보편적 차원을 강조하고 있기 때문이다. 똑같이 맹목적인 메커니즘에 의해 결정된 존재로서 ‘그들은 **모두** 똑같은 일을 하고 있다.’ 요컨대 알폰조, 즉 「코시 판 투테」에서 변화된 정체성의 게임을 조직하고 조작하는 철학자는 자신의 젊은 제자들에게 방탕의 기술을 가르치는 일종의 사드적 교육자의 형상이다. 그리하여 이 차가움을 ‘도구적 이성’의 차가움이라고 생각하는 것은 지나치게 단순하고 부적절하다.

「코시 판 투테」의 트라우마적 핵심은 믿지 않는 자에 대한 충고로 주어지는, 파스칼Blaise Pascal적 의미의 급진적인 ‘기계적 유물론’에 있다.

---

20 Edward W. Saïd, “*Così fan tutte*,” *Lettre international* 39 (Winter 1997), 69~70쪽.

"믿는 듯이 행동하라, 무릎을 꿇어라, 예식을 따르라, 그러면 믿음이 저절로 생겨날 것이다!" 「코시 판 투테」는 사랑에도 똑같은 논리를 적용한다. 사랑의 의례들과 제스처들은 내면에 있는 사랑의 감정의 외적 표현이기는커녕, 사랑을 **생성한다**. 그러므로 사랑에 빠진 것처럼 행동하라, 절차를 따르라, 그러면 사랑이 저절로 나타날 것이다. 몰리에르Molière의 「타르튀프*Tartuffe*」[21]에 대해 앙리 베르그송은, 타르튀프가 웃긴 것은 그의 위선 때문이 아니라 그가 자기 자신의 위선의 가면 속에 사로잡히기 때문임을 강조했다.

> 그는 위선자 역할에 완전히 몰두하여 그 역할을, 말하자면 진심으로 연기했다. 이런 방식으로, 그리고 이런 방식으로만 그는 웃기게 된다. 이런 순전히 물질적인 진실함sincerity이 없다면, 위선의 오랜 실천을 통해 그에게 하나의 자연스런 행위방식이 된 태도와 말이 없다면 타르튀프는 그저 역겨울 것이다.[22]

"순전히 물질적인 진실함"이라는 베르그송의 정확한 표현은 이데올로기적 국가장치, 즉 이데올로기를 물질적으로 구현하는 외적 의례ritual라는 알튀세르적 관념과 완벽하게 어울린다. 의례에 대해 거리를 유지하는 주체는 그 의례가 이미 자신을 내부로부터 지배하고 있다는 사실을 알지 못한다. 주체의 내적 확신과 욕망의 깊이가 아니라 외적인 이데올

---

21 프랑스의 극작가이자 배우 몰리에르(1622~73, 본명은 장 바티스트 포클랭[Jean-Baptiste Poquelin])의 5막 희극으로 1664년에 초연되었다. 경건한 신앙인을 가장하는 타르튀프를 주인공으로 내세워 당대의 종교를 풍자했다 — 옮긴이.

22 Henri Bergson, *An Essay on Laughter* (London: Smith 1937), 83쪽.

로기적 의례의 이 "순전히 물질적인 진실함"이 이데올로기적 구조물을 지탱하는 환상의 진정한 소재지다. 따라서 「코시 판 투테」를 경박하다고 비난하는 도덕주의자들은 완전히 핵심을 놓치는 셈이다. 「코시 판 투테」는 '윤리적인 연극'이라는 엄밀하게 키르케고르Søren Kierkegaard적인 의미에서 윤리적인 오페라다. 윤리적인 연극은 삶의 직접적 소비, 순식간에 지나가버리는 순간에의 굴복을 어떤 더 높은 보편적 규범의 이름으로 희생하는 것으로 정의된다.

모차르트의 「돈 조반니」가 (키르케고르 자신이 『이것이냐, 저것이냐Either/Or』에서 이 오페라를 상세히 분석하는 가운데 주장했듯이) **미적인** 것을 체현한다면, 「코시 판 투테」의 교훈은 윤리적이다. 왜 그런가? 「코시 판 투테」의 핵심은 오페라 초두에 두 쌍을 결합하는 사랑이, 철학자 알폰조의 조작에 따라서 두 자매가 알바니아인 장교로 분장한, 뒤바뀐 짝과 사랑에 빠질 때의 그 두번째 사랑 못지않게 '인위적'이라는, 즉 기계적으로 초래되었다는 점에 있다. 두 경우 모두 우리는 주체가 맹목적으로, 꼭두각시처럼 순종하는 메커니즘을 다루고 있는 것이다. 여기에 헤겔적인 '부정의 부정'이 있다. 처음에 우리는 알폰조의 조작의 산물인 '인위적' 사랑을 애초의 '진정한authentic' 사랑에 대립되는 것으로서 지각한다. 그 다음에 우리는 그 둘 사이에 실은 차이가 없다는— 원래의 사랑도 두번째 사랑 못지않게 '인위적'이라는— 점을 불현듯 깨닫게 된다. 따라서, 이런 사랑이나 저런 사랑이나 마찬가지이기 때문에, 두 쌍은 애초의 결혼 약속으로 돌아갈 수 있다. 변증법적 과정 속에서 직접적 출발점은 이미 매개된 어떤 것, 그 자신의 자기부정임을 증명한다고 헤겔이 주장할 때 그가 염두에 두고 있는 바는 그런 것이다. 우리는 언제나-이미, 우리가 되고 싶었던 그것이었음을, 유일한 차이는 이 '언제나-이미'가 즉자에서 대자로 그 양상을 바꾼다는 것임을 우리는 종국에 확인한다. 이런 의미에서, 윤리적인 것이란 상징적인 것으로서의 반복의 영역이다. **미적인** 것 안에서는 우리가 순간을 그 유일무이함 속에 포착하려 한다면, **윤리적인** 것 안에서는 어떤 것이 오직 그것의 반복을 통해서만 그것답게what it is 된다.

이 명쾌한 사례는 "무릎을 꿇어라, 그러면 믿게 될 것이다!"라는 파스칼의 말에 변주를 가해서 그것을 약간 복잡하게 만들도록 우리를 강요한다. 이데올로기의 '표준적인' 냉소적 기능에서 믿음은 타인에게, '믿는다고 가정된 주체'에게 전치된다. 따라서 그 진정한 논리는 이렇다— "무릎을 꿇어라, 그러면 그로 인해 누군가 다른 이가 믿게 될 것이다!" 우리는 이를 문자 그대로 받아들여야 하며, 심지어는 파스칼의 공식의 일종의 전도轉倒를 감행해야 한다. "자신이 너무 많이, 너무 직접적으로 믿는다고? 자신의 믿음이 그 생경한 직접성으로 너무 자신을 억압하는 것 같다고? 그렇다면 무릎을 꿇어라, 마치 믿는 듯이 행동하라, 그러면 그대의 믿음은 제거될 것이다—더이상 스스로 믿을 필요가 없다. 그대의 믿음은 이미 그대의 기도행위 안에 객관화되어 존재할 것이다!" 다시 말해서 무릎을 꿇고 기도하는 목적이 자신의 믿음을 되찾기 위함이 아니라 정반대로 자신의 믿음을, 그 과도한 근접성을 **제거하기** 위함이라면, 그 믿음에 대한 최소한의 거리로 숨쉴 공간을 확보하기 위함이라면 어떨까? 믿는다는 것—외면화하는 의례의 매개 없이 '직접적으로' 믿는다는 것—은 무겁고 억압적이고 트라우마적인 짐이며, 우리는 의례를 수행함으로써 그 짐을 어떤 대타자에게 전가할 기회를 얻는다.

프로이트적인 윤리적 명령이 존재한다면 그것은 우리가 자신의 신념을 고수할 용기를 지녀야 한다는 것이다. 우리는 과감하게 자신의 동일성들을 온전히 떠안아야 한다. 결혼에도 정확히 똑같은 원칙이 적용된다. 결혼의 표준적 이데올로기에 암시된 전제(또는 차라리 명령)는 바로 결혼 안에 사랑이 있어서는 안된다는 것이다. 그러므로 결혼의 파스칼적 공식은 "상대방을 사랑하지 않는다고? 그렇다면 그와 또는 그녀와 결혼하라, 공유된 삶의 의례를 겪어보라, 그러면 사랑은 저절로 나타날 것이다!"가 아니라 그 정반대다 — "누군가와 너무 깊이 사랑에 빠졌는가? 그렇다면 결혼하라, 사랑의 관계를 의례화하라 — 그대에게 있는 과잉의 정열적 애착을 치유하기 위해서, 그것을 지루한 일상적 습관으로 대체하기 위해서. 만일 정열의 유혹을 이길 수 없다면 언제나 혼외정사라는 게 있다."

이런 통찰은 셀러스의 연출이 지니는 힘의 문제로 우리를 돌려보내며, 우리로 하여금 두 쌍과 알폰조-데스피나라는 추가적인 쌍 사이의 차이를 정식화할 수 있게 해준다. 앞의 두 쌍은 앙리 베르그송이 말하는 "순전히 물질적인 진실함"을 예시한다. 「코시 판 투테」 제2막의 아름다운 사랑의 이중창에서 남자들은 물론 여자들을 시험해보기 위해 위선적으로 사랑을 가장한다. 그러나 그들은 타르튀프와 정확히 똑같은 방식으로 자기 자신의 게임에 사로잡혀 '진심으로 거짓말한다.' 바로 이것, 이런 진실한 거짓말이야말로 음악이 표현하는 것이다. 그러나 알폰조와 데스피나의 경우 상황은 더 복잡하다. 그들은 자기들 자신의 사랑을 위해서 타인을 통해 사랑의 의례를 실연하지만, 그 목적은 자신들의 사랑의 직접적이고 트라우마저인 짐을 제거하는 것이다. 그들의 공식은 다음과 같다. "우리는 서로를 너무 깊이 사랑한다, 그러니 우리 자신의 정열이라는 이 견디기 힘든 짐에 대해 거리를 확보하기 위해서, 그 두 쌍이 연루된, 피상적으로 얽히고설킨 연정의 상황을 연출하자."

이 모든 것이 함축하는 바는 모차르트가 낭만주의 이전의 음악과 낭만주의 음악 사이에서 매우 특별한 위치를 점한다는 것이다. 낭만주의에서는 음악 자체가 — 쇼펜하우어가 칭송한바 감정의 바로 그 실질적이고 '정열적인' 표현에 있어 — 자신의 형식적 지위에 관해 거짓말을 할 수 있을 뿐 아니라 어떤 근본적인 방식으로 거짓말을 한다. 바그너의 「트리스탄과 이졸데」에서 '세상의 밤*Night of the World*'의 과도한 향유 속으로의 주체의 몰입을 직접적으로 표현하는 것으로서의 음악은 뛰어난 사례가 된다. 여기서는 말이 무기력하게 지시하는 것을, 즉 사랑의 쌍이 정열의 성취에, 황홀한 자멸이라는 '최상의 희열hoechste Lust'에 가차없이 이끌리는 그 방식을 음악 자체가 실연해 보이는 듯하다. 그러나 이것이 이 오페라의 형이상학적 '진실,' 그것의 형언할 수 없는 참된 전언인가? 그렇다면 파멸의 심연으로의 이 가차없는 미끄러짐은 왜 평범한 일상적 삶의 단편들의 (종종 우스꽝스러운) 침입을 통해 자꾸만 중단되는가? 가장 극단적인 사례인 피날레 자체를 살펴보자. 브란게네Brangaene가 도착하기 직전에 음악은 두 연인이 서로 포옹한 채 죽는 최종적 **변용**Transfiguration으로 직행할 수 있었을 것이다. 그런데 왜 두번째 배가 다소 우스꽝스럽게 도착하여 행동의 느린 진행을 거의 희극적인 방식으로 가속화하는가? 불과 2분 만에, 그때까지 오페라 전체에서 일어난 사건보다 더 많은 사건이 일어나는데(멜로트[Melot]와 쿠르베날[Kurwenal]이 죽는 싸움 등등), 이는 베르디의 「일 트로바토레*Il trovatore*」에서 마지막 2분 사이에 모든 일들이 일어나는 것과 비슷하다. 이는 단순히 극에 있어서의 바그너의 약점인가? 여기서 우리가 염두에 두어야 하는 것은 이처럼 갑작스런 열띤 행동이 단지 오르가즘적 자기멸절을 향한, 느리지만 막을 수 없는 흐름을 잠정적으로 지연시키는 역할만 하는 것은 아니라는 점이다. 그런 열띤 행동은 어떤 내재적 필연성을 따르는바, 그것은 트리스탄으로 하여금 이졸데의 최종적 자멸행위를 연출하도록 허용하는, 잠깐 동안의 '현실의 침입'으로서 일어나야만 한다. 현실의 이런 예기치 않은 침입이 없다면, 죽을 수 없는 트리스탄의 고뇌는 지루하게 무작정 지속될 것이다. '진실'은 이 오페라의 근본적 정념인, 자멸을 향한 정열적 흐름에 있지 않고, 그 흐름을 중단시키는 우스꽝스러운 서사적 우발사건들/침입들에 있다 — 반복건대 거대한 형이상학적 정념은 거짓말을 한다.

그러므로 카트린느 클레망Catherine Clément[23]이 옳았다. 우리는 오페라에서의 음악의 우선성에 대한 표준적 관념, 즉 말(가사)과 극적 행동은 진정한 초점인 음악 자체를 위한 구실에 불과하고, 따라서 진실은 음악 편에 있으며, 진정한 감정적 태도를 전달하는 것은 음악이라는 생각(예컨대 어떤 연인이 불평을 하고 위협적인 말을 하더라도 음악은 그 공격성이 거짓임을 알려주거나 또는 차라리 그 공격성의 진정한 본질을 보여주는 그/그녀의 사랑의 심연을 전달한다는 생각)을 뒤집어야 한다. 사실이 그런 생각과는 정반대라면 어떻게 하겠는가? 음악은 말과 행동이 전달하는 쓰라린 사실(여자들이 죽임을

---

23 (1939~) 프랑스의 철학자이자 소설가, 비평가, 페미니스트. 레비스트로스(Claude Lévi-Strauss)와 라캉에게 사사했다 — 옮긴이.

당하거나 버림받는 것 등)을 분명히 느껴지게palpable 만드는 역할을 하는 감정적이고 환상적인 외피라면? 그러므로 우리는 프로이트가 꿈을 읽는 방식으로 제안한 바에 따라 오페라를 읽어야 할지 모른다. 그것은 기본적인 감정적 색조를 거짓말로, 진짜 전언—이는 무대 위에서 벌어지는 행동 속에 있다—을 흐리는 막으로 다루는 것이다. 바이로이트에서 「떠도는 네덜란드인」의 공연 와중에 바그너가 한 친구에게 "눈을 감고 음악을 즐겨보게"라고 권한 것은 잘못한 일이다. 무대 위에서 무슨 일이 벌어지는지를 염두에 두는 것, 또 말에 귀를 기울이는 것은 절대적으로 중요하다.

이는 우리를 다시 「트리스탄과 이졸데」로 인도한다. 「트리스탄과 이졸데」에서 결정적인 것은 이 오페라의 '공식 이데올로기'와 작품의 구조 자체를 통한 그 이데올로기의 전복 사이의 간극이다. 어느 면에서 이런 전복은 저 유명한 모차르트적 아이러니를 뒤집어놓는다. 모차르트적 아이러니에서는 인물의 말이 냉소적 경박성이나 조작의 태도를 드러내는 반면 음악은 그 말의 진정한authentic 감정을 표현한다. 「트리스탄과 이졸데」에서는 궁극적 진실이 정열적이고 자멸적인 사랑의 성취에 관한 음악적 전언에 있지 않고, 음악적 조직 속으로의 정열적 몰입을 전복하는 무대 위의 극적 행동에 있다. 두 연인이 최후에 함께 죽는 예는 낭만주의적 오페라에 넘쳐난다. 벨리니Vincenzo Bellini의 「노르마*Norma*」[24]에 나오는 득의양양한 노래 '함께 죽읍시다Moriam' insieme'를 상기하는 것으로 충분

---

24 벨리니(1801~35)는 부드러운 선율로 유명한 이탈리아의 오페라 작곡가로, 1831년에 초연된 「노르마」는 벨칸토 오페라의 뛰어난 예로 꼽힌다 — 옮긴이.

하다. 이를 배경으로 하여, 이 함께하는 죽음을 자신의 명시적인 이데올로기적 목표로 격상시키는 바로 그 오페라인 바그너의 「트리스탄과 이졸데」에서 실제로 일어나는 일은 정확히 말해 그런 것이 아님을 우리는 강조해야 한다. 음악에서는 두 연인이 함께 죽는 것 같지만, 실제로 그들은 각자 자신의 유아론적인 꿈에 젖은 채 한 사람이 먼저 죽고 다른 사람이 그 다음에 죽는다.

이런 맥락에서 우리는 「트리스탄과 이졸데」 마지막에서 이졸데의 황홀한 죽음을 궁극적인 오페라적 의인법[25]으로 읽어야 한다. 트리스탄은 자신의 죽음이 이졸데에게 전치transpose되는 한에서만 죽을 수 있는 것이다. 트리스탄이 죽음은 자신과 이졸데의 사랑을 소멸시킬 수 없다는 주장을 되풀이하자 이졸데는 그와 자신의 죽음을 정확하게 정식화한다. "하지만 이 작은 단어 '-과and'—만일 그것이 소멸되어야 한다면, 이졸데 자신의 생명을 잃지 않고 어떻게 트리스탄에게 죽음이 닥칠 수 있을까요?"[26] 요컨대 오로지 그녀의 죽음 안에서, 그리고 그 죽음을 통해서 그는 죽을 수 있을 것이다. 그렇다면 바그너의 「트리스탄과 이졸데」는

---

25 'prosopopeia'를 통례에 따라 '의인법'으로 옮겼으나, '의인법'이 사람 아닌 것에 사람의 속성을 부여하는 수사법이라면 'prosopopeia'는 사물뿐만 아니라 다른 사람의 정체성을 빌려 말하는 수사법을 뜻하며, 본문의 맥락에서는 이 후자의 의미가 적실하다 — 옮긴이.

26 여기서 "-과"는 앞서 이졸데가 "하지만 우리의 사랑, 그것은 트리스탄과—이졸데(Tristan and—Isolde)라 불리지 않나요? 이 감미롭고 작은 단어 '-과,' (중략) 트리스탄이 죽게 된다면 죽음이 그것을 소멸시키지 않을까요?" 라고 말한 데서 이어지는 표현이다 — 옮긴이.

27 '상호수동성'이란 자신이 어떤 감각을 직접 경험하지 않도록 자아를 다른 대상에 투사하는 행위를 말한다. 다시 말해 누군가가 주체를 대신해서 느끼도록 하는 장치인데, 논란의 여지는 있지만 흔히 TV 프로그램의 녹음된 웃음소리가 전형적인 예로 거론된다 — 옮긴이.

죽음 자체의 상호수동성interpassivity[27], '죽기로 되어 있는 주체the subject supposed to die'의 예를 제공하지 않는가? 트리스탄은 이졸데가 그를 위해, 그를 대신하여 치명적인 자멸의 충만한 지복을 경험하는 한에서만 죽을 수 있다. 다시 말해서 「트리스탄과 이졸데」의 제3막에서 '실제로 일어나는' 일은 **오직** 트리스탄의 기나긴, '밤의 끝에 이르는 여행'으로, 이에 대하여 이졸데의 죽음은 트리스탄 자신의 환상적 보충물, 그가 평화롭게 죽을 수 있게 하는 정신착란적 구조물이 된다. 이제 우리는 모차르트적 아이러니의 독특함을 정식화할 수 있다. 비록 거기서 음악은 말에 대하여 이미 완전히 자율화되어 있지만, **그것은 아직 거짓말하지 않는다.** 모차르트적 아이러니는 음악에서 진실이 실제로 말하는 독특한 순간, 음악이 라캉의 유명한 모토인 '나, 진실이 말한다Moi, la vérité, je parle'로 표현되는 **무의식**의 위치를 점하는 그 순간이다. 그리고 오늘날에, 아이러니로 가득 차고 믿음은 결여되었다고 하는 우리 포스트모던 시대에 이르러서야 모차르트적 아이러니는 완전한 현행성에 도달하며, 우리가 스스로 인지하는 것보다 — 우리의 내면에서가 아니라 우리의 행동 자체에서, 우리의 사회적 실천에서 — 더 많이 믿는다는 당혹스런 사실을 우리로 하여금 마주하게 만든다.

물론 언뜻 보기에는 사태가 정확히 그 반대로 나타날 수밖에 없다. 낭만주의는 거짓말하지 않는 직접적인 방식으로 인간의 감정적 핵심을 표현하는 (즉 말보다 훨씬 더 직접적으로 진실을 말하는) 음악을 옹호한다. 한편 모차르트의 「코시 판 투테」의 괴이하고 불편한 교훈은 바로 음악이 거짓말을 **할 수 있다**는 것이다. 가령 두 알바니아인의 유혹의 아리아와 그에 이은 이중창은 거짓이지만 — 그들은 각기 서로의 약혼녀를 유혹하기 위해 미친 듯이 사랑에 빠진 척한다—사랑의 감정을 표현하는 데 있어 음악은 절대적으로 '설득력이 있다.' 이런 반론에 대한 대답은 그것이 모차르트적 아이러니의 핵심을 놓치고 있다는 것이다. 물론 그 개인들은 자신이 사랑을 가장하고 있다고 생각하지만, 그들의 음악은 그들이 '가장을 가장한다fake to fake'는 사실, 그들의 사랑 고백에는 자신들이 알고 있는 것보다 더 많은 진실이 있다는 사실을 증언한다. 이와 반대로 낭만주의에서는 감정적 진실을 직접적으로 표현하는 척하는 바로 그 허세pretence가 거짓인데, 이는 그것이 개인의 감정을 적확하게 표현하지 않기 때문이 아니라, 바로 이 감정이 그 자체로 이미 거짓이기 때문이다.

「황제 티투스의 자비」에서 이런 모차르트적 아이러니는 한층 더 강화된다. 조아키노 로시니Gioachino Rossini[28]가 탁월하게 그린 남성상들, 즉 「세비야의 이발사*Il barbiere di Siviglia*」에 나오는 세 모습—피가로Figaro의 '만능 일꾼 나가신다Largo al factotum', 바실리오Basilio의 '험담은 미풍처럼La calunnia è un venticello', 바르톨로(Bartolo)의 '나 정도 되는 박사에게A un dottor della mia sorte'—과 「신데렐라*La Cenerentola*」에 나오는 아버지의 희망 섞인, 타락한 자화상은 자신에 대한 가장된 불평을 실연하는데, 여기서 인물은 자신이 부탁이나 봉사에 대한 요구들이 쏟아져 들어오는, 바라마지않는 위치에 있다고 상상한다. 주체는 자신의 위치를 두 번 바꾼다. 우선 주체는 자신에게 쏟아지는 엄청나게 많은 요구들을 실연하면서, 자신에게 말을 거는 자들의 역할을 떠맡는다. 다음으로 그는 그것에 대한 반응을

28 (1792~1868) 이탈리아의 작곡가로, 다른 여러 장르의 음악과 더불어 39편의 오페라를 작곡했다—옮긴이.

가장하는데, 그 반응은 자신이 이행할 수 없는 요구들에 압도된다는 데 대한 깊은 만족감의 상태다. 「신데렐라」에 등장하는 아버지의 경우를 보자. 그는 자기 딸 중의 하나가 왕자와 결혼할 때 어떻게 사람들이 자기에게 쏠리고 궁궐의 자리 하나를 얻으려고 뇌물을 바칠지, 그리고 자신이 그에 대해 처음에는 영악한 숙고로, 그 다음에는 자기에게 너무 많은 요구가 쏟아지는 데 대한 위장된 절망으로 반응할지를 상상한다. 전형적인 로시니 아리아의 절정의 순간은 이 같은 독특한 행복의 순간, 즉 주체가 요구들에 압도되고 더이상 그 요구들을 다룰 수 없을 때 생겨나는, **삶**의 과잉이 충만하게 지배하는 순간이다. 자신의 '만능일꾼' 아리아가 절정에 달했을 때 피가로는 외친다. "내게 요구를 쏟아내는 사람들의/ 엄청난 무리/ 제발, 한 번에 한 명씩uno alla volta, per carità!"—이 말로써 피가로는, 자신이 이해할 수 없는 과잉정보 속에 주체가 묻혀버리는 칸트적인 **숭고**의 경험을 지시한다.

모차르트의 「황제 티투스의 자비」에서도 우리는 그와 유사한 과잉, 그와 유사한, 자비의 숭고한/우스꽝스러운 폭발과 조우하지 않는가? 최종적인 용서 직전에 티투스는 자신으로 하여금 자비 행위를 확대하지 않을 수 없게 만드는 반역의 확대에 화가 치민다.

> 죄인 하나의 죄를 면해주는 바로 그 순간 나는 또다른 죄인을 발견한다. (중략) 별들이 공모하여, 내가 나 자신도 모르게 잔인해지도록 만드는 게 분명해. 안될 일이지—별들에게 그런 만족감을 선사하지는 않을 터. 나의 미덕은 겨루기를 계속하겠노라고 이미 맹세했다. 어디 두고 보자, 다른 이들의 반역과 나의 자비 가운데 어느 쪽이 더 변함없을지. (중략) 나는 그대로이고,

모든 것을 알고 있고, 모든 이의 죄를 사하고, 모든 것을 잊는다는 사실이 로마에 퍼지도록 하라.

티투스의 불평소리가 우리 귀에 들리는 듯하다. "uno alla volta, per carità!" — "제발, 서두르지 말고, 한 번에 한 명씩, 자비를 위해 줄을 서시오!"[29] 자기 임무에 충실하게 티투스는 모든 이를 잊는다. 그러나 그가 용서하는 자들은 그것을 영원히 기억해야 할 운명에 처해진다.

섹스투스Sextus: 맞습니다, 황제여, 당신이 저를 용서하시나이다. 그러나 나의 가슴은 나의 죄를 사하지 않을 것입니다. 기억이 다할 때까지 나의 가슴은 그 과오를 통회할 테니까요.

티투스: 그대가 행할 수 있는 참된 참회는 변함없는 충성보다 더 가치가 있느니라.

피날레에 나오는 이 대구對句는 「황제 티투스의 자비」의 외설적 비밀을 무심결에 드러낸다. 그것은 용서는 빚을 진정으로 없애지 않으며, 오히려 그 빚을 무한하게 만든다는 것이다. 우리는 우리를 용서하는 사람에

29 앞서 지젝은 피가로의 말 중 "per carità!"를 "Have mercy"로 옮겼는데, 해당 맥락에서 그것은 "제발"의 의미를 지닐 것이고 실제로 다른 영역본에서는 "please"라는 표현을 쓰기도 한다. 그러나 티투스의 상황에 전용되었을 때 그 말은 "자비를 위해"라는 축자적 의미를 획득한다. 지젝은 "uno alla volta, per carità!"를 "Please, not so fast, one after another, in the line for mercy"로 다시 풀어씀으로써 두 가지 의미를 모두 살린다 — 옮긴이.

게 영원히 빚지게 된다. 티투스가 충성보다 참회를 선호하는 것도 놀랍지 않다. **주인**에 대한 충성에서는 내가 존경심 때문에 그를 따르지만, 참회에서 나를 **주인**에게 밀착시키는attach 것은 지울 수 없는 무한한 죄의식이다. 이 점에서 티투스는 완전히 기독교적인 주인이다.

우리는 보통 엄격한 유대교적 **정의**와 기독교적 **자비**, 과분한 용서의 그 불가해한 제스처를 대립시킨다. 우리 인간은 죄 가운데 태어났고, 우리 자신의 행동을 통해서는 결코 빚을 되갚고 우리 자신을 구원할 수 없다. 우리의 유일한 구원은 신의 **자비**에, 그의 지고한 **희생**에 있다. **자비**의 불가해한 행위, 우리의 빚을 갚는 행위를 통해 **정의**의 사슬을 부수는 바로 이런 제스처 안에서 기독교는 우리에게 더욱 강한 빚을 부과한다. 우리는 그리스도에게 영원히 빚졌으며, 우리는 그가 우리를 위해 행한 일을 결코 그에게 되갚을 수 없다. 우리가 결코 보답하지 못하는 그런 과잉된 압박을 지칭하는 프로이트적 이름은 물론 **초자아**다. (**자비**의 관념은 **주권**의 관념과 엄밀한 상관관계에 있다는 점을 우리는 잊어서는 안된다. 주권적 권력을 지닌 자만이 자비를 베풀 수 있다.)

그러므로 **자비**와 **사랑**의 기독교적인 신과 대비되는 초자아의 종교(질투하는, 힘센, 엄한 신에 대한 인간 종속의 종교)로 상상되는 것은 유대교다. 그러나 우리에게 죄의 대가를 요구하지 않는다는 — 그 자신이 우리를 위해 이 대가를 치른다는 — 바로 이 점을 통해 기독교적인 **자비**의 신은 자신을 지고한 초자아적 작인으로 확립한다. "내가 너의 죄를 위해 최고의 대가를 치렀으니 너는 내게 영원히 빚진 자다." 초자아적 작인으로서의 이런 신, 바로 그 **자비**가 믿는 자들의 지울 수 없는 죄의식을 생산하는 그런 신의 윤곽은 스탈린에 이르기까지 식별된다. 1930년대 공산당 정치국Politburo과 중앙위원회 회의의 (이제는 구해볼 수 있는) 의사록이 보여주듯이, 스탈린의 직접적 개입은 대개 자비를 보여주는 것이었다는 점을 우리는 결코 잊어서는 안된다. 자신들의 혁명적 열정을 증명하기를 간절히 원하는 젊은 중앙위 위원들이 부하린N. I. Buhkarin[30]의 즉각적 사형을 요구했을 때 스탈린은 항상 개입하여 "참으시오! 그의 죄는 아직 증명되지 않았소!"나 그 비슷한 말을 했다. 물론 이는 위선적 태도였지만 — 스탈린은 그 자신이야말로 파괴적 열정을 생산하고 있다는 것, 젊은 위원들이 자신의 맘에 들기를 간절히 원한다는 것을 잘 알고 있었다 — 그럼에도 불구하고 여기서 자비의 외양은 필요한 것이다.

오늘날의 자본주의도 마찬가지다. 『분노와 시간*Zorn und Zeit*』에서 페터 슬로터다이크Peter Sloterdijk는 최상의 소비의 '일반 경제'라는 조르주 바타유Georges Bataille의 개념 — 그는 이를 끝없이 폭리를 추구하는 자본주의의 '제한 경제'에 대립시킨다 — 을 언급하는 가운데 자본주의의 자기 자신으로부터의 분열, 그것의 내재적 자기극복의 윤곽을 제시한다. 자본주의는 "비참주의miserabilism에 사로잡힌 고전적 좌파가 꿈꿀 수 있었던 바와는 완전히 다른, 자본주의 자신의 가장 근본적이고 유일하게 생산적인 대립물을 자기 자신으로부터 창조하는"[31] 순간 절정에 달한다는 것이

---

30 (1888~1938) 러시아의 정치가, 철학자, 경제학자. 일찍이 볼셰비키 당원이 되었고 10월 혁명 이후 당 기관지 『프라우다』(*Pravda*)의 편집장, 코민테른 집행위원회 의장 등을 지냈다. 레닌(V. I. Lenin)과 이론적 · 실천적으로 대립하였고, 스탈린 치하에서 당에서 제명되었다가 복권되었으나 1938년에 총살당했다 — 옮긴이.

31 Peter Sloterdijk, *Zorn und Zeit* (Frankfurt: Suhrkamp 2006), 55쪽.

다. 앤드루 카네기Andrew Carnegie에 대한 그의 긍정적 언급은 길을 보여준다. 끝없는 부의 축적이 취하는 최상의 자기부정적 제스처는 값을 매길 수 없고 시장유통을 벗어나 있는 것들, 즉 공공선公共善, 예술과 과학, 보건 등에 이 부를 사용하는 것이다. 이 끝맺음의 '최상의' 제스처는 자본가로 하여금 끝없는 확대재생산, 더 많은 돈을 벌기 위한 돈 벌기의 악순환에서 탈피할 수 있게 해준다. 자신이 축적한 부를 공공선에 기부할 때 자본가는 자본과 그 재생산적 순환의 화신에 불과한 존재로서의 자신을 부정한다. 그의 삶은 의미를 획득한다. 더이상 그것은 자기 목적적인 확대재생산에 불과한 것이 아니다.

더욱이 자본가는 이렇게 에로스에서 튀모스[32]로의 전환, 축적의 도착적인 '에로틱한' 논리에서 공적 인정과 명망으로의 전환을 달성한다. 이것이 의미하는 바는 가히 조지 소로스George Soros나 빌 게이츠Bill Gates 같은 인물을 자본주의적 과정 자체의 내생적 자기부정의 화신으로 격상시키는 것에 다름 아니다. 그들의 자선 행위, 공공복지에 대한 그들의 막대한 기부는 진실하든 위선적이든 그저 개인적인 기행奇行만은 아니다. 그것은 자본주의적 순환의 논리적 종착점으로서 엄밀하게 경제적인 관점에서 볼 때 필수적인 것인데, 왜냐하면 그것이 자본주의 체제가 자신의 위기를 지연할 수 있게 하기 때문이다. 그것은 원한의 파괴적 논리, 그리고—일반화된 곤궁으로 귀결될 뿐인—부의 강제적인 국가주의적 재분배라는 치명적 함정에 빠지지 않으면서 균형을 재확립한다(정말 빈궁한

32 튀모스(thymos, 또는 thumos, 그리스어로 θυμός)는 플라톤에서 '기개'(氣槪)를 뜻하며 헤겔에서는 인정욕구의 발원지로 이해된다 — 옮긴이.

자들에 대한 부의 일종의 재분배). (덧붙이자면 그것은 또다른 양식, 그러니까 최상의 소비, 즉 전쟁을 통해 일종의 균형을 재확립하고 튀모스를 주장하는 양식을 또한 피해 간다.)

이는 미국에서 구입할 수 있는 초콜릿 변비치료제를 생각나게 하는데, 그것은 다음과 같은 역설적 명령으로 선전된다. "변비가 있습니까? 이 초콜릿을 더 드시오!" 다시 말해 변비를 치료하기 위해서 변비를 유발하는 바로 그것을 먹으라는 것이다. 자신의 본질에 역행하는 생산품, 자신을 억제하는 동인動因을 내포하는 생산품의 이런 구조는 오늘날의 이데올로기적 경관에서 광범위하게 관찰된다. 소로스는 가장 무자비한 금융·투기적 착취와 그 반대동인, 즉 고삐 풀린 시장경제의 파국적인 사회적 결과들에 관한 인도주의적 근심의 결합을 대표한다. 그의 일과조차 자멸적인 대조로 특징지어진다 — 그가 일하는 시간 중의 반은 금융투기에, 나머지 반은 결국 그 자신이 행한 투기의 결과들과 싸우는 인도주의적 활동, 즉 탈공산주의 국가 내의 문화 및 민주주의 활동을 위한 기금 제공이나 에세이와 책의 집필 등에 할애되는 것이다. 게이츠의 두 얼굴은 소로스의 두 얼굴에 필적한다. 이 잔인한 사업가는 경쟁자들을 파멸시키거나 인수하고, 사실상의 독점을 목표로 삼으며, 자기 목적을 이루기 위해 사업상의 모든 책략을 활용한다. 그 와중에 인류 역사상 가장 위대한 이 박애주의자는 묘한 질문을 던진다. "사람들이 먹을 것을 충분히 얻지 못하고 이질에 걸려 죽어간다면 컴퓨터를 소유한다는 게 무슨 소용인가?" 자선이 무자비한 이윤추구에 역행한다. 자선은 경제적 착취의 얼굴을 가리는 인도주의적 가면인 것이다. 이런 역설은 우리의 서글픈 곤경을 드러내준다. 즉 오늘날의 자본주의는 저 스스로 자신을 재생산할 수 없다는 것, 사회적 재생산의 주기를 유지하기 위해 자본주의는 경제 외적인 자비를 필요로 한다는 것이다.

그렇다면 「황제 티투스의 자비」는 일련의 모차르트 오페라들 속에서 어떤 연속성을 지니는가? 뛰어난 모차르트 오페라들의 정전 전체는 용서의 모티프, 자비 베풀기의 모티프가 다양하게 변주되면서 전개되는 것으로 읽을 수 있다. 「이도메네오」와 「후궁」에서는 지고한 힘이 자비를 베풀며 개입하고, 「피가로의 결혼*Le Nozze di Figaro*」에서는 자비를 거부하는 백작을 피통치자들 자신이 용서해준다. 이런 이야기들 안에서 「황제 티투스의 자비」가 차지하는 위치를 제대로 파악하기 위해서는 그것을 「마술 피리」와 더불어, 즉 「마술 피리」를 흉내 내는, 그림자 같은 판박이로 읽어야 한다. 「마술 피리」가 가장 숭고한 형태의 자비라면, 「황제 티투스의 자비」는 이 숭고함을 우스꽝스러운 과잉으로 변질시킨다. 「황제 티투스의 자비」에서 자비의 우스꽝스러운 증식은 권력이 더이상 정상적인 방식으로 작동하지 않는다는 것, 따라서 권력은 항상 자비에 의해 지탱되어야 한다는 것을 의미한다. **주인**이 자비를 보여야 한다면, 그것은 법이 실패했으며 법적 국가장치는 스스로 알아서 돌아갈 수 없고 외부로부터의 끊임없는 개입을 요구한다는 것을 의미한다. (우리는 국가사회주의 체제에서 그와 똑같은 상황을 목격했다. 소비에트 성인전[聖人傳]에 나오는 한 전설적인 장면에서 스탈린은 들판을 거닐다가 어떤 사람을 만나는데 그가 몰던 트랙터가 망가져 있었다. 스탈린은 몇마디 현명한 조언으로 그가 트랙터를 고칠 수 있도록 도와준다. 이것이 실제로 의미하는 바는 국가사회주의적인 경제적 혼란 속에서는 트랙터 하나조차 정상적으로 작동할 수 없다는 것이다.)

그러므로 계속되는 자비의 축연 — 티투스가 보여주는 지혜와 자비 —

의 반대면, 즉 그 진실은 통치자로서의 티투스가 대실패라는 사실이다. 충성스런 피통치자들의 지지에 의존하는 대신 그는 영원한 죄의식의 형벌에 처해진, 병적이고 고통에 찬 인민들에 결국 둘러싸이게 된다. 이런 병적 성질은 티투스 자신에게로 다시 반사된다. 모차르트의 초기 오페라들에 등장하는, 엄하지만 자비로운 통치자들의 위엄을 발하기는커녕, 티투스의 행위는 히스테릭한 자기연출의 특징들을 드러낸다. 그는 자기 행위의 거짓된 아량에 나르시시즘적으로 도취되어 내내 스스로를 연기하고 있는 것이다. 요컨대 「후궁」의 바사 젤림Bassa Selim에서 「황제 티투스의 자비」의 티투스로의 이행은 순진한 것에서 감상적인 것으로의 이행이다. 그리고 모차르트에서 통상 그렇듯이 티투스의 이런 거짓된 자세는 음악 자체에 의해 표현되는데, 음악은 사람들이 칭송해마지 않는 모차르트적 아이러니를 뛰어나게 보여주면서 사실상 오페라의 명시적인 이데올로기적 기획을 훼손한다.

그렇다면 모차르트가 「마술 피리」를 작업하던 와중에 「황제 티투스의 자비」를 작곡했다는 사실은 어쩌면 무의미한 우연의 일치에 불과하지만은 않을 것이다. 진보적인 왕 요제프 2세Joseph II의 서거에 이은 보수적인 왕 레오폴트 2세Leopold II의 대관식을 기념하기 위해 작곡된 「황제 티투스의 자비」는 「마술 피리」의 세계에서 재발명된 가짜 '마술'의 기저에 놓인, 외설적이고 보수적인 정치적 현실을 연출한다. 지난 1930년대에 막스 호르크하이머Max Horkheimer는, 자본주의에 대해 (비판적으로) 말하고 싶지 않은 자들은 파시즘에 대해서도 입을 다물어야 한다고 쓴 바 있다. 이를 약간 변형하여 우리는, 「마술 피리」의 영원한 마술에 견주어 「황제 티투스의 자비」를 실패작이라고 비난하는 자들에게 다음과 같이 말해야 한다. 「마술 피리」와 비판적으로 맞붙어 싸우고 싶지 않은 자들은 「황제 티투스의 자비」에 대해서도 입을 다물어야 한다.

네번째 선택

이는 아도르노가 거듭 주장하듯이, 모차르트와 관련하여 바그너가 후대에 신낭만주의적 키치로 귀결되는 길을 열었다는 점을 의미하는가? 이런 방향을 가리키는 표지들이 있다. 2년 전 플라시도 도밍고Plàcido Domingo는 로스엔젤레스 오페라단의 예술감독 자리를 받아들이면서, 그 오페라단을 (영화의 디지털 특수효과를 사용하는 등의 방법으로) 할리우드 영화 산업에 가깝게 만들겠다는 의도를 표명했다. 그의 첫번째 기획이 '할리우드판 「반지」'— 열네 시간짜리 멋진 작품을 온갖 화려한 기술로 치장하고 돈잔치를 벌이는 작품으로 변질시킨 바그너의 4부작—를 연출하는 것이었음은 그리 놀랍지 않다. 아도르노 노선의 문화비평가들은 이것이 단지 바그너의 '순수예술'에 대한 저속한 신성모독만은 아니라는 점을 재빨리 간파했다. 지금까지 바그너의 「반지」 자체가 지닌 영화적 성격에 대해서는 빈번한 언급이 있었다. 가령 「발퀴레」 제3막의 무대지시(발퀴레들이 구름을 타고 가는 것 등등)는 영화 화면상으로만 실현 가능하다. 디지털로 조작되는 오늘날의 영화에서는 아마도 그런 지시를 더 잘

33 영화 「반지의 제왕」의 원작자로 잘 알려진 영국 소설가 톨킨(1892~1973)은 『반지의 제왕*The Lord of the Rings*』 3부작(1954~1955)을 비롯해 『베오울프*Beowolf*, 1936』, 『호빗*The Hobbit*, 1937』 등을 써냈다 — 옮긴이.

따를 수 있을 것이다. 「반지의 제왕」 식으로 말이다. (톨킨J. R. R. Tolkien[33]의 소설이 사실상 바그너에서 그 제목을 취한 점은 놀랍지 않다. 「라인의 황금」에서 알베리히는 문자 그대로 '반지의 제왕'으로 칭해진다.) 이는 낡은 예술형식이 어떻게 기술공학적 발명들에 기초한 새로운 예술형식을 요구하는 관념들을 발전시킬 수 있는지를 보여주는 또다른 예다. 바그너의 영화적 성격은 그의 음악이 지닌 키치적 면모를 주장하는 데 이용된다. 고전적인 할리우드 작곡에서 라이트모티프의 기술이 광범위하게 이용되었다는 점은 놀랍지 않다. 정말로 바그너는 고전적 할리우드에서 정점에 달하는, 음악의 키치적 '물신화'를 향한 첫걸음을 달성했는가?

그러나 베토벤이 이미 원죄를 저질렀다면 어쩌겠는가? 확실히 그의 음악은 종종 키치에 근접한다. 그의 바이올린 협주곡 제1악장, 또는 「레오노레Leonore」 서곡 제3번의 상당히 몰취미한 클라이맥스의 순간들에 이루어지는, '아름다운' 주 모티프의 과잉반복을 언급하는 것으로 충분하다. 작곡가가 음악적 **품위**의 적절한 감각이라 칭할 만한 것을 여전히 유지하면서 마지막 스타카토로 곧장 도약함으로써 오케스트라의 선율이 클라이맥스 상태의 전면적인 반복에 도달하기 전에 그 선율을 중단시키는 모차르트의 「마술 피리」 서곡과 비교할 때, 「레오노레」 제3번의 클라이맥스들은(지극히 따분한 변주인 제2번은 더 심한데) 얼마나 저속한가? 「마술 피리」 서곡이 선율이 과장되게 반복되도록 베토벤의 「레오노레」 제3번 스타일로 다시 씌어진다는 것을 상상할 수 있겠는가? 아마도 베토벤 자신이 이 점을 감지하고 마지막으로 또 하나의 서곡을 썼으니 바로 그 짧고 간결하며 날카로운 「피델리오Fidelio」 작품 72c인데, 이는 「레오노레」

제2번 및 제3번과 정반대다. (그러나 진짜 보석은 저평가된 「레오노레」 제1번, 작품 138로서, 그 작곡연대 자체가 불확실하다. 그것은 베토벤 최고의 작품으로, 어떤 곤혹스런 과잉도 없이 클라이맥스로 아름답게 상승하는 완벽한 작품이다.)

그렇다면 진정 바그너는 베토벤에서 발견되는 최악의 것을 키치적으로 확장한 경우란 말인가? 그렇지 않다. 바그너의 참된 성취는 바로, **베토벤에서 키치적 과잉으로 기능하는 어떤 것에 대한 적절한 예술형식을 제공했다는 데 있다.** (이를 잘 보여주는 것은 「라인의 황금」이다. 단연 바그너 오페라의 핵심, 영수준[零水準]의 '악극[樂劇]'인 이 작품은 판plate을 깨끗이 정리함으로써, 「발퀴레」 제1막에서부터 그 이후로 지속되다 「신들의 황혼」에서의 복수[復讐]의 삼중창에서 절정에 이르는 '성변화된transubstantiated' 오페라적 요소의 회귀를 가능하게 한다.) 그럼에도 불구하고 바그너 오페라들(의 몇몇)이 (몇몇) 대중영화들과 공유하는 특징이 있다. 그것은 서사가 거대한 절정의 제스처로서의 최종적 순간을 향해 나아간다는 점이다. 영화 가운데에서는 채플린C. S. Chaplin의 「도시의 불빛*City Lights*」과 피터 위어Peter Weir의 「죽은 시인의 사회*Dead Poets' Society*」를 언급하는 것으로 충분하다. 그렇다면 바그너의 작품에서 해소되지 않은 적대의 한 가지 표지가 그의 거대한 피날레들의 실패라는 점은 별로 놀랍지 않다. 모든 피날레들의 어머니이자 그들 가운데 가장 거대한 「신들의 황혼」의 피날레는 여기서 특별한 위치를 점한다. 잘 알려졌듯이 바그너가 이 피날레에서 상이한 대사들 사이를 왔다갔다했을 뿐만 아니라, 이 오페라의 최종판은 심지어 어느 면에서 **두 개의** 피날레를 가지고 있기도 한데, 지크프리트의 죽음과 그에 이은 장송행진곡Trauermarsch, 그리고 브륀힐데의 자기희생이 그것이다.

바그너로서는 「반지」 연작의 적절한 결말을 찾아내는 것이 엄청나게 어려웠다. 그의 정치적 · 철학적 견해가 진화함에 따라 결말에 대한 생각도 수차례 바뀌었다. 이 변화에 관한 이야기는 아주 잘 알려져 있으므로 간략한 정리만으로도 충분하다. 「반지」의 궤적은 바그너가 쓴 최초의 기획인 「극을 위한 스케치로서의 니벨룽 신화*The Nibelung Myth as Sketch for a Drama*, 1848」에서 시작한다. 여기서 지크프리트와 브륀힐데는 보탄의 죄를 정화하고 신들을 구원하기 위해 지크프리트의 화장火葬용 장작더미 위로 떠올라 발할라로 간다. 여기에는 신들이 파멸을 당하리라는, 또는 당해야만 한다는 암시가 없다. 1년 후에 새로 쓴 「지크프리트의 죽음*Siegfried's Death*」에서는 브륀힐데의 마지막 연설이 역시 지크프리트의 죽음이 지니는 정화효과를 강조한다.

> 그러므로 힘센 신들이여, 들으시오. 당신들의 죄는 사라졌으니, 영웅이 그 죄를 떠맡나이다. 니벨룽족의 노예상태는 끝났고, 알베리히는 다시 자유롭게 될 것이오. 강물 깊은 곳의 지혜로운 처녀들이여, 이 반지를 그대들에게 드립니다. 이것을 녹여서, 해를 당하지 않도록 지키시오.

1851년에 바그너는 (「라인의 황금」과 「발퀴레」에 등장하는 사건들로 구성된) 광대한 '전편prequel'을 덧붙이고 보탄의 역할을 (중심인물이 되도록) 확대하여 이야기를 역으로 전개했다. 새로운 결말에서 신들은 구원을 달성하지만 오직 죽음을 통해서일 뿐이다. 브륀힐데의 최종연설은 이제 다음과 같다. "당신들이 창조한 영웅인 인간의 행위 앞에서 축복 속에 사라져가시오. 나는 당신들에게 죽음 안에서의 복된 구원을 통한, 두려움으로부터의 자유를 선포하나이다." 1년 후에 개작된 다음 작품은 루트비히 포이어바흐Ludwig Feuerbach에 대한 바그너의 연구뿐 아니라 그가 바쿠닌과 벌인 열정적 논쟁의 흔적을 보여준다. 여기서 (새로운 시작을 위해 장[場]을 일신하는) 근본적 파괴의 정화역할에 대한 바쿠닌적 관념은 포이어바흐에서 빌려온 두 가지 근본적 통찰과 결합한다. 그 통찰이란 신은 다만 인간의 상상력의 산물이라는 것, 그리고 모든 인간행위들 가운데 성적인 사랑이 가장 위대하다는 것이다. 이런 '포이어바흐적' 결말 속에 브륀힐데는 신들의 파멸을 선포하며 또한 사랑이 지배하는 인간사회가 그 신들을 대체함을 선포한다.

> 상품이나 금도 아니요, 빛나는 신들도 아니라. 가옥도 홀도, 화려한 진열품도 아니라. 기만적 협정의 깨져버린 유대도, 오만한 관습의 요지부동한 법률도 아니라. 기쁨과 슬픔 속에 더없이 복되나니—사랑만이 지속되리라.

마지막으로 1856년에 바그너는 쇼펜하우어의 발견과 불교경전의 독해에 힘입어 결말을 또다시 개작했다. 인간 존재의 환영幻影적 성격과 마주한 체념에, 그리고 의지의 부정을 통한 자기극복에 초점을 두는 이 '쇼펜하우어적' 결말은 브륀힐데의 새로운 말에서 가장 압축적으로 표현되었다.

> 내가 더이상 발할라의 요새로 가지 않는다면, 내가 어디로 가는지 당신은 아시나요? 나는 욕망의 집을 떠나지요. 망상의 집을 영원히 등진답니다. 영원한 생성의 열린 문을 이제 나의 뒤로 닫습니다. 욕망과 망상에서 자유로운, 지극히 거룩한, 선택된 땅, 화신incarnation에서 구원된, 세상의 이주의 목적지로, 깨달음을 얻은 여인은 이제 나아갑니다. 영원한 모든 것들의 복된

> 종말—내가 어떻게 그것을 얻었는지 당신은 아시나요? 비통한 사랑의 깊디 깊은 고난이 내 눈을 뜨게 만들었지요. 나는 세상이 끝나는 것을 보았답니다.

그럼에도 불구하고, 오랜 숙고 끝에 바그너는 쇼펜하우어에게 영감을 받은 가사에 곡을 붙이지 않기로 결심했다(몇몇 출간 대본에 그 가사가 등장하기는 했지만 말이다). 왜 그랬을까? 대개 이 누락은 바그너가 쇼펜하우어를 저버린 표시가 아니라 그의 예술적 감수성에 대한 증거로 해석된다. 「반지」 작곡을 끝낼 때쯤(1874년) 바그너는 가사가 아닌 음악 자체가 연작의 최종적 전언을 전달해야 한다는 점을 깨달았다는 것이다. 하지만 정말 그런가?[34] 이런 표준적 독해는 다소 원시적인 미학적 척도(작품의 전언은 명시적으로 진술되어서는 안되며, 묘사된 내용으로부터 '유기적으로' 생겨나야 한다는)에 의존하고 있지 않은가?

문제를 다시 정리해보자. 이데올로기적 내용에 관한 한, 「신들의 황혼」의 결말은 세 가지 주요 입장들 사이에서 동요하는데, 포이어바흐, 바쿠닌, 쇼펜하우어라는 이름은 그 입장들을 가장 잘 나타내준다. 바로 인간적 사랑의 군림, 구세계의 혁명적 파괴, 세상의 체념과 그로부터의 물러남이 그것이다. 이런 동요들 때문에, '심오한 감정 속에서' 물과 불 속의 최후 파멸을 증언하는 남녀 군중을 어떻게 이해해야 할지는 명백하지 않다. 그들은 누구인가? 정말로 그들은 새로운, 해방된 사회를 체현하는가? 초기의 혁명적 바그너에서 '성숙한' 쇼펜하우어적 바그너로

---

34 Philip Kitcher and Richard Schacht, *Finding an Ending: Reflections on Wagner's Ring* (Oxford: Oxford University Press 2004) 참조.

의 변화는 대개 기존 사회현실의 혁명적 변화 가능성에 대한 휴머니즘적 믿음—즉 우리의 현실은 우발적인 역사적 이유들 때문에 비참하다는 믿음—에서 어떻게 현실 **그 자체가** 비참한가 하는 데 대한, 그리고 유일하게 참된 구원은 현실로부터 '세상의 밤'의 심연 속으로의 물러남에 있다는 데 대한 더욱 '심오한' 통찰로의 이행으로 이해된다. 이런 이행을 가장 기본적인 이데올로기적 작업, 즉 우발적인 역사적 장애물을 선험적 · 초월론적 한계로 격상시키는 작업이라고 비난하는 것은 쉬워 보인다. 그리하여 다시 묻건대, 쇼펜하우어적 결말은 그 오페라가 정말로 제공하는 결말인가? 특히 이 지점에서 바그너에 관한 알랭 바디우의 말은 적실하다—우리는 바그너가 일반화해서 말한 강령적 선언을 액면 그대로 받아들여서는 안되며, 그가 실제로 하고 있는 일에 대한 상세한 분석에 비추어 그 선언을 검증하는 노력을 기울여야 한다.

「신들의 황혼」 마지막 대목에서 오케스트라가 너무나도 복잡하게 얽힌 모티프들을 연주한다(이는 기본적으로 「반지」 전체에 넘쳐나는 풍요로운 모티프들의 요약에 다름 아니다)는 사실은 잘 알려져 있다. 이 사실은 바그너 자신이 「반지」의 최종적 신격화가 무엇을 '의미하는지'에 관해 확신이 없었다는 데 대한 궁극적 증거가 아닌가? 그런 확신을 갖지 못해 그는 일종의 '전진 비행'을 하여 모티프들 **전부**를 한데 그러모아놓았다—말하자면 음악적 스뫼르고스부드smörgåsbord[35]의 결정판이다. 다소 악의적인 이 가설은 (『바그너를 찾아서』의) 아도르노와 그 밖의 몇몇 비평가들이 제안했던 것인데, 바그너는 연작을 어떻게 끝낼지 몰라서 그저 몇개의 자

35 한상차림의 스칸디나비아식 뷔페—옮긴이.

명한 모티프들을 한데 짜넣었다는 주장이다. 아도르노는 「반지」의 마지막 몇 소절('사랑을 통한 구원'의 모티프)이 들어간 것이 단지 그것이 가장 아름답게 들렸기 때문이었다고 덧붙였다. 아름답다는 말은 진정한 예술적 아름다움이 아니라 키치를 뜻하는데, 왜냐하면 조지 버나드 쇼George Bernard Shaw가 이 모티프에 관해 조롱 섞어 지적했듯이 "그것의 유일하게 가치있는 특징인 감정분출의 효과는 너무나도 값싸게 달성되었기 때문에, 그것을 4부작 전체에서 가장 싸구려 같은 구절이라고 말해도 별로 지나치지 않다."

사실 우리는 이 아름다운 모티프를 지닌 결말을 다음과 같은 감상적 금언 비슷한 것으로 바꿔 말하고 싶은 유혹을 느낀다. "이 모든 것이 엉망진창인들 무슨 문제인가—중요한 점은 우리가 서로 사랑한다는 것이다!" 그리하여 '사랑을 통한 구원'이라는 절정의 모티프(앞에서는 오직 「발퀴레」 제3막에만 등장하는, 아름답고 열정적인 선율)에서 우리는 푸치니의 「토스카*Tosca*」 끝부분의 음조에 대한 조지프 커먼Joseph Kerman[36]의 신랄한 논평을 떠올리지 않을 수 없다. 그 대목에서 오케스트라는 카바라도시Cavaradossi의 '별은 빛나건만E lucevan le stelle'의 '아름답고' 처연한 선율을 과장되게 반복한다. 마치 푸치니는 어떻게 해야 할지 몰라서, 모든 서사적인 또는 감정적인 논리를 무시하고 그저 앞의 악보에서 가장 '효과적인' 선율을 가져다 필사적으로 반복한 듯하다.[37] 바그너가 「신들의 황혼」 결말 부분에서 이와 정확히 똑같은 일을 했다면 어쩌겠는가? 그 모든 것의 의미를 정

---

36 (1924~) 미국의 비평가, 음악학자 — 옮긴이.

37 Joseph Kerman, *Opera as Drama* (Berkeley: University of California Press 1988).

착시키고 보장해야 하는 최종적 비틀림을 확신하지 못해서 그는 하나의 아름다운 선율에 의존하는데, 그 선율의 효과는 다음과 비슷한 어떤 것이다. "이런 것들이 무엇을 의미하든, 결론적 인상은 구원의 아름다움 속에 의기양양하며 정신을 고양시키는 어떤 것이 되게 하자…." 요컨대 이 최종 모티프가 **공허한 제스처**를 실연한다면 어쩌겠는가?

그러나 「신들의 황혼」의 맨 마지막 순간에 그 모든 파괴의 혼돈으로부터 여전히 '사랑을 통한 구원'의 모티프가 들려온다. 세 가지 부가적이고 부차적인 모티프가 들리는데, 자연세계의 순진무구한 명랑성playfulness을 찬미하는 라인의 처녀들, 법의 통치의 위엄있는 지상권至上權을 표현하는 발할라 성, 자유로운 영웅 지크프리트 등의 모티프가 그것이다. "이 주제들에 앞서 놀라움을 표현하는 지클린데의 날아오르는 듯한 선율이 전개되며 그 주제들은 다시 이 선율로 이어지는데, 이때 이 선율은 오케스트라 악보의 맨 마지막 몇 소절에서 새로운 해결, 최종적 승리, 최종적 평화로 확장된다."[38] 세 가지 모티프가 네번째 모티프인 사랑에 의해 채색—변형—되므로, 이 마지막 순간들은 바디우가 말하듯이 전형적으로 여성적인 주체적 입장을 함축하지 않는가? 가장 강렬한 자연적 아름다움, 법의 통치, 그리고 가장 영웅적인 행위조차도 숭고하기는 하지만 종국에는 실패할 운명이다. "그러나 브륀힐데의 마지막 행위에 표현되는 것과 같은 사랑의 가능성은, 심지어 죽음과 우리가 아는 세계의 종말을 마주해서도, 영웅주의에서는 볼 수 없는 방식으로 모든 것을

---

38 Kitcher and Schacht, *Finding an Ending*, 199쪽.

39 앞의 책, 201쪽.

바꿔놓는다."[39]

「반지」의 이런 결말은 또한 바그너의 다른 (「리엔치*[Rienzi]*」 이후의 위대한 여섯 편의) 오페라들과 관련해서 독창적이지 않은가? 이 오페라들은 모두 성적 관계의 교착상태에 초점을 맞추며, 미적인 것, 윤리적인 것, 종교적인 것이라는 키르케고르적인 3대 요소를 분명히 반복한다. 「트리스탄과 이졸데」는 (죽음을 기꺼이 받아들일 정도로) 욕망을 굽히기를 거부하는 점에서 첫번째 것을 대표한다. 「명가수」는 윤리적 해결책으로 그에 맞선다. 참된 구원은 불멸의 정열을 그 자기파괴적 결말에 이르기까지 좇는 데 있지 않다. 오히려 우리는 창조적 승화를 통해 그것을 극복하고, 현명한 체념의 심정으로 상징적 의무의 '일상'생활로 돌아가는 법을 배워야 한다. 마지막으로 「파르지팔」에서 정열은 이제 그것이 고급화된 형태로 존속하는, 사회 속으로의 재통합을 통해서는 극복될 수 없다. 우리는 종교적 주이쌍스의 황홀한 주장 속에서 그것을 완전히 부인해야 하는 것이다. 이처럼 「트리스탄과 이졸데」—「명가수」—「파르지팔」이라는 3대 작품은 정확한 논리를 따른다. 「명가수」와 「트리스탄과 이졸데」는 오이디푸스적 모형母型의 두 가지 상반된 판본을 제시하는데, 여기서 「명가수」는 「트리스탄과 이졸데」를 전도시킨다. (아들이 아버지 형상으로부터 여인을 훔쳐낸다; 젊은이의 짝이 되기로 예정된 젊은 여인과 아버지 형상 사이에 정열이 분출된다.) 반면 「파르지팔」은 좌표 자체에 반오이디푸스적 비틀림을 부여한다. 여기서 상처 입고 한탄하는 주체는 아버지 형상(암포르타스)이지, 젊은 침입자(트리스탄)가 아니다. (「명가수」에서 가장 비슷한 한탄은 제3막에 나오는 작스의 노래 '기만, 기만![Wahn, wahn!]'이다.)

우리는 이 3대 작품이 「떠도는 네덜란드인」—「탄호이저」—「로엔그린」이라는 3대 작품을 반복한다고 주장할 수 있다. 「떠도는 네덜란드인」은 두 연인의 치명적 신격화로 끝난다. 「탄호이저」는 뒤에 나온 「명가수」처럼 노래 경연대회에 초점을 맞추는데, 그것은 헤겔을 변주한 마르크스의 저 유명한 말처럼 처음에는 비극으로 일어나고 다음에는 희극으로 반복된다. 로엔그린은 파르지팔의 아들인 것이다. 매번 우리는 연정 관계의 운명에 대한 동일한 기본적 답변을 얻는다—음침한, 성적인 죽음 욕동, 결혼, 무성적인asexual 연민. 그러나 「반지」는 예외적인 경우로서 두드러져 보이는데, 여기서는 브륀힐데의 행위로 나타나는 운명의 네번째 계기가 교착상태에 대한 해결책으로서 부가된다.

첫번째로 지적할 점은 브륀힐데의 최종적 행위가 바로 그것, 즉 단지 어떤 지고한 힘에 대한 체념 섞인 순응이 아니라 하나의 행위, 최상의 자유와 자율의 제스처라는 것이다. 이런 사실 자체, 행위의 이런 **형식**은 그것을 쇼펜하우어의 사유에 완전히 외적인 것으로 만든다. "그녀는 행위한다. 그리고 그녀의 행위는 (중략) 그녀의 다면적 사랑의 다면적 체현이다. (중략) 그녀는 단순히 세상이 끝나는 것을 보고 있지 않고, 세상을 끝낸다. 그녀는 또한 세상을 새롭게 조명하고 재생의 가능성을 제시하면서 세상을 변호한다."[40] 그녀는 어떻게 이런 일을 이루는가?

브륀힐데는 무엇을 알고 있었는가?

이 질문에 답하기 위해서는 브륀힐데의 행위를 「반지」 전체 안에 위치

---

40 앞의 책, 182~84쪽.

시켜야 한다. 「반지」의 서사는 의미있는 삶의 형식을 찾으려는 일련의 시도로 읽어야 한다. 플롯과 음악에 구현된 「반지」의 철학은 진지하게 받아들여야 하는데, 왜냐하면 그것은 바그너가 명시적으로 정식화한 철학을 훨씬 넘어서기 때문이다. 이 점에 필립 키처Philip Kitcher와 리처드 샤트Richard Schacht의 명제가 있다—「반지」는 일련의 실존적 기획이라 부를 만한 것(의 실패)을 실연한다.

보탄의 첫번째 선택은 키르케고르의 용어로 말한다면 미적인 것에서 윤리적인 것으로의 도약, 또는 순진무구한 자연에 강요된 법의 통치다. 그는 발할라로부터 세상을 통치하며 거기에 평화와 정의를 가져올 것이다. 이 시도는 그가 허용할 수밖에 없는 타협, 처음 보기보다 더 복잡한 타협으로 인해 실패한다. 그 타협은 법의 통치의 토대를 이루는 비합법적 폭력이라는 잘 알려진 주제에만 관련되는 것은 아니며, 법의 통치가 자발적이고 자연적인 삶의 순진무구함을 교란한다는 관념에만 관련되는 것도 아니다. 그보다 보탄의 비극의 핵심은 "그가 법을 지키려고 사랑을 포기했다는 것이다. 또다른 점은 「발퀴레」의 끝을 향해 가면서 그가 자신에게 가장 소중한 모든 것을 포기한다는 것이다."[41] 여기서의 구조는 확실히 라캉이 die Versagung(부인)이라고 묘사한 것이다. 자신에게 진정으로 중요한 단 하나를 위해 모든 것을 희생한 후에 보탄은 자신이 그런 행동을 통해 바로 이 하나를 잃어버렸다는 것을 발견한다. 이것, '자신에게 가장 소중한 모든 것'은 자신이 아끼는 딸 브륀힐데로 체현되며, 그의 정치적일 뿐 아니라 윤리적이기도 한 좌절은 그녀 앞에서

---

41 앞의 책, 138~39쪽.

펼치는 제2막의 긴 독백으로 표현된다.

「반지」에서 모든 악의 근원은 「라인의 황금」 첫 장면에 나오는 알베리히의 치명적 선택이 아니다. 이 사건이 일어나기 훨씬 전에 보탄은 권력의 유혹에 굴복하고 사랑보다 권력을 우선시하여 자연적 균형을 깨트렸다. 그는 '세계의 나무'를 뽑아 부수고 그것으로 자신의 창槍을 만들어 거기에 통치의 법을 규정하는 룬 문자[42]를 새겨 넣었으며, 게다가 내면의 진실을 통찰하기 위하여 자신의 한쪽 눈을 뽑아내버렸다. 이처럼 악은 **바깥**으로부터 오지 않는다. 「발퀴레」 제2막에 나오는, 보탄의 비극적인 '브륀힐데와의 독백'에 담긴 통찰은 알베리히의 권력과 '세상의 종말'의 전망이 결국은 보탄 자신의 죄, 그의 윤리적 완패의 결과라는 것이다. 헤겔의 용어로 말한다면 외적 대립은 내적 모순의 효과다. 그렇다면 보탄이 '검은 알프'[43] 알베리히와 대조되는 '하얀 알프'로 불리는 것도 놀랍지 않다. 따지고 보면 보탄의 선택은 알베리히의 선택보다 윤리적으로 더 나쁘다. 알베리히는 사랑을 갈구했고, 라인의 처녀들에게 잔인하게 조롱당하고 거절당한 후에야 권력을 향하는 반면, 보탄은 사랑의 열매를 실컷 맛보고 싫증이 난 후에 권력을 향한다. 「발퀴레」에서의 도덕적 완패 후에 보탄은 **'방랑자'**로 변하는데, 이는 최초의 위대한 바그너적 영웅인 **떠도는 네덜란드인**, 저 '대양의 아하스베르'[44]와 이미 닮아 있는 **방랑하는 유대인**의 형상이다.

---

42 고대 북유럽의 문자 — 옮긴이.

43 알프(Alb)는 북유럽 신화에 나오는 요정이다 — 옮긴이.

44 아하스베르(Ahasver)는 형장으로 향하는 그리스도를 자기 집 앞에서 쉬지 못하게 하고 욕설을 한 죄로 그리스도의 재림 때까지 지상을 유랑한다는 유대인을 뜻한다 — 옮긴이.

우리가 알고 있는 이야기의 진실에 도달하기 위해서는 그 이야기가 취했을 법한 다른 방향을 상상해보는 것이 종종 도움이 된다. 그런 외래화 효과extraneation effect를 통해서 우리는 일어난 일의 우발적이고 인위적인 성격을 이해하는 법을 배우게 되는 것이다. 폴리네이케스Polynices의 매장을 허용하도록 크레온Creon을 설득하는, 그리하여 (크레온이 두려워했듯이) 테베의 파멸을 초래하는 새로운 내전을 촉발하는 그런 안티고네는 어떤가? 클로디어스Claudius를 제때 죽이고 왕권을 빼앗아 네로처럼 자기 어머니와의 병리적 관계에 연루된 편집증적 독재권력을 확립하는 햄릿은 어떤가? 바그너 오페라 중 많은 작품이 그런 정신적 실험을 요청하는 듯하다. 엘자가 성공적으로 자신을 제어하여 금지된 질문을 던지지 않고, 그리하여 두 사람이 함께 행복하게 사는 중에 로엔그린이 숨 막히는 결혼생활에 점점 더 지루해하는 「로엔그린」은 어떤가? 두 연인이 트리스탄의 콘월 성에서 마르케를 죽이고 나서 사람들에게 그의 죽음이 사고였다고 말하고 결혼해서 함께 통치하는, 「포스트맨은 언제나 벨을 두 번 울린다*Postman Always Rings Twice*」[45] 식으로 비튼 「트리스탄과 이졸데」는 어떤가? 「파르지팔」에 관해서는 나중에 다시 언급하겠다. 그러나 여기서 압권은 「반지」의 경우일 것이다. 「발퀴레」 제2막에서 브륀힐데가 보탄의 말을 용케 거역하고, 그리하여 지크문트가 훈딩Hunding을 죽인다면 어떨까? 너무 늦게 도착한 보탄이 그녀를 저주하고, 그녀로 하여금 지크

---

45 제임스 케인(James M. Cain)의 원작소설을 토대로 하여 만든 테이 가넷(Tay Garnett) 감독의 1946년 작 영화로, 1981년에 보브 라펠슨(Bob Rafelson) 감독에 의해 리메이크되었다. 대공황기인 1930년대의 미국 소도시를 배경으로 치정(癡情) 살인사건을 다루었다 — 옮긴이.

문트와 지클린데의 자식과 결혼할 수밖에 없도록 만든다. 나아가서 사태가 확실히 파국으로 끝나게 하기 위해 그는 하겐의 모친과 잠자리에 들고, 미래에 지크프리트를 살해하게 될 하겐을 낳는다…. 이 판본에는 사변적 진실이 있다. 보탄과 알베리히, '하얀 알프'와 '검은 알프' 사이의 명시적으로 정립된 동일성이 그것이다.

이 지점 이후로 보탄은 좌절한 자이며 그의 장래의 모든 해결책은 헛되고 공허한 희망사항이 된다. 이런 희망사항 가운데 첫번째가 「발퀴레」의 맨 마지막에 암시되어 있는데, 여기서 보탄의 두번째 관념을 얻으니, 곧 (어쩌면 신화적 폭력을 신적 폭력으로 대체하는?) 영웅적이고 순진무구한 행위다. 그는 법의 영역 바깥에 있는—법의 통치를 담당하는 자로서의 자신에게는 금지된 바를 행할 수 있는—순진무구한 영웅에 자신의 희망사항들을 이입한다. 그러나 그는 자신의 기획이 실패할 운명임을 깨닫고 문제를 다시 정식화한다. 자신의 최종적 실패와 죽음을 받아들이면서 보탄은 **올바른 결말을 찾을** 과제, 명예와 위엄을 지닌 채 사라질 과제를 자신에게 부여한다. 보탄이 피하고자 하는 부정적 전망은 자신의 통치의 종말인바, 그 이후에는 하겐과 알베리히 같은 사악한 음모자들이 권력을 쥐게 될 것이다. (여기서 프리카와 하겐, 엄격한 법의 통치와 잔인하고 폭력적인 조종 사이에 근본적 연대를 설정한 점은 묘미가 있다.)

그 다음의 실존적 기획은 지크문트와 지클린데의 경우로, 이들은 「반지」 전체에서 유일하게 진정으로 낭만적인 커플이다. 지크문트는 영웅적인 독불장군loner, 고통에 처한 다른 사람들을 돕는 이단아지만 지클린데를 향한 사랑에서 자신을 충만하게 발견한다. 그들 두 사람에게는 자신들의 근친상간적 사랑만이 다른 모든 문제들을 넘어버리는 유일하세 중요한 일이다. (그들의 사랑에 비해 지크프리트와 브륀힐데의 사랑은 우스꽝스럽게도 어울리지 않는 조합이다.) "다른 모든 것은 사라지고 그가 남아 있다면 나는 변함없이 존재하게 될 거야. 다른 모든 것은 남아 있고 그가 죽어 없어진다면 세상은 까마득히 낯설게 변해버리겠지. 내가 그 세상에 속한 것처럼 보이지는 않을 거야." 『워더링 하이츠*Wuthering Heights*』[46]에서 캐시Cathy는 히스클리프Heathcliff와 자신의 관계를 이렇게 묘사하는데, 이는 지크문트와 지클린데를 결합하는 무조건적인 에로틱한 사랑을 간명하게 존재론적으로 정의한다. 보탄을 대신하여 브륀힐데가 지크문트에게, 그가 다가올 훈딩과의 결투에서 죽을 것이라는 소식을 전하고, 발할라에서 죽은 영웅들과 신들 사이에 거하게 될 그의 장래의 지복을 그려줄 때, 지크문트는 사랑하는 지클린데가 자신을 따라 발할라에 올 수 없다면 신들과 함께 있는 것도 싫고 차라리 평범하게 유한한 존재로 남겠다고 말한다. 크게 당황한 브륀힐데는 그의 거절에 다음과 같이 응답한다. "당신은 영원한 지복을 그토록 하찮게 여기나요? 그녀가, 슬프고 지친 상태로 당신의 무릎에 힘없이 누워 있는 이 가련한 여인이 당신에게는 전부인가요? 그보다 덜 영광스러운 것은 아무것도 생각하지 않나요?" 지크문트가 보여주는 것과 같은 제스처가 독일 역사에 더는 없다고 한 에른스트 블로흐Ernst Bloch의 말은 옳았다. 이것은 사랑의 가장 신성한 순간이다. 바그너는 그것을 거의 종교적인 엄숙함을 지닌, 기도 같은 단순한 리듬이 있는 음악으로 표현한다. 지크문트의 단호함과 격렬함이 브륀힐데를 완전히 흔들어놓은 것도 당연하다 — 그녀는 지크문

46 1847년에 출간된 영국 작가 에밀리 브론테(Emily Brontë)의 소설 — 옮긴이.

트가 결투에서 이기도록 도움으로써 아버지의 명시적 명령을 어기기로 결심한다. 우리는 지크문트와 지클린데의 실패는 외부적 환경의 탓만은 아니라고 주장할 수 있다. 다시 말해 그런 강렬하고 무조건적인 사랑은 기적적인 사건으로서만 터져나올 수 있다. 그것은 지속될 수 없으며, 사물의 새로운 질서를 형성할 수 없는 것이다.

두려움과 죄책감이 없는, 법에 구속되지 않는 순진무구한innocent 영웅에 대한 보탄의 기획이 (심지어 보탄으로서도) 예기치 않게 실현되는 것은 오직 지크문트와 지클린데의 아들 지크프리트가 탄생하는 이 대목에서다. 그러나 여기서 진정한 문제가 발생한다. 「반지」의 마지막 두 오페라에서 무엇이든 분명한 것이 있다면 그것은 지크프리트가, 호감이 가는 어떤 특징들(용기, 순진함)을 보임에도 불구하고, 기본적으로 잔인하고 둔감한 폭력배, 기본적 지성과 지혜가 명백히 결여된 인물이라는 점이다. 순진하고naïve 잔인한 힘을 지닌 탓에 그는 자신들의 목적을 위해 돌아가면서 그를 이용하는 모사꾼들의 손쉬운 먹잇감이 된다. 증거는 넘쳐난다 — 미메Mime에 대한 그의 잔인성, 브륀힐데를 처음 본 순간의 놀랄만한 순진함, 하겐의 계략에 쉽게 넘어가는 모습, 자신의 죽음 직전에 라인의 처녀들과 만났을 때의 멍청함. (구트루네[Gutrune]가 그에게 건네는, 그로 하여금 브륀힐데를 잊게 만드는 미약[媚藥]은 「트리스탄과 이졸데」에 등장하는 미약과 같은 방식으로 해석해야 한다. 그것은 지크프리트로 하여금 모든 거짓된 가면을 벗고 적나라한 진짜 자기 자신으로서 행동하게 만든다.)

사실상 바그너의 「지크프리트」에는 제어되지 않은 '순진무구한' 공격성, 무엇이든 신경에 거슬리는 것이 있으면 곧장 행동에 돌입하여 그것을 그저 짓밟아버리고 싶은 충동이 있다. 「지크프리트」 제1막에서 지크프리트가 미메에게 하는 말이 그렇다. "발을 질질 끌고 어기적거리며,/ 비굴하게 웅크리고, 곁눈질하고 눈 껌뻑이며/ 서 있는 너를 볼 때면/ 네 끄덕이는 목을 붙잡아/ 네 음탕한 껌뻑임을 끝장내주고 싶다!" 여기서 원어인 독일어의 소리는 더욱 더 강한 인상을 준다.[47] 제2막에서 동일한 분노의 표출이 두 번 반복된다. "발을 질질 끌고 슬그머니 걸어가는 저 모습,/ 껌뻑이는 저 눈꺼풀?/ 얼마나 오래/ 저 꼴을 참아야 하나?/ 언제쯤이면 이 바보를 안 보게 되려나?" 그리고 바로 조금 뒤에 나오는 말은 이렇다. "발을 질질 끌고 슬그머니 걸어가지,/ 머리는 희끗희끗 반백에,/ 작고 구부정해,/ 절뚝거리는 곱사등이,/ 귀는 축 처지고 눈은 흐릿해 (…) / 그 새끼도깨비를 없애버려라! 그놈이 영영 사라져버렸으면!" 이는 가장 기본적인 혐오감, 자신을 침범하는 이물異物에 맞닥뜨려서 자아가 느끼는 반감이 아닌가? 우리는 기진맥진한 터키 외국인노동자 Gastarbeiter 면전에다 그와 똑같은 말을 내뱉는 신나치주의자 스킨헤드를 쉽게 상상할 수 있다….

「신들의 황혼」 제1막 마지막 장면은 충격적인 잔인성, 유령 같은, 악몽 같은 성질을 지닌 막간극이다. 지크프리트가 브륀힐데에게 다가갈 때 그녀는 팔을 뻗어서, 반지를 사용해 공격자를 막아내려 한다. 지크프리트는 그녀의 손가락에서 반지를 잡아채서 빼낸다. (이 제스처는 「라인의 황금」 제4장에 나오는, 극도로 폭력적인 첫번째 반지 절도의 반복으로 읽어야 한다.

47 "Seh'ich dich stehn, gangeln und gehn,/ knicken und nicken,/ mit den Augen zwicken,/ beim Genick moecht'ich den Nicker packen,/ den Garaus geben dem garst'gen Zwicker!"

거기서 보탄은 알베리히의 손에서 반지를 잡아채간다.) 브륀힐데는 넘어지면서 위를 쳐다보고 순간적으로 그의 시선과 마주친다. 그는 자신의 승리를 선포하며, 그녀에게 잠자는 동굴 속으로 들어가도록 명한다. 혼례의 밤을 위해 그녀를 따라 들어가기 전 그는 자신은 군터와의 신의를 지켜서 자신의 칼 노퉁Nothung을 사이에 둘 것이라고 맹세한다. 이 장면이 주는 공포는 그것이 지크프리트의 잔인성을 적나라하게, 날것의 상태로 보여준다는 데 있다. 그 장면은 지크프리트를 모종의 방식으로 '탈심리화'하여, 비인간적 괴물로, 기만적 가면이 벗겨진 채 '실제 있는' 모습 그대로 그를 드러낸다. 이것이 그에게 작용한 미약의 효과다. 여기에는 한 가지 수수께끼가 있다. 직설적으로 말해 지크프리트는 브륀힐데를 동굴로 잡아끌고 들어간 다음 그녀를 겁탈하는가? 그들은 사랑을 나누는가, 그렇지 않은가? 지크프리트 자신은 이 점과 관련해서 일관성이 없다. 그는 자기가 군터로 분장해서 '완전한 혼례의 밤'에 신방을 차렸다고 주장하는 동시에 자신은 군터를 모욕하지 않았다고 주장하는 것이다. 제2막 제4장에서 브륀힐데가 모여든 군중 앞에서 지크프리트가 그런 행위를 했다고 비난하자 그는 맹세를 해도 좋다고 공언한다. 하겐이 자기 창끝을 내밀고, 지크프리트는 그에 대고 자신은 내내 진실했음을 맹세한다. 브륀힐데는 창끝에서 그의 손을 잡아채고서, 지크프리트가 위증을 했다는 격한 공언으로 응수한다. 이에 따른 혼란 중에 지크프리트는 남성우월주의적 지혜에 의존함으로써 긴장을 해소한다 — 군터에게 자기 아내를 진정시키라고 설득하는 것이다.[48] 죽음을 대면해서야 지크프리트는 성숙해지고, 이전에 일어난 일에 대한 기본적 통찰을 얻는다. 이런 의미에서 지크프리트는 하겐에 진정으로 상응하는 인물이다.

지크프리트와 하겐이라는 쌍은 마치 그들의 아버지들인 보탄과 알베리히, '하얀' 난쟁이와 '검은' 난쟁이를 반영하고 있는 듯하다. 브륀힐데와 지크프리트가 실패한 커플인 이유는 그 점에 있다.

「지크프리트」의 피날레, 브륀힐데와 지크프리트의 에로틱하고 황홀한 재결합이 「발퀴레」 제1막의 황홀한 피날레와 비교했을 때 이상하게도 완전한 실패가 되는 이유도 그 점에 있다. 마지막 장면에서 지크프리트를 향한 브륀힐데의 사랑은 "그녀가 도달하는, 그리고 그 권화權化가 되는 새로운 고결함으로 변모한다."[49] 제3막의 초두에 브륀힐데는 반지를 라인의 처녀들에게 돌려주라는 발트라우테Waltraute의 청을 거절한다. 반지는 브륀힐데와 지크프리트의 사랑을 표상하며 그것을 주어버리는 것은 이 사랑의 배신을 의미했을 것이다. 그러나 지크프리트가 죽고 나니 그녀는 자기 자신을 징표로 제공하면서 자신의 사랑을 새롭게 천명할 수 있다. 이렇게 희생은 주체화되어 그 자신에 반사된다. 브륀힐데는 자기 사랑의 징표인 반지를 희생할 뿐 아니라 그녀 자신을 하나의 대상으로 희생한다. 자신을 희생함으로써 그녀는 결국 보탄의 문제에 일종의 해결책을 제공한다.

그리하여 예술작품으로서의 「반지」의 형식적 성공에서 철학적 명상으로서의 그 가장 깊은 통찰에 이르기까지 모든 것은 다음의 문제에 달렸

---

48 이 장면을 더욱 흥미롭게 만드는 것은 「반지」의 커다란 모순들 중 하나다. 왜 지크프리트는, 자기 친구이자 허약한 왕인 군터를 도와주고 있을 뿐인데, 브륀힐데를 잔인하게 진압하고 나서 (마치 성관계를 갖지 않겠다는 것을 증명하려는 듯이) 그녀와 자기 사이에 칼을 놓아두는가? 그는 누구에게 이 점을 증명해야 하는 것일까? 브륀힐데는 그가 군터라고 생각하게 되어 있지 않은가?

49 Kitcher and Schacht, 앞의 책, 176쪽.

다. 브륀힐데의 최종적 행위는 정말 진정한 의미의 행위인가, 아니면 해결할 수 없는 교착상태를 증언하는, 공허하고 자살적인 '행위로의 이행passage à l'acte'인가? (아니면 두 가지 다일 수 있는가?) 「신들의 황혼」의 결말이 실패한다면, 그것은 (「신들의 황혼」에 나타나는 성적 사랑의 승화-변모 대신) 성적 사랑의 정신병적 거부를 보여주는 「파르지팔」을 위한 길을 열어놓는다. 그러므로 모든 것은 이 문제에 달렸다 — 브륀힐데의 행위는 성적 관계의 불가능성에 의해 생성되는 긴장을 해결하는 데 성공하는가? (만일 그렇다면 「파르지팔」은 퇴보다.) 여기서 우리는 (성적 관계의 실패의 모티프들을 변주하는) 바그너의 음악 작품을 바그너 자신의 이데올로기에 대립시켜야 한다. 즉 성적 관계, 성적 사랑이 인간의 삶에 의미를 제공하는 궁극적 참조점이라는 이데올로기 말이다. 그의 오페라들은 어찌하여 '사랑이 성취될 수 없는지love doesn' t work'에 관한 새롭고 계속 새로워지는 해석을 제공한다. 궁극적인 바그너적 환상, '사랑의 죽음Liebestod'[50] 속의 낭만적 커플의 승리에 찬 자멸은 **결코** 일어나지 **않는다**. 「트리스탄과 이졸데」와 「신들의 황혼」에서 커플은 함께 죽지 **않는다**. 두 경우에 모두 남자가 먼저 고통에 찬 트라우마적 죽음을 죽고 여주인공은 황홀한 자멸 속에 홀로 그를 따라간다.

바그너적 여주인공들이 치르는 위대한 자기희생적 죽음의 저변에 놓인 리비도 경제를 어떻게 식별할 것인가? 「엘자는 왜 그가 어디로부터 왔는지를 묻는가: 바그너의 「로엔그린」에 대한 인식론적 분석」[51]이라는

---

50 「트리스탄과 이졸데」에서 이졸데가 최후에 부르는 아리아—옮긴이.

51 미출간, 2008년 11월. 이 논문은 온라인으로 볼 수 있다. http://else.econ.ucl.ac.uk/papers/uploaded/318.pdf.

명쾌한 글에서 스테픈 허크Steffen Huck는 그 제목에 표현된 수수께끼에 대해 독창적이고 설득력있는 답을 제시한다. (왜 엘자는 자신을 주체하지 못하고, 이름 없는 남편에게 누구냐고 묻는가—이런 행위의 파국적 결과를 알면서도?) 허크는 표준적 레퍼토리(소유욕을 내포한 여성적 호기심과 시기심 등)를 버리고, 일차적 믿음과 이차적 믿음—주체가 세계에 관해, 특히 다른 주체에 관해 믿는 바(도대체 내가 진실로 어떤 다른 사람의 심연을 알 수 있을까, 도대체 그 사람을 완전히 신뢰할 수 있을까?)와, 주체가 다른 사람들의 믿음에 관해 믿는 바—의 구별을 동원한다.

> [엘자]는 자신이 결백함을 알고 로엔그린도 그녀가 결백함을 알지만, 엘자는—로엔그린이 마법사일 수도 있다는 생각을 품은 이상은—그가 자신이 결백함을 안다는 점을 알 수 없다. 그녀는 그가 기꺼이 그녀를 위해 싸웠다는 점을 안다. 그러나 (중략) 사람이 그렇게 하려는 데는 두 가지 이유가 가능하다—그녀의 결백에 대한 절대지絶對知, 아니면 신에 대한 의심과 자신의 싸움실력에 대한 더 우월한 믿음. (중략) 그녀는 이 두 가지 가능성 가운데 어느 쪽이 맞는지 분별할 방법이 없다. (물론 한 가지 방법은 로엔그린의 경건한 성품에 대해 의심의 여지를 남기지 않는 바그너의 음악에 귀를 기울이는 것이다. 이는 오페라에서 오케스트라의 음악이 그 오페라의 등장인물들에게 들린다고 상정되는가, 아니면 청중만 그 혜택을 보는 것인가 하는 흥미로운 문제를 제기한다.)

괄호 안의 문제에 대한 답은 분명하다. (적어도 바그너의) 오페라의 논리적(심리적) 전제는 오케스트라의 음악이 그 오페라의 등장인물들에게 들리지 **않는**다고 가정된다는 것이다. 그 음악은 등장인물들이 무시하는 진실, 그들의 행동을 지탱하는 맹목을 표현한다. (여기서 더 나아간 사변은, 등장인물들이 실로 그 음악을 듣는 예외적 순간들이 있다는 것이다. 가령 「로엔그린」의 피날레에 나오는 '성배의 서사'가 그런데, 그것은 연루된 모든 이들에게 사태를 명확히 해준다.) 그렇다면 엘자가 치명적 질문 제기를 억누르지 못하는 이유는 이것이다 — 그 질문에 담긴 메타 믿음은 그저 사랑하는 타인의 여하한 any 믿음에 관한 믿음이 아니라, 나 자신에 관한 그의 믿음에 관한 믿음이다.

여기서 우리는 한발 더 나아가야 한다. 그 질문 제기에 대한 로엔그린의 금지는 그의 성격에 마찬가지로 어두운 그림자를 드리우지 않는가? 그는 신적 지위로 인해 '절대지'를 소유하고 있으므로, 자신이 그 금지로써 엘자로 하여금 어떤 유혹을 받게 만드는지도 알고 있음이 분명하다. 어떻게 된 남자가 자기가 결혼하는 여성을 의식적으로 파멸로 몰아가는 그런 짓을 하는가? 왜 그에게는 엘자를 향한 자신의 사랑보다 그 금지가 더 중요한가?

심지어는 이런 의문을 가져볼 수도 있으리라. 엘자의 곤경은 보기보다 훨씬 더 비극적이지 않은가? 다시 말해서 그녀가 어떤 답을 얻어내든(로엔그린은 그녀의 결백에 대해 알고 있던 신적 영웅이다. 또는 로엔그린은 모종의 마술을 행하는 평범한 작자일 뿐이다), 결과는 파국적이지 않은가? 로엔그린은 진실을 몰랐지만 다만 사랑 때문에 엘자를 믿었던 평범한 기사임을 알게 되는 것이 엘자로서는 훨씬 더 만족스럽지 않겠는가? 이런 식이었다면 그녀에 대한 그의 사랑은 훨씬 더 진정성을 띠었을 것이다.

이런 식으로 읽는다면, 엘자가 묻지 못하도록 금지된 질문은 가장 순수한 형태의 히스테리아다. 그 질문은 사실 "당신이 누구인지 말해줘요"가 아니라 "내가 정말 누구인지 말해줘요"다. 이는 또다른 곤혹스런 가능성을 불러일으킨다. 엘자가 고발당한 범행에 대해서는 죄가 없다 하더라도, 그녀의 욕망이 젊은 왕자의 살해에 실로 연루되었다면 어쩌겠는가? 이는 이 오페라의 네 명의 주요 등장인물 중에서 잘 속아 넘어가는 텔라문트Telramund가 유일한 무신론자이자 동시에 유일하게 정직한 사람으로서, 다만 엘자와 로엔그린 못지않게 자신의 음흉한, 부인된 목표를 추구하는 오르트루트Ortrud에 의해 조종될 뿐이라는 예기치 않은 결론으로 우리를 인도한다.

이와 같은 엘자는 타협적 형상이다. 젠타Senta[52]에서 이졸데와 브륀힐데까지 이르는 위대한 '급진적' 여성 인물들과는 대조적으로, 엘자는 자기희생적인 '행위로의 이행'을 통해 자신의 히스테릭한 긴장을 해소할 힘을 결여하고 있다. 「떠도는 네덜란드인」과 관련하여 이 점을 설명해보자. 바그너에 접근하는 가장 좋은 방법은 '처음' 두 오페라로 시작하는 것이다. 「떠도는 네덜란드인」는 바그너가 '자기 목소리를 찾은' 첫번째 오페라이며(앞선 작품인 「리엔치」의 최상의 부분은 종종—대단히 적절한 아이러니와 더불어—'마이어베어의 최고의 오페라'로 지칭된다), 「라인의 황금」은 첫번째 악극, 악극의 규율(자유로운 즉흥적 선율의 배제, 음악이 극을 면밀하게 따라갈 것 등)을 충실히 따르는 첫번째이자 유일한 오페라다.

「떠도는 네덜란드인」에서는 어떤 다른 것을 보여주는바, 그것은 바그너의 '근본적 환상'(고통스럽게도 영원한 삶을 살도록 저주받은 영웅을 구원하기

---

52 「떠도는 네덜란드인」에서 네덜란드인 선장과 사랑에 빠져 자신을 희생하여 그의 저주를 풀어주는 여성—옮긴이.

위해 자신을 희생하고, 그리하여 그가 평화롭게 죽을 수 있게 해주는 여성에 관한 환상)의 너무나도 노골적인 연출로, 그 노골성은 외설적 키치에 근접하는 당혹스러운 것이다. 그런 외설적 표현에 상응하는 오페라 작품은 놀랍게도 차이코프스키P. I. Tchaikovsky의 「예프게니 오네긴*Yevgény Onégin*」이다. 거기서 '최대의 히트곡'인 그레민Gremin의 아리아는 세 가지의 '에로스 에네르구메노스eros energumenos', 즉 '에로스에 사로잡혀(기운을 받아)'possessed [energized] by eros 에로틱한 정열의 표현을 통해 터져나오는 인간의 경우들 가운데 마지막이다. 첫째, 타티아나Tatyana의 연애편지 장면이 있다. 「예프게니 오네긴」에 맨 처음 등장하는 오케스트라의 짤막한 서곡에서 간결한 선율적 모티프('타티아나의 주제')는 제대로 전개되지 않고, 완전한 선율조차도 아닌 선율적 단편의 고립된 성격을 고스란히 간직하고서 다양한 양식들 속에 반복될 뿐이다. 그런 반복에는 저변의 무기력감, 제대로 된 전개의 실패를 나타내고 드러내는 진정으로 우울한 맛이 있다. 이 주제가 편지 장면에서야—「떠도는 네덜란드인」에서의 젠타의 발라드에 대한 일종의 차이코프스키적 등가물인, 타티아나의 욕망의 이 유토피아적 분출에서야—제대로 전개되어 일종의 유기적 구조를 이룬다는 점은 의미심장하다. (「떠도는 네덜란드인」 역시 그 발라드를 중심에 두고 그로부터 자라나온 오페라이자, 네덜란드인 또한 "아직은 안 보이나, (중략) 그녀에게 이미 소중했"으므로 이 남자 주인공을 즉시 알아보는 여주인공에 관한 오페라다.)

오네긴이 에로틱한 정열을 당황스러우리만치 노골적으로 드러내는 타티아나의 태도에 몸을 움츠리는 것도 당연하다. 타티아나가 사실상 오네긴에게 편지를 보내는 데에는 행위의 차원이 있다. 그녀는 위험을 감수하고 완전한 무방비상태로 자신을 노출시키는데, 만일 오네긴이 그녀를 거부하거나 잠깐 즐길 요량으로 그녀를 이용한다면 그녀로서는 상처를 입을 것이다. 이런 행위는, 애인에게 (어떤 민감하고 고통스런 전언을 담은) 편지를 쓰다가 중간에 그것을 내던져버리고 몸소 애인에게 달려가서 그 전달되지 않은 편지의 전언을 흐리려고 자신을, 자신의 매력을 제시하는 여성의 표준적인 멜로드라마적 제스처와 대조된다. 타티아나는 자신을 직접 제시하는 대신 편지를 보내며, 그럼으로써 스캔들의 파국을 피한다. 그런데 정말 그런가? 그레민의 아리아는 당황스럽고 거의 점잖지 못하게 정열을 공공연히 드러내는 이런 차원을 그 편지 장면과 공유한다. "오네긴, 어떻게 사실을 감추어야 할지 모르겠군요. 나는 타티아나를 미치도록 사랑하오." 여기서 우리는 아이러니에 주목해야 한다—타티아나는 그레민을 사랑하지 않는다. 하지만 그는 이 사실을 아는가? 만일 안다면 그녀를 향한 그의 사랑은 진실한 사랑인가? 그들의 결혼은 그가 경멸한다고 주장하는 바로 그 피상적/형식적인 사회의 일부가 아닌가?

젠타의 발라드는 네덜란드인의 모티프에 대한 기괴하며 어둡고 외설적인 음성적 표현("요호호에! 요호호호에! 요호호에! 요호에!")으로 시작해서, 목적도 휴식도 없이 대양을 방황하도록 운명지어진, 채 죽지 않은undead 유령이라는 그의 상황을 제시한다. 이 묘사에 매우 논리적으로 따라오는 것은 가능한 해결책의 암시다—네덜란드인에게는 구원의 가망이 있는 것이다. 전형적으로 잘 계산된 극작법에 따라 이제야, 세번째 순간에야 네덜란드인의 저주가 설명되고 우리는 그 저주의 원인을 알게 된다. 여기서 주목해야 할 세부 사실은 바그너의 네덜란드인이 (전통적인 네덜란드인의 전설에서처럼) 신을 저주했거나 자기 아내가 부정하다고 오해하여 그녀를 비난하면서 죽였기 때문에 벌을 받는 것이 아니라 죽지 않은 욕동, 즉 기꺼이 자기 목표를 영원토록 추구하며 결코 그것을 두고 타협하지 않으려는 태도를 드러내기 때문에 벌을 받는다는 점이다. 따라서 벌은 죄에 꼭 맞는다—그의 맹세를 들은 사탄은 그저 그의 말을 곧이곧대로 받아들일 뿐이다. 다음 단계에서는 그의 구원의 정확한 조건이 묘사된다—7년마다 한 번씩 그는 뭍에 올라서, 그를 위해 자신을 기꺼이 희생할 태세가 되어 있는 정숙한 아내를 찾아볼 수 있다. 그러나 아직까지는 매번 배신을 당했다. 이제 뛰어난 극적 클라이맥스가 찾아온다. 젠타 주위의 소녀들은 뻔한 질문을 던진다—누가 저 불쌍한 네덜란드인을 구원할 것인가? 젠타의 답변은 예기치 않게 강렬한 주체화다. 발라드의 음조 전체를 바꾸면서 그녀는 자기 자신의 신화 속으로 스스로를 내던져 자신을 구원자redemptrix로 제공한다. 소녀들을 돌보는 노처녀, 그리고 물론 소녀들 자신은 이 외설적 신성모독에 충격과 공포로 반응한다.

여기서 이미 우리는 바그너의 후기 작품들에서 종종 사용되는 전형적인 바그너적 절차와 마주친다. 합창소리가 크게 울려퍼지는 중에 젠타의 좌절한 연인 에릭Eric이 등장하고, 젠타가 자살의 황홀경 속으로 몰입할 때의 폭발적 긴장은 성교 중절coitus interruptus에 대한 음악적 등가물 같은 것 속에 중단된다. (이런 일이 일어나는 곳들 가운데 하나는 「트리스탄과 이졸데」 제2막이다. 여기서 마르케 왕의 귀환은 연인들에 의한 죽음에의 갈망 속으로의 복된 몰입을 잔인하게 중단시킨다.) 그러나 이보다 더 중요한 것은 이 리비도적 긴장을 「떠도는 네덜란드인」의 제3막을 지배하는 집단성의 두 가지 양식 사이의 긴장과 연결하는 것일 것이다. 노르웨이 선원들의 '정상적인' 대중적 합창은 산송장 네덜란드인의 선원들이 부르는 외설적 합창에 눌리고 만다. 노르웨이인들은 기운을 내서 저항하려 하지만 결국 완전히 압도되는 것이다. 이런 구조는 실재the Real의 응답의 구조다—노르웨이 선원들과 소녀들이 벌이는 잔치는 잠잠한 배를 자극하고… 생각지도 못한 결과를 얻는다. 바그너의 작품에서 합창은 대체로, 채 죽지 않은/치명적인 욕동의 과잉분출을 재정상화하는 요소다. 유일한 다른 예외는 「신들의 황혼」 제2막에서 하겐의 무시무시하게 격렬한 '남성의 외침Maenner-Ruf'에 수반되는 기비훙Gibichung 전사들의 합창이다.

그러나 (여성의 희생적 죽음의 궁극적인 예를 제공하는) 「트리스탄과 이졸데」와 「신들의 황혼」 사이에는 중요한 차이점이 있다. 우리는 「트리스탄과 이졸데」에서 이졸데의 최후의 등장과 황홀한 죽음이 죽어가는 트리스탄의 환각이고, 따라서 결말을 포함한 제3막 전체가 트리스탄의 독백이라는 점을 설득력있게 증명할 수 있다.

제2막의 사랑의 이중창에서 제3막의 트리스탄의 독백으로의 이행은 그러므로 정열passion에서 수난Passion으로의, 낭만적 정열에서 기독교적 수난으로의 이행이다. 토머스 메이Thomas May는 다음과 같이 말한다.

> 감동적인 순간—이 오페라에서 가장 잊을 수 없는 순간들 가운데 하나—은 이졸데가 여전히 빛과 낮에 붙잡혀 있는 것을 보고 트리스탄이 공포를 느낄 때 일어난다. 그 순간은 변화를 나타낸다. 트리스탄은 에로틱한 사랑의 관념에서 사심 없고 정신적인 사랑의 능력으로 진화했다. 보살菩薩—아직 몽매한 자들을 평안으로 인도하기 위해 돌아오는 성인—처럼, 트리스탄의 연민은 그로 하여금 자신이 도달한 깨달음의 상태로부터 돌아와서 뒤에 남은

---

53 Thomas May, *Decoding Wagner* (Milwaukee, WI: Amadeus Press 2004), 77쪽.

이졸데를 찾아내도록 강제한다.[53]

그러나 정말 그런가? 트리스탄은 연민에 가득 찬 보살처럼 이졸데에게 돌아오기는커녕, 그녀 없이는 죽을 수 (그리고 평안을 찾을 수) 없어서 그녀를 향해 필사적으로 달려드는 것이 아닌가? 이졸데 자신이 그녀의 마지막 노래에서 "놀라운 변화를 겪는데, 그 변화는 트리스탄이 고뇌에 찬 시각 속에 달성한 것을 훨씬 더 차분하게 반복한다"[54]고 메이가 주장할 때 우리는 그 변화에서 트리스탄 자신의 환상을 식별해야 한다. 「트리스탄과 이졸데」와는 대조적으로 「신들의 황혼」에서 브륀힐데의 자기희생은 온전히 그녀 자신의 행위이며, 다른 이의 환상을 실연하는 것이 아니다.

브륀힐데가 홀로 죽는다는 점에서(트리스탄처럼 지크프리트가 먼저 죽는다), 그녀의 마지막 대사는 이졸데의 죽음을 상기시킨다. 그러나 여기에는 중요한 차이점이 있다. 그녀의 죽음은 황홀한 자멸일 뿐만 아니라 또한 (발할라와 그 신들의 파멸을 포함하는) 불을 통한 죄의 정화이기도 하다. 「반지」 전체에서 '온전히 구현된' 유일한 성적 관계는 지크문트와 지클린데 간의 근친상간적 관계다. 다른 모든 연정 관계는 가짜이거나 심하게 틀어져버린다. 지크프리트와 그의 숙모Tante 브륀힐데(그녀의 아버지 보탄은 지크프리트의 할아버지이기도 하다)의 경우를 보자. 「지크프리트」와 「신들의 황혼」 사이에 있는 시간의 공백은 성적 지복의 시간, 보이지 않는 곳에서 강렬한 정사가 밤새 벌어지는 시간으로 간주될 수 있다. 그러나 「지크프리트」의 대미를 장식하는 의기양양한 이중창에는 부인할 수 없는

---

54 앞의 책, 78쪽.

공허함이 있다. 지크프리트와 브륀힐데의 낭만적 정열은 확실히 꾸며낸 것인바, 「발퀴레」 제1막 끝에 나오는 지크문트와 지클린데의 정열적 포옹이 지닌 강렬함의 희미한 그림자인 것이다. 그리고 「신들의 황혼」의 서곡 2장에 나오는 두 남녀의 대각성大覺醒은 장엄하기는 하나, 점진적 분열로 나아가는 길의 시작이다. 그러나 이 궁극적인, '내 숙모와의 여행'은 브륀힐데로 하여금 최상의 앎을 얻게 해준다. 여기서 우리는 간단하고도 노골적인 질문을 던지기를 두려워해서는 안된다 — 그녀는 정확히 **무엇을** 알게 되는가? 그녀가 '안다knowing'고 규정하는 구절은 아주 정확한 설명을 제공한다. "가장 순수한 자가 나를 배반해야 했으며, 그리하여 한 여인이 알게 되었네!"[55] 그녀로 하여금 모든 것을 알게 만드는 것은 이 배반이다. "모든 것을, 모든 것을, 모두를 이제 나는 아네. 모두가 내게 드러났네." 정확히 어떤 방식으로 지크프리트의 배반은 그녀로 하여금 알게 만들었는가?

답을 제공하는 것은 이른바 단념renunciation의 모티프로, 이는 4부작 전체에서 가장 중요한 라이트모티프라 할 만하다. 바그너의 모티프들을 해석할 때 우리는 언제나 그들의 전前의미론적 지위를 염두에 두어야 한다. 이미 비음악적 차원에서 많은 모티프들이 한 작품에서 다른 작품으로 회귀한다. 「신들의 황혼」과 「파르지팔」에서는 죽은 남자의 손이 올라간다(지크프리트의 손; 티투렐의 손). 「신들의 황혼」과 「트리스탄과 이졸데」

55 우리는 인용된 구절이 어떻게 「파르지팔」의 결말을 가리키는지에 주목해야 한다. "연약한 바보에게 주어진, 가장 순수한 앎의 힘." 브륀힐데가 어떤 인물이든, 파르지팔처럼 연약한 바보는 결코 아니다. 「반지」에서 유일한 진짜 바보는, 연약한 바보는 아니겠지만, 바로 지크프리트다.

에서는 미약媚藥이 치명적인 정열적 애착을 불러일으킨다(지크프리트가 구트루네[Gudrune]와 사랑에 빠진다; 트리스탄과 이졸데가 사랑에 빠진다). 바그너를 올바로 해석하기 위해 이런 반복들을 병렬시켜 읽는 것이 중요하기는 해도, 이를 융Jung적인 방식으로 추구해서는 절대 안될 일이다. 이 모티프들은 융적인 '원형'이 아니며, 그들이 언제나 똑같은 심층의미를 표현하는 것은 아니다. 동일한 모티프의 상이한 현상들은 오히려 레비스트로스적인 방식으로 서로 연관시켜야 하는바, (출현할 때마다 특정한) 의미는 다른 출현 순간과의 차이에 존재하게 된다. 다시 말해 우리는 한 모티프의 '의미'를 직접 찾을 것이 아니라, 그것의 상이한 현상들 아래 놓인 대립의 의미론적 구조를 식별해야 한다. 「트리스탄과 이졸데」에서 미약이 불러일으키는 사랑은 그 미약이 섭취되기 이전에 이미 '감돌고' 있던, 진정한authentic 치명적 애착이며(헤겔식으로 말하자면 미약은 단지 그 애착의 지위를 즉자에서 대자로 바꿨을 뿐이다), 반면 「신들의 황혼」에서 미약이 불러일으키는 사랑은 (브륀힐데에 대한) 지크프리트의 참되고 진정한 애착의 억압에 기초하고 있다 — 앞의 미약은 완전한 기억을, 뒤의 미약은 억압/망각을 작동시킨다. 이와 유사하게, 죽은 지크프리트가 손을 들 때 그것은 그 손에서 반지를 잡아채고 싶어하는 하겐에 대한 경고인 반면, 티투렐은 자신의 집요하고 외설적인 초자아적 압력을 재주장하기 위해 손을 든다 — 앞의 제스처는 소유욕에 사로잡힌 주장에 대한 경고이며, 뒤의 제스처는 그런 주장의 악몽과 같은 재주장이다.

단념의 모티프는 「라인의 황금」 제1장에서 처음 들린다. 알베리히의 물음에 답하여 보글린데Woglinde는 "사랑의 힘을 단념하는 자만이" 황금을 소유할 수 있다는 점을 밝힌다. 그 모티프가 가장 눈에 띄게 출현하는 다음 순간은 「발퀴레」 제1막의 끝 대목에서 지크문트가 나무에서 칼을 뽑기 직전 그와 지클린데의 사랑이 가장 의기양양하게 주장될 때다. 지크문트는 "지극히 성스러운 사랑의 최상의 요구"라는 말로 이 모티프를 노래한다. 이 두 가지 출현을 어떻게 함께 읽을 것인가? 우리가 그들을 '꿈작업dreamwork'에 의해 왜곡된, 다시 말해 둘로 쪼개져서 독해 불가능하게 된 온전한 문장의 두 파편으로 다룬다면? 그러므로 해결책은 온전한 명제를 재구성하는 것이다 — "사랑의 최상의 요구는 그 자신의 힘을 단념하는 것이다." 이는 라캉이 '상징적 거세'라고 부르는 것이다 — 자신의 사랑에 계속 충실하려면 그것을 자기 사랑의 직접적 초점으로 격상시켜서는 안되며 그것의 중심성을 단념해야 한다.

어쩌면 최상의 (혹은 최악의) 할리우드 멜로드라마를 통해 우회함으로써 이 점을 명확히 할 수 있을지 모르겠다. 주목받지 못한 킹 비더King Vidor의 명작 「랩소디*Rhapsody*」의 기본적 교훈은 사랑하는 여자의 사랑을 얻으려면 남자가 그녀 없이 살아갈 수 있음을, 그녀보다 자기 사명이나 직업을 더 중시함을 증명해야 한다는 것이다. 당장 두 가지 선택이 가능하다. ① 내게는 내 직업적 성공이 가장 중요하고, 여자는 그저 재미나 기분전환을 위한 대상에 불과하다. ② 여자가 나의 전부이며, 나는 그녀를 위해 기꺼이 굴욕을 당하고 내 모든 사회적 · 직업적 품위를 버릴 수 있다. 두 가지 모두 잘못된 선택으로, 이렇게 하면 어느 경우든 남자는 여자에게 퇴짜를 맞게 된다. 그러므로 참된 사랑의 전언은 이런 것이다 — 비록 그대가 나의 전부이긴 하지만 나는 그대 없이 살아갈 수 있고 나의 사명이나 직업을 위해 기꺼이 그대를 버릴 수 있다. 그러므로 여자가 남자의 사랑을 시험하는 적절한 방법은 그의 성공에서 결정적인 순간에(영화에 나오듯이 첫번째 공연에서, 중요한 시험이 있을 때, 그의 성공을 결정지을 사업상의 협상이 벌어질 때) 그를 '배반하는' 것이다. 그녀에게 버림받아 깊은 상처를 입었음에도 불구하고 이 시련에서 살아남아 자기 임무를 성공적으로 완수할 수 있을 경우에만 그는 그녀를 차지할 자격이 있고 그녀는 그에게 돌아올 것이다. 근본적 역설은 사랑이, 바로 그 **절대자**로서의 지위로 인해, 직접적인 목표로 설정되어서는 안된다는 것이다. 사랑은 부산물의 지위, 우리가 과분한 은혜로 얻는 어떤 것의 지위를 가져야 한다. 요는 "사랑보다 중요한 것들이 있다"는 점이 아니다. 진정한authentic 사랑의 만남은 우리 삶에서 언제까지나 일종의 절대적 판단기준이다. (전통적 표현을 쓰자면 그것은 "우리의 삶을 의미있게 만드는 것"이다.) 브륀힐데가 얻는 쓰라린 교훈은, 바로 그런 것으로서의 사랑(연정 관계)이 우리 삶의 직접적 목표가 되어선 안된다는 점이다. 오히려 우리가 사랑과 의무 사이의 선택에 마주친다면 의무가 우선시되어야 한다.

마르그리트 뒤라스Marguerite Duras의 소설들에 나오는 연인들이 보여주듯이 참된 사랑은 겸허하다. 연인들은 서로 손을 잡고 있는 동안 상대방의 눈을 들여다보지 않는다. 그들은 함께 바깥쪽을, 어떤 제3의 지점을, 그들 공통의 **대의**를 바라보는 것이다. 아마도 혁명가 커플의 사랑보다 더 위대한 사랑은 없을 텐데, 이 연인들은 혁명이 요구할 경우 각기 언제라도 상대방을 포기할 태세가 되어 있다. 그들은 무조건적인 정열의 **밤**을 불사르기 위해 세속의 모든 애착과 의무를 중지하고자 애쓰는 연인들보다 서로를 덜 사랑하지 않는다. 굳이 따지자면 그들의 사랑이 더 크다. 그리하여 「신들의 황혼」의 피날레는 바그너의 후기 오페라들 가운데 「반지」를 제외한 세 작품에서 연출된 세 선택지를 그가 비판적으로 거부하는 경우다. 그 선택지는 「트리스탄과 이졸데」에서의 자살의 심연, 「명가수」에서의 결혼의 체념적 수용, 「파르지팔」에서의 사랑의 정신병적 거부다. 연인들의 삶의 직접적인 초점으로 정립된 강렬한 성적 관계의 실패를 받아들일 때, 이런 심연에서 일상의 삶이라는 고된 일로 돌아갈 때, 오직 그때에만 참된 사랑은 피어난다. 이런 실패를 배경으로 해서만, 인간의 일시적이지만 여전히 숭고한 모든 성취들을 긍정하는 어떤 사랑이 출현한다.

바그너와 함께 그리스도를

그러면 바그너는 기독교를 어떻게 다루는가? 그가 1848년 말에서 1849년 초까지의 어느 시점에 쓴 희곡 「나사렛 예수*Jesus of Nazareth*」의 초고를 참조하면 이 질문에 답하는 데 도움이 될 것이다. 이 초고와, (1843년, 「떠도는 네덜란드인」과 「탄호이저」 사이에 쓴) 「사라센 여인*Die Sarazenin*」의 대본, 이 두 초고는 바그너의 발전에서 핵심적 요소로서, 그 각각은 그가 취할 수도 있었지만 포기한 길을 보여준다. 다시 말해 그의 초고는 어떤 대안적 바그너의 '만일 이랬더라면'의 시나리오를 가리키며, 그리하여 우리에게 역사의 열린 성격을 상기시킨다. 「사라센 여인」은 바그너가 「떠도는 네덜란드인」에서 자기 목소리를 발견한 이후 그랜드 오페라[56]

56 그랜드 오페라(Grand Opera), 또는 그랑토페라(grand opéra)는 19세기 프랑스에서 발달한, 화려하고 규모가 크며 심각한 내용을 다루는 오페라로서, 모든 대사를 노래로 하는 오페라를 통칭하기도 한다 — 옮긴이.

의 최후의 반격이자 「리엔치」의 반복이다. 만일 바그너가 그것에 곡을 붙였고 그 오페라가 「리엔치」처럼 대성공을 거두었다면 바그너는 이 최후의 마이어베어적 유혹에 굴복하여 전혀 다른 작곡가로 발전해갔을 가능성이 있다. 마찬가지로 2년 뒤 바그너가 「로엔그린」에서 로맨틱 오페라에 대한 자신의 잠재력을 소진한 후 새로운 길을 찾고 있던 시기에, 「나사렛 예수」는 악극과 그 '이교도적' 세계의 길과는 전혀 다른 길을 대표한다. 「나사렛 예수」는 「반지」를 통과하는 긴 우회로 없이 곧바로 씌어진 「파르지팔」과 같은 어떤 것이다. 바그너가 이 희곡의 초고에서 예수에게 부여하는 속성은 십계명에 대한 일련의 대안적 보충물이다.

> 계명은 말하나니, 간음하지 말지어다! 그러나 나는 너희에게 이르노니, 너희는 사랑 없이 결혼하지 말지어다. 사랑 없는 결혼은 시작되자마자 깨어지며, 그처럼 사랑 없이 구애한 자는 이미 혼인을 깬 것이니라. 나의 계명이 너희에게 너희 자신의 마음과 영혼이 원하는 바를 행하라고 명하나니, 너희가 그 계명을 따른다면 어찌 그것을 깰 수 있겠느냐? 그러나 너희가 사랑 없이 결혼할 때 너희는 신의 사랑을 거슬러 스스로를 구속하며, 너희의 혼인을 통해 신에 대해 죄짓는 것이니라. 또한 이 죄가 앙갚음하나니, 너희가 다음 번에는 결혼 서약을 깸으로써 인간의 법에 대항함이라.[57]

여기서 예수가 실제로 한 말로부터의 변화가 중요하다. 예수는 금지를

57 Richard Wagner, *Jesus of Nazareth and Other Writings* (Lincoln and London: University of Nebraska Press 1995), 303쪽.

'내면화'하면서 그것을 훨씬 더 엄하게 만든다. (**법**은 실제의 간음을 하지 말라고 말하나, 나는 너희가 마음에서 타인의 아내를 탐하기만 해도 이미 간음한 것과 같다고 말한다, 등등.) 바그너 역시 금지를 내면화하지만 그 방식은 다르다. 그가 환기하는 내면의 차원은 간음하려는 의도의 차원이 아니라 **법**(결혼)에 수반되어야 할 사랑의 차원이다. 진짜 간음은 혼외정사가 아니라 사랑 없는 결혼 안에서의 정사다. 단순한 간음은 **법**을 외부로부터 위반할 뿐이지만 사랑 없는 결혼은 법의 자구를 그 정신에 대립시키면서 **법**을 내부로부터 파괴한다. 그러므로 다시 브레히트를 변주해 말하자면, 결혼(사랑 없는 결혼이라는 간음)에 비할 때 단순한 간음이란 뭐란 말인가? '결혼은 간음이다'라는 바그너의 근본적 공식이 프루동P-J. Proudhon의 '소유는 절도다'라는 공식을 생각나게 하는 것은 우연이 아니다. 1848년의 격렬한 사건들 속에서 바그너는 성적 사랑을 찬미하는 포이어바흐주의자였을 뿐 아니라 사유재산의 철폐를 요구하는 프루동주의 혁명가이기도 했다. 바그너가 같은 페이지의 뒷부분에서 예수를 "도둑질하지 말지어다!"에 대한 프루동적 보충물의 발원지로 파악하는 것도 놀랍지 않다.

> 도둑질하지 말며, 다른 이의 재산을 탐하지도 말지어다—이것도 좋은 법이다. 이것을 어기는 자는 죄를 짓는도다. 그러나 내가 너희에게 다음과 같이 가르치는 한 나는 너희를 그 죄에서 보호하느니라—네 이웃을 네 몸과 같이 사랑하라. 이 말은 또한 다음을 의미하나니, 곧 자기 자신을 위해 보물을 쌓아두지 말라, 이는 너희가 이웃의 것을 훔쳐 그로 하여금 굶어죽게 하는 것

58 앞의 책, 303~304쪽.

이니, 너희가 인간의 법으로 자기 재화를 지킬 때 너희는 이웃으로 하여금 그 법에 대해 죄를 범하도록 자극함이라.[58]

성서the Book에 대한 기독교적 '보충물'은 이런 식으로, 즉 엄밀하게 헤겔적인 '부정의 부정'으로서 이해되어야 한다. '부정의 부정'은 어떤 관념의 왜곡으로부터 이 관념을 **구성하는** 왜곡으로의, 다시 말해 왜곡 그 자체로서의 이 관념으로의 결정적 전환에 있다. '소유는 절도다'라는 프루동의 변증법적인 옛 모토를 다시 상기해보자. 여기서 '부정의 부정'은 소유의 왜곡('부정', 위반)으로서의 절도로부터 소유의 관념 자체에 새겨진 절도의 차원(어느 누구도 생산수단을 완전히 소유할 권리가 없으며, 생산수단의 본질은 본래 집단적이기 때문에 '이것은 내 것이다'라는 모든 주장은 부당하다)으로의 전환이다. 범죄와 **법**도 마찬가지인바, 법의 왜곡('부정')으로서의 범죄로부터 법 자체를 지탱하는 것으로서의 범죄로의, 다시 말해 **법** 자체가 보편화된 범죄라는 관념으로의 이행도 동일한 경우다. '부정의 부정'에 대한 이런 관념 속에서는 대립하는 두 항을 포괄하는 통일성이 '최저의,' '위반적transgressive' 통일성이라는 점에 주목해야 한다. 법의 자기매개의 계기가 범죄인 것이 아니다(혹은 소유의 자기매개의 계기가 절도인 것이 아니다). 범죄와 법의 대립이 범죄에 내생적이며, 법은 범죄의 아종亞種, subspecies, 범죄의 자기관계적 부정인 것이다(소유가 절도의 자기관계적 부정인 것과 마찬가지다). 자연 자체도 결국은 이와 동일한 경우가 아닌가? 여기서 '부정의 부정'은 우리가 어떤 균형잡힌 자연적 질서를 위반하고 있다는 관념으로부터, 실재the Real에 그런 균형잡힌 질서의 관념을 강요하는 것이 그 자체로 가장 커다란 위반이라는 관념으로의 전환이다…. 모든 급진적 생태학의 전제, 심지어는 제1의 공리가 '**자연**은 없다'인 이유는 거기에 있다.

이런 주장에서 우리는, 공산주의자들은 자유, 소유, 가족을 폐지하기를 원한다는 부르주아적 비난에 답하고 있는 『공산당 선언』의 유명한 구절을 떠올리지 않을 수 없다 — 자본주의적 자유야말로 사실상 시장에서 사고파는 자유이며, 따라서 팔 것이라고는 자신의 노동밖에 없는 자에게는 부자유의 바로 그 형식이다; 자본주의적 소유야말로 아무 생산수단을 갖지 못한 자들에게는 소유의 '폐지'를 의미한다; 부르주아적 결혼이야말로 보편화된 매춘이다. 이 모든 경우에 외적 대립은 내면화되어서, 하나의 항은 대립하는 다른 항이 현상하는 형식이 된다. (가령 부르주아적 자유는 대다수의 부자유가 현상하는 형식이다.) 그러나 마르크스에게 이는, 적어도 자유의 경우에는, 공산주의가 자유를 철폐하는 것이 아니라 자본주의적 예속을 철폐함으로써 **실제의** 자유, 더이상 그 대립항이 현상하는 형식이 아닌 그런 자유를 가져오리라는 점을 의미한다. 그러므로 자유의 반대항이 현상하는 형식은 자유 자체가 아니라 오로지 거짓 자유, 지배관계에 의해 왜곡된 자유다. 그렇다면 여기서, '부정의 부정'의 변증법 저변에 하버마스적인 '규범적' 접근법이 곧바로 불쑥 모습을 드러내지 않는가? 범죄적 위반에 의해 침해되는 법질서라는 선행하는 관념이 없다면 어떻게 범죄에 대해 말할 수 있는가? 다시 말해 보편화된/자기부정된 범죄로서의 법이라는 관념은 자멸적이지 않은가? 정확히 이것이야말로 엄밀하게 변증법적인 접근법이 거부하는 바다. 즉 위반 이전에 존재하는 것은 단지 좋지도 나쁘지도 않은 (소유도 절도도 아니며, 법도 범죄도 아닌) 중립적 사태이고, 차후에 이 사태의 균형이 침해되며, 이차적 조치로서, 즉 그 위반에 대응하고 그것을 봉쇄하려는 시도로서 적극적 규범(법, 소유)이 생겨난다는 것이다. 자유의 변증법과 관련해서 이것이 의미하는 바는, '실제의' 자유의 조건을 창조하고 그 공간을 여는 것은 바로 '소외된 부르주아적' 자유라는 것이다.

바그너의 세계에는 「파르지팔」에 이르기까지 내내 이런 헤겔적 논리가 작동하고 있다. 「파르지팔」의 최종적 전언은 심오하게 헤겔적인 것이다 — "상처는 그것을 유발한 창으로만 치유할 수 있다." 헤겔도 동일한 말을 하는데, 다만 강조점은 반대 방향으로 이동한다. 즉 **정신**은 그 자체가 자신이 치유하고자 하는 상처라는 것, 즉 상처는 그 스스로 가해진다는 것이다.[59] 다시 말해 가장 근본적으로 '**정신**'은 무엇인가? 자연의 '상처'다. 주체는 부정성의 거대한 — 절대적인 — 힘, 주어진-직접적인 실체적 통일성 안에 간극/벤 곳gap/cut을 도입하는 힘, 실제로는 유기적 통일체의 일부인 것을 자립적인 것으로 다루며 구별짓고 '추상하고' 찢어놓는 힘이다. **정신**의 '자기소외'라는 관념(**정신**이 그 타자성 속에, 그 대상화 속에, 그 결과 속에 자신을 상실한다는 관념)이 보기보다 더 역설적인 이유는 거기에 있다 — 그 관념은 **정신**의 철저하게 비실체적인 성격에 대한 헤겔의 주장과 더불어 이해해야 한다. 사유하는 것res cogitans, 사유하기도 하는 (사유를 자신의 속성으로 하는) 것thing은 없다. 정신은 자연적 직접성을 극복하는 과정, 이 직접성의 계발의 과정, 그로부터 자신 속으로 물러나거나 '떨어져 나오는' 과정, 또는 (왜 아니겠는가?) 그로부터 자신을 소외시키는 과정일 뿐이다. 그러므로 역설은 **정신**의 '자기소외'에 선행하는

---

59 G. W. F. Hegel, *Aesthetics*, Vol.1 (Oxford: Oxford University Press 1998), 98쪽 참조.

자기란 없다는 데 있다—소외의 과정 자체가, **정신**이 그로부터 소외되고 또 그리로 귀환하는 그 '**자기**'를 창조/생성하는 것이다. 여기서 헤겔은 X의 실패한 판본은 그것의 규범(척도)으로서 이 X를 전제한다는 표준적 관념을 뒤집는다—X는 그것에 도달하는 것의 반복된 실패를 통해서만 창조되며 그 공간의 윤곽이 그려진다. **정신**의 자기소외는 그것의 **타자**(자연)로부터의 그 소외와 동일하고 후자와 완전히 일치하는데, 왜냐하면 그것은 자연적 **타자성** 속으로의 몰입으로부터 '자신으로의 귀환'을 통해 스스로를 구성하기 때문이다. 다시 말해 **정신**의 자신으로의 귀환은 그것이 귀환하는 장소인 바로 그 차원을 창조한다. (이는 모든 '기원으로의 귀환'에 적용된다. 19세기 이후로 중유럽과 동유럽의 새로운 민족국가들이 스스로를 구성할 때 '민족의 옛 뿌리'의 발견과 그것으로의 귀환은 이 뿌리를 생성해냈다.) 이것이 의미하는 바는, '부정의 부정,' 소외로부터 '자신으로의 귀환'은 그것이 일어나는 것처럼 보이는 곳에서 일어나지 않는다는 것이다. '부정의 부정'에서 **정신**의 부정성은 상대화되어 어떤 포괄적인 긍정성positivity 아래에 포괄되지 않는다. 그것이 부정한 전제된 긍정성, 그것이 그로부터 자신을 소외시키는 전제된 **타자성**에 여전히 부속되어 있는 것은 오히려 '단순한 부정'이며, '부정의 부정'은 이 **타자성** 자체의 실체적 성격의 부정, 자신의 모든 전제들을 소급적으로 정립하는 **정신**의 자기관계라는 심연의 완전한 수용일 뿐이다. 다시 말해 우리가 일단 부정성 안에 있게 되면 우리는 결코 그것을 떠나서 **기원**의 상실된 순진무구함을 되찾지 못한다. 오히려 '부정의 부정' 속에서만 **기원**은 진실로 상실되고, 그것의 바로 그 상실 자체가 상실되며, 기원은 상실된 것의 실체적 지위를 박탈당한다. **정신**은 자신의 상처를 직접 치유함으로써가 아니라 그 상처가 난 바로 그 온전하고 건강한 **몸**을 제거함으로써 상처를 치유한다. (다소 천박한) 의학적 농담과 약간 비슷하다 — "나쁜 소식은 당신에게 심각한 알츠하이머 질병이 있다는 사실이 발견됐다는 점입니다. 좋은 소식도 똑같지요. 당신에게 알츠하이머 질병이 있기 때문에 당신이 집에 돌아갔을 즈음에는 그 나쁜 소식을 벌써 잊어버릴 겁니다."

기독교 신학에서 그리스도의 보충물(반복되는 "나는 너희에게 이르노니…")은 종종 **법**의 명제에 대한 '반명제'로 지칭된다. 여기서 아이러니는 엄밀히 헤겔적인 접근법에서 이 반명제가 가장 순수한 형태의 종합 자체라는 점이다. 다시 말해, 그리스도가 **법**의 '완성'을 통해 하는 일은 엄밀한 헤겔적 의미에서 **법**의 지양Aufhebung이 아닌가? 십계명은 그 보충물에서 다른 (더 높은) 차원으로 격상/전치됨으로써 부정되는 동시에 유지된다.

그러므로 우리는 바그너에서 이교적인 이데올로기적 모티프들을 찾는 데 있어 매우 주의해야 한다. 오웬 리Owen Lee는 「탄호이저」의 끝 대목에 관해 다음과 같이 말했다. "교황의 십자가에서 잎이 돋아난 것처럼 바그너의 기독교 찬송가 '순례자의 합창'은 마지막에 이교주의의 고동치는 음악(베누스베르크에서 들려오는 열광적이고 단속적인 셋잇단음표)에 감싸인다."[60] 그러나 기독교적 영성과 이교적 환희의 그런 '종합'은 너무나도 쉬운 해결책이 아닌가? 오히려 우리는 리가 합쳐놓은 그 둘을 서로 대립시켜야 하지 않을까? 교황의 지팡이에 잎이 돋는 것은 '순진무구한' 자연적 풍요와 연관되는 반면 '열광적이고 단속적인 셋잇단음표'를 지닌 베누

60 May, 앞의 책, 48쪽.

스베르크의 음악은 어둡고 불온한 '비자연적' 정열을 대표한다. 그것이 마지막 합창의 배경을 형성한다는 사실은 손쉬운 화해가 아니라 해결되지 않은 긴장을 암시한다. 요컨대 바디우가 옳다. 「탄호이저」에 최종적 화해는 없다. 여기서 우리는 너무나 분명해서 우리가 종종 주목하지 않고 지나치는 하나의 사실에 주의를 기울여야 한다. 탄호이저가 찬미하는 여신 베누스는 다시 나타나는 별, 즉 새벽별이면서 저녁별이다. 볼프람이 순수한 정신적 사랑을 드높이며 후자를 찬미할 때 탄호이저처럼 그 역시 베누스가 지닌 면모들의 하나를 찬미하는 것이다.

이처럼 탄호이저와 볼프람은 하나의 동일한 대상을 찬미하는데, 그것은 경의를 담아 거리를 두고 바라볼 때는 고귀한 '저녁별'이지만, 너무 가까이 접근하면 절제되지 않은 감각적 쾌락의 '새벽별'로 나타난다. 이 차이는 실질적이지 않고 순전히 시차적視差的, parallactic이다. 이는 바그너가 유대-기독교적 지평을 뚫고 나와 고대 그리스 신화의 저변에 놓인 논리로 복귀했다는 주장에 대해 회의적 태도를 견지해야 할 또 하나의 이유다. 가령 메이는 「로엔그린」에 대한 연구에서 다음과 같은 주장을 되풀이한다.

> 이야기의 기원은 '초자연주의를 향한 기독교적 성향'보다 시간적으로 앞서는바, '보편적 인간 본성의 가장 진실한 심부에서' 유래한다. 바그너는 비교를 위해 과거의 그리스 신화에 귀를 기울인다. **떠도는 네덜란드인**과 탄호이저가 (불시에 키르케의 유혹을 받는 방랑자이자 모험가인) 오디세우스라는 고대

---

61 앞의 책, 52~53쪽.

> 그리스적 원형의 변종이듯이, 로엔그린과 엘자 간의 조우는 제우스와 세멜레의 신화에 상응한다.[61]

'보편적 인간 본성'의 '가장 깊은 본질'은 (이 포이어바흐적인) 바그너에게는 사랑의 필연성이다.

> 이 사랑의 본질은 그 가장 진실한 표현에 있어 **궁극의 육체적 실재**reality**에 대한 갈망**, 모든 감각들로 파악할 수 있는, 실제적 존재의 모든 힘으로 단단히 붙잡을 수 있는 어떤 대상의 결실에 대한 갈망이다. 이 유한하고 육체적으로 확실한 포옹 속에 신은 용해되고 사라져야만 하지 않겠는가?[62]

그 네덜란드인에 대해서는 **방랑하는 유대인**이라는 유대인적 원형이 훨씬 더 적실한 마당에 왜 이처럼 고대 그리스적 원형을 전면에 내세우는가? 이는 바그너가 고향에서 멀리 떠나 베니스에서 죽는 바로 그 순간까지 그를 따라다녔던 그의 근본적인 유대인적 동일시가 아닌가? "후기 바그너의 그 모든 모순적인 민족주의적 포효에도 불구하고, 어떤 의미에서 망명은 그가 결코 피해 달아날 수 없었던 상황이다."[63] 여기서 한 걸음 더 나아가는 위험을 감수하자면, 진실한 사랑의 본질을 형성하는 **"궁극의 육체적 실재에 대한 갈망"**은 그리스도를 성육신Incarnation으로 몰아가는 것이 아닌가? 신은 인류에 대한 사랑에서 인간이 되었고, 사

---

62 앞의 책, 53쪽.

63 Kitcher and Schacht, 앞의 책, 198쪽.

실상 십자가 위에서 '용해되고 사라졌다.' 「신들의 황혼」 마지막 대목에, 고린도전서 13장 1~2절과 12~13절에 나오는 사도바울의 말과 더불어 기독교적 바그너가 나타나는 것도 별로 놀랍지 않다.

> **1** 내가 사람의 방언과 천사의 말을 할지라도 사랑이 없으면 소리 나는 구리와 울리는 꽹과리가 되고 **2** 내가 예언하는 능력이 있어 모든 비밀과 모든 지식을 알고 또 산을 옮길 만한 모든 믿음이 있을지라도 사랑이 없으면 내가 아무것도 아니요 (중략) **12** 우리가 지금은 거울로 보는 것같이 희미하나 그때에는 얼굴과 얼굴을 대하여 볼 것이요 지금은 내가 부분적으로 아나 그때에는 주께서 나를 아신 것같이 내가 온전히 알리라. **13** 그런즉 믿음, 소망, 사랑, 이 세 가지는 항상 있을 것인데 그중의 제일은 사랑이라.

이를 브륀힐데 식으로 바꾸면 이럴 것이다 — "내가 가장 자연스럽고 순진무구한 살아있는 존재라도 사랑이 없으면 내가 아무것도 아니요, 내가 가장 위대한 입법자라도 사랑이 없으면 내가 아무것도 아니요, 내가 가장 위대한 영웅이라도 사랑이 없으면 내가 아무것도 아니라. 자연적 순진무구함, 법, 영웅주의는 항상 있을 것이나 이 세 가지보다 더 위대한 것은 사랑이라."

역설적으로 들릴지 모르지만, 우리는 「반지」가 (그 신들이 북구 이교의 신들이기에) 영웅적 이교주의의 서사시이며 「파르지팔」은 (니체가 표현했듯이 바그너가 십자가 앞에 무릎을 꿇기 때문에) 바그너의 기독교화를 대표한다는 표준적 주장을 마침내는 뒤집어야 한다. 바그너가 기독교에 가장 가까이 다가서는 것은 「반지」에서이며, 「파르지팔」은 기독교적 작품이기는

커녕 이교적 의식으로의, 즉 왕의 회복을 통한 풍요의 순환적 복원으로의 기독교의 외설적 재번역을 연출한다.[64] 한 세기 전에 체스터턴G. K. Chesterton은 고대의 이교적 태도는 삶에 대한 환희에 찬 주장인 반면 기독교는 죄의식과 단념의 음침한 질서를 강요한다는 표준적 인식(오인)을 뒤집은 바 있다. 몹시 우울한 것은 오히려 이교적 자세다. 그것이 유쾌한 삶을 설교한다 해도, 그것은 "삶이 지속되는 동안 즐겨라, 결국에는 언제나 죽음과 부패가 찾아오니까" 하는 식이다. 이와 반대로 기독교의 전언은 죄의식과 단념의 기만적 표면 아래 있는 무한한 환희다. "기독교의 바깥 테두리는 윤리적 자제와 직업 사제로 구성된 단단한 방호벽이다. 그러나 그 비인간적 방호벽 안쪽에서 당신은 어린아이처럼 춤추고 남자답게 술 마시는 옛적의 인간적 삶을 발견할 것이다. 기독교는 이교적 자유를 위한 유일한 틀이기 때문이다."[65]

톨킨의 『반지의 제왕』은 이런 역설의 궁극적 증거가 아닌가? 신실한 기독교인만이 그런 웅대한 이교적 우주를 상상할 수 있었을 것이며, 그럼으로써 이교주의가 궁극적인 기독교적 꿈이라는 점을 확증할 수 있었을 것이다. 최근에 『반지의 제왕』이 이교적 마술의 전언을 통해 기독교를 훼손한다며 우려를 표한 보수적 기독교인 비평가들이 초점을 놓치고 있는 이유가 바로 그것이다. 그 초점, 여기서 회피할 수 없는 도착적 결

---

64 사적인 대화에서 바그너는 「파르지팔」의 근본적인 이교적 외설성에 관해 아주 명시적으로 말했다. 「파르지팔」이 초연된 날 저녁에 열린 사적인 리셉션에서 그는 "성찬식을 묘사하는 작품을 흑미사(black Mass)라고 표현했다. (중략) '여러분 가운데 의식에 참여하는 사람 모두는 자기 안에 악마가 거하도록 신경써야 하고, 청중으로 있는 사람은 확실히 악마를 가슴 속에 맞아들여야 합니다!'" Joachim Kohler, *Richard Wagner: The Last of the Titans* (New Haven: Yale University Press 2004), 591쪽.

65 Chesterton, *Orthodoxy* (San Francisco: Ignatius Press 1955), 164쪽.

론이란 다음과 같다—우울한 슬픔의 대가를 치르지 않고 유쾌한 삶이라는 이교적 꿈을 향유하고 싶은가? 기독교를 선택하라. 루이스C. S. Lewis의 연작소설 『나니아 연대기*The Chronicles of Narnia*』가 결과적으로 실패인 이유는 그것이다. 이 작품은 이교적인 신화적 우주에 기독교적 모티프들(가령 제1권에서 사자가 그리스도처럼 자신을 희생하는 것)을 주입하려 하기 때문에 성공하지 못한다. 이런 시도는 이교주의를 기독교화하는 대신 기독교를 이교화하며, 기독교를 그것과 전혀 어울리지 않는 이교적 우주 안에 다시 새겨 넣는데, 그 결과는 거짓된 이교적 신화다. 여기서의 역설은 바그너의 「반지」와 「파르지팔」 사이의 관계에 존재하는 역설과 정확히 동일하다.

원래의 이야기 중간에 옆길로 새지만 어느 면에서는 또 바그너에 충실하다고 할 어떤 플롯을 지닌 「파르지팔」의 대안적 버전을 우리가 쉽게 상상할 수 있는 이유가 거기에 있다. 그것은 제2막에 쿤드리가 파르지팔을 유혹하는 데 실로 성공하는, 일종의 '포이어바흐화된' 「파르지팔」이다. 이 대목에서는 파르지팔이 클링조르의 손아귀에 떨어지기는커녕 쿤드리가 클링조르의 지배에서 놓여난다. 그리하여 제2막의 끝에 클링조르가 두 사람에게 접근할 때 파르지팔은 그가 하리라고 예상되는 바로 그 일을 행하지만(그는 클링조르의 성을 소멸시킨다), 그러고 나서는 쿤드리와 함께 몬살바트로 떠난다. 피날레에서 파르지팔은 암포르타스를 구하기 위해 마지막 순간에 쿤드리와 함께 등장하여, 성배의 낡고 남성적인 불모의 통치는 끝났고 땅에 풍요를 회복하기 위해 여성성이 다시 허용되어야 한다고 선언한다. 우리는 **남성적인** 것과 **여성적인** 것 사이의 (이교적) 균형으로 복귀해야 한다. 파르지팔은 쿤드리를 왕비로 하는 새

왕으로서 권좌를 계승하고 1년 뒤에 로엔그린이 태어난다.

우리는 바그너의 「반지」가 최고의 바울주의적Paulinian 예술작품이라는, 너무 뻔해서 오히려 놓치기 쉬운 사실을 종종 알아채지 못한다. 그 작품의 핵심에 놓인 관심사는 **법**의 통치의 실패이고, 「반지」의 내적 세계 전체를 가장 잘 포괄하는 전환은 **법**에서 사랑으로의 전환이다. 「신들의 황혼」이 끝나갈 때 일어나는 일은 바그너가 자기 자신의 (이교적, 포이어바흐적) 이데올로기—(이)성애적 커플의 사랑이 모범이라는—를 극복한다는 것이다. 마지막의 브륀힐데의 변화는 에로스에서 아가페로의 변화, 에로틱한 사랑에서 정치적인 사랑으로의 변화다. 에로스는 진실로 **법**을 극복할 수 없다. 다만 그것은 순간적으로 자신을 소진하는 지크문트와 지클린데의 화염처럼, **법**의 순간적 위반으로서 점點적인 강도 속에 폭발할 수 있을 뿐이다. 우리가 에로스의 실패의 결과를 떠안고 난 후에 남는 것은 아가페다.

여기서 우리는 「신들의 황혼」 피날레의 저변에 있는 실존적 기획의 4중 구도—라인의 처녀들의 자연적 순진무구함; 보탄의 법의 통치; 지크문트와 지클린데의 정열적 사랑; 지크프리트의 영웅적 행위—에서 사랑이 두 번 일어난다는 점에 주목해야 한다. 첫번째는 (지클린데와 지크문트 쌍으로 예시되는[exemplified], 또는 차라리 그 경우로 실현되는[instantiated]) 에로스로서, 즉 모든 사회적 연관을 말소하는 자살적-치명적 몰입으로서이며, 그 다음에는 아가페로서, 즉 모든 것을 포괄하는 '정치적인 사랑'으로서다. 첫번째 사랑은 종種, species이며, 두번째 사랑은 자신을 그 자신의 종으로서 포괄하는 유類, genus다. 헤겔식으로 말하면 여기서 사랑은 그 자신의 '대립적 결정gegensaetzliche Bestimmung' 속에서, 그 자신의 종으로서 자기 자신과 조우한다.

바그너의 유는 정치적 활동의 집단적 영역을 남성에게 남겨두고 여성은 내밀한 사생활에 제한하는 (바그너가 보통 받아들이는) 표준적 이데올로기와의 선명한 대조 속에 여성을 이 정치적인 사랑, 해방적 집단을 결합시키는 사랑의 동인agent으로 제시하는 것이었다. 「반지」의 결말에 나오는 브륀힐데는 잔 다르크Jeanne d'Arc와 같은 계열에 속한다. 그녀는 해방적이고 비가부장적인 집단을 이끄는 여성이다.

이로써 우리는 '결말 찾기'의 문제로 돌아가게 된다. 「반지」를 구성하는 앞 세 작품의 피날레는 결말의 시도가 실패한 경우로 생각될 수 있다. 「라인의 황금」은 상실된 순진무구함에 대한 라인의 처녀들의 탄식과 **법**의 통치에 대한 위엄있는 주장 사이의 대조로 끝난다. 「발퀴레」는 영웅적 행위가 사태를 바로잡으리라는 희망으로 끝난다. 「지크프리트」는 황홀한 사랑으로 끝난다. 이들은 모두 거짓되며, 가짜다 —「라인의 황금」의 피날레만 그런 것이 아니라, 도래할 영웅을 고지하는 「발퀴레」의 적잖이 허허로운 광경은 더 심하고, 「지크프리트」의 대미를 장식하는, 공허하게 들리는 브륀힐데와 지크프리트의 이중창은 이들 가운데 최악이다. 그리하여 많은 비난에 시달리는 이 결말들의 '거짓됨'은 바그너의 예술적 온전성의 일부다. 그것은 그 결말들이 실연하는 해결책의 거짓됨을 나타내는 것이다. 마치 아무 위안도 가져다주지 않는, 지크프리트의 죽음의 불안하고 잔인한 음악 속에서 그 모든 거짓된 결말들은 배척되는 듯하다 — 진실로 결말의 기능을 수행하는 것은 브륀힐데의 최종적 행위뿐이다.[66]

브륀힐데의 죽음에는 사실상 그리스도 같은 차원이 있지만, 오직 그리스도의 죽음이 성령의 탄생, 아가페로 연결된 신자들의 공동체의 탄생을 나타낸다는 의미에서만 그러하다. 브륀힐데의 마지막 말 중 한 구절이 "루어, 루어, 두 고트!Ruhe, ruhe, du Gott!, 신이여, 편히 잠들라!"인 것은 별로 놀랍지 않다. 그녀의 행위는 자신의 불가피한 죽음을 자유롭게 받아들이기를 원하는 보탄의 소망을 실현시킨다. 발할라의 파멸 뒤에 남는 것은 그 파국적 사건을 조용히 바라보는 인간 군중이다. 셰로와 불레즈의 획기적인 연출에서 이 군중은 음악이 멈추는 순간 무대에 남아 관객을 응시한다. 이 군중은 성령이 육화된 존재다. 이제 신 또는 그 어떤 다른 대타자 형상의 그 어떤 보장도 없이 모든 것이 그 군중에게 달렸다. 아가페를 실천하면서 성령처럼 행동하는 것은 이 군중에게 달렸다.

> **구원**의 모티프는 온 세상에 전해지는 전언이지만, 모든 무녀들과 마찬가지로 오케스트라는 불분명하며 그 전언을 해석하는 데는 여러 가지 방식이 있다. (중략) 우리는 불신과 불안을 안고서—이 인류가 품고 있는 한없는 희망, 「반지」 전체에 걸쳐 인간을 분열시켜온 극악한 싸움에서 언제나 말없이, 그리고 보이지 않게 위험에 처해졌던 그 희망에 필적할 불신을 안고서—그 소리를 듣지 않는가, 그래야 하지 않겠는가? 신들은 삶을 살았고, 그들 세계의 가치는 재구성되고 재발명되어야 한다. 인간은 마치 절벽 끝에 서 있는 듯

---

66 「반지」 공연에서 카를 뵘(Karl Böhm)이 지크프리트의 장송곡에서 브륀힐데의 위대한 자기희생 장면으로 이어지는 대목을 축소하면서 지크프리트의 운명을 걱정하는 구트루네의 고뇌에 찬, 잠깐 등장하지만 경탄할 만한 모습을 빼버린 것은 사실 야만스런 행위였다. 이 대목을 축소해서 오페라의 결말부를 기본적으로 두 개의 대히트곡(지크프리트의 죽음, 브륀힐데의 희생)으로 환원할 경우 그 장면의 위태롭지만 매우 섬세한 균형은 완전히 깨져버리는 것이다.

> 하다—그들은 땅의 저 깊은 곳에서 울려오는 신탁神託에 긴장하여 귀를 기울인다.[67]

사랑을 통한 구원의 보장은 없다. 구원은 그저 가능할 따름이다. 이로써 우리는 기독교의 가장 깊은 핵심 속으로 들어온다. 파스칼적 내기를 한 것은 신 자신이다. 십자가 위에서 죽음으로써 그는 어떤 최종적 결과의 보장도 없이 위태로운 제스처를 감행했다. 다시 말해 그는 우리—인류—에게 텅 빈 S1, 주인 기표를 제공했고, 그것을 S2의 연쇄로 보충하는 것은 인류에게 달렸다. 신적 행위는 아이(i)자(字) 위에 찍는 결정적인 점을 제공하기는커녕 **새로운 시작**의 열려 있음을 의미하며, 그에 걸맞게 사는 것, 그 의미를 결정하는 것, 그것을 활용하는 것은 인류에게 달렸다. 광적인 활동을 하도록 우리를 운명지우는 **예정**에서처럼 말이다—**사건**은 **순수한 텅 빈 기호**이며, 우리는 그 의미를 생성하기 위해 활동해야 한다. 여기에 끔찍한 **계시의 위험**risk of Revelation이 존재한다. '**계시**'가 뜻하는 것은 신이 모든 것을 내거는 위험, 말하자면 자기 자신의 그림 속으로 걸어들어가고, 피조물의 일부가 되고, 자신을 존재의 극단적 우연성에 노출시킴으로써 완전히 '실존적으로 참여하는' 위험을 스스로 감수했다는 것이다. 참된 **열려 있음**은 결정 불가능성의 열려 있음이 아니라 **사건**의 여파 속에 살아가기, 결과를 이끌어내기의 열려 있음이다—무엇의 결과인가? 바로 **사건**이 열어놓은 새로운 공간의 결과다. 셰로가 말하는 불안은 행위의 불안이다.

---

67 Patrice Chéreau; Carnegy, 앞의 책, 363쪽에서 재인용.

| 옮긴이의 말 |

미래의 예술을 향해 던지는 전언

김성호

이 책은 리하르트 바그너에 관한, 더 넓게 말해 음악에 관한 '전공서적'이 아니다. 이는 바디우의 논의가 소박하다는 것이 아니라 그 정반대를 뜻한다. 사실 이전 시대에 아도르노가 그랬듯이 바디우의 음악학적 소양은 결코 만만치 않고, 특히 바그너 오페라에 대한 애착과 식견은 놀라울 정도다. 그러나 그에게 바그너라는 화두는 현대 예술과 문화, 그리고 철학의 중심문제들로 곧장 통하는 문이다. 「반지」 연작을 비롯해 수많은 바그너 오페라와 그 공연의 역사를 논하는 이 책에서 '총체화' '라이트모티프' '극화' '지연되는 피날레' 등의 음악사적 · 음악학적 쟁점은 한편으로 동일성과 차이, 부정변증법, 시간성, 주체, 기독교의 지양과 같은 철학적이거나 정신사적인 쟁점과, 다른 한편 독일 민족주의, 파시즘, 집단적 의식儀式, 민주주의, 대중 같은 정치적 쟁점과 긴밀히 교차된다. "이처럼 '바그너의 경우'는 미학적 · 철학적인 경우이자 동시에 이데올로기적 · 정치적인 경우다." '바그너의 경우'가 역사적으로 구성된 것인 한, 바디우가 바그너의 오페라 작품 못지않게 그것의 미학적 · 철학적 · 정치적 전유의 역사에 주목하는 것은 당연하다.

여기서 바디우는 서로 밀접하게 연관된 세 가지 기획을 동시에 펼치고 있는 것으로 보인다. 첫째는 바그너를 그에 대한 고전적인—미학적인, 그리고 정치적인—비판들로부터 구출하고 새로운 바그너 형상을 제안하는 것이다. 둘째는 음악과 철학의 관계를 사유하는 가운데 현대 예술과 철학의 근본적 문제들과 대결하는 것이다. 셋째는 앞의 작업들을 바탕으로 음악, 더 넓게는 예술 전반의 미래를 탐색하는 것이다.

바그너의 구출이라는 기획은 기존의 지배적인 바그너 형상을 해체하는 작업을 의미한다. 아도르노에 이어 프랑스 철학자 필립 라쿠라바르트로 대표되는 바그너 비판의 전통적 논리는 그의 예술을 총체화와 신화화의 정점이자 기술공학적 효과에 의존하는 대중예술의 시작으로 규정하는 것이다. 이에 따르면 바그너에게는 총체적 예술작품total artwork을 창조하려는 야심이 있었고, 이는 오페라의 재현적 세계를 기원적 신화 체계 및 신화적 규범에 종속시키려는 경향과 맞물려 있었다. 바그너의 오페라는 예술작품 내의 모든 변별적 요소들, 다시 말해 차이를 통일성에 종속시키고 불연속성을 연속성으로 덮어버리며 부정이나 지연을 궁극적 긍정과 "동일주의적 종결"로 해소하고자 하는 목적론적 지향을 함축했다. 음악에 통일성을 부여하는 일은 동시에 이데올로기적 작업이기도 했으니, 그것은 어떤 신화화된 독일 민족의 이념을 구축하는 데 봉사함으로써 바그너가 나치 지도자들에 의해 전유되는 길을 열었던 것이다.

다른 한편 바그너는 오페라에 음악적 기술 및 그 외의 기술을 총동원하여 예술을 가히 기술공학의 차원으로 이끌어갔으며, 이로써 오늘날 일반화된 기술공학적 대중예술의 창시자가 되었다고 이야기된다. 여기서 바그너와 대중예술의 연관 못지않게 흥미로운 것은 그의 예술이 지니는 '키치적' 성격에 관한 논의다. 바디우 자신은 제국의 임박한 몰락에 발맞추어 "소란과 허무주의의 결합, 또는 소란한 허무주의"로서의 키치가 생산된다고 주장하면서 오늘날의 할리우드 영화에서 이 사실을 확인하는데, 바그너의 비판자들은 이미 이 '대중예술의 창시자'에서 진정한 역사적 내용을 결여한 채 기술공학적 효과에 과도하게 의존하는 키치 예술을 발견했던 것이다.

여기서 보듯이 비판자로서든 옹호자로서든 '바그너의 경우'에 연루된다는 것은 현대 예술과 철학의 주요 문제에 대해 어떤 입장을 취함을 의미한다. 바디우의 책에서 이 문제들은 여러 가지 대립쌍으로 변형되어 나타나는데, 이미 거론한 경우를 포함하여 몇가지를 열거해보면 다음과 같다. 총체화와 탈총체화(절제), 통일단일성과 분해(다수성), 동일성과 차이, 연속성과 불연속성, 닫혀 있음(폐쇄, 봉쇄)과 열려 있음(개방, 탈봉쇄), 긍정변증법과 부정, 형식(정형)과 비형식(비정형), 조성과 무조無調, 구상과 성좌, 구원과 유기(또는 헛된 기다림), 수사修辭와 현존하는 고통, 정체성과 변신, 전통과 혁신, 순수예술과 불순한 예술. 이 쌍들이 음악과 철학의 교차지점에 있다는 사실, 즉 그것들이 예술적 가치의 문제를 구성하는 동시에 현대 철학의 가장 큰 관심사랄 수 있는 주체의 문제를 표현하고 있다는 사실을 간파하기는 어렵지 않다. 또하나의 사실도 곧바로 우리 시야에 들어오는데, 그것은 현대의 예술과 철학, 특히 포스트모더니즘으로 불리는 제 경향은 전자를 비판하고 후자를 옹호하는 입장에 서 있다는 것이다. 이런 입장에서 볼 때 바그너는 두말할 필요 없이 총체화, 순수예술 등등의 관념을 대표한다. 문제는 바디우가 이런 식의 평가에 반대하면서도 바그너를 총체화가 아닌 탈총체화, 순수예술이 아닌 불순한 예술 편에 속한 음악가라고 주장하는 것이 아니며, 또 그 스스로가 단순히 후자의 관념들을 옹호하는 것도 아니라는 데 있다. 바그너에 대한 평가에서, 그리고 예술형식과 주체의 문제에서 바디우의 관점은 그보다 복잡하며, 바로 그 복잡성에 새삼스러운 바그너 옹호의 현재적 의의가 있다.

바디우가 '바그너의 경우'에 개입하여 궁극적으로 취하는 입장은 무엇인가? 우선 그는 기왕에 구축된 바그너의 형상이 터무니없는 것은 아님을 인정한다. "그런 바그너가 존재하지 않는다는 생각을 전할 뜻은 없다." 그러나 헤겔이 서구 형이상학의 정점이자 종결을 대표하듯이 바그너가 순수예술의 정점이자 오페라의 종결에 해당한다는 것은 총체적 예술작품에 관한 그의 선언, 즉 예술가의 의도에 기댄 관념일 뿐, 실제의 예술작품에서 검증되는 사실은 아니라고 바디우는 주장한다. 바그너에 대한 압도적인 비판과는 달리, 그리고 바그너 자신의 의도와는 별개로, 그의 오페라들(특히 「반지」 연작의 마지막 악극인 「신들의 황혼」과 「명가수」, 「파르지팔」 등)에는 피날레에서의 완전한 해결에 저항하는 표지들, 결말짓기의 어려움에 관계된 어떤 주저함, 그리하여 다수의 해석 가능성을 열어두는 경향이 과장된 종결의 제스처와 나란히 존재하며, 이는 대사보다 음악 자체를 통해 더욱 잘 드러난다는 것이다. 이 논의는 몇가지 다른 주장과 결부되어 있다. 바그너의 작품에서 실은 (수사로 환원되지 않는) 고통이 경험된다거나 새로운 시간성이 창조된다는 것도 그 주장의 일부지만, 더 주목할 만한 것은 바그너의 오페라에서 주체성이 그 이전까지의 오페라에서와는 근본적으로 다른 방식으로 구성된다는 주장이다. 모차르트의 경우를 포함하는 이전의 오페라에서 주체는 관습적 인물유형이거나 유형들의 조합이었다.

> [그러나] 바그너에서 주체의 정체성은 다르게 기능하는데, 이는 주체가 그런 식의 인물유형들의 조합에서도, 심지어는 플롯에서조차도 자신의 정체성을 취하지 않고, 본질적으로 자기자신의 분열, 내적 분리에서 정체성을 취하기 때문이다. 이는 조합으로서의 주체적 정체성이라는 관념—내가 보기에는 사실상 바그너 직전까지의 오페라에서 여전히 통용되던 관념—을 근본적으로 뒤흔든다. 바그너에서 고통받는 주체는 변증법에 포괄될 수 없는 분열, 치유될 수 없는 분열에 다름 아니다. 그것은 사실 어떤 진정한 해결의 가망도 없이 내적 이질성을 확립하는 주체 내의 분열이다.

내적 분열을 자신의 정체성으로 지니는 주체란 간단히 '탈근대적 주체'로 정의될 수 없다. 바디우가 논하는 바그너의 작품에서 그것은 분열을 그 자체로 즐기는 주체가 아니라 해결을 탐색하는 주체이며 때로는 결단하는 주체이기 때문이다. 요는 궁극적 해결이 불가능하다는 점이며, 따라서 주체는 탐색과 변화의 과정 자체로 나타난다. 부정적으로 말해 바디우가 파악하는 바그너적 주체는 정주하는 주체도, 움직이기는 하되 최종 목적지에 정신적으로 결박된 주체도, 자의식적으로 다수의 정착지 사이를 떠도는 허무주의적 주체도 아니다. 바그너 오페라의 예술적 형식도 이에 조응한다. 바디우의 관점을 따르자면 바그너의 음악은 아도르노가 찬미하는 바의 '앵포르멜(비정형)' 음악, 즉 분열의 음악이 아니지만, 모든 부분을 남김없이 단일한 의미로 통일시키는 총체화의 화신도 아닌 것이다. 바디우는 "형식의 변형 자체가 절대적으로 무정형적일 수 있는가?"라는, 스스로 제기한 질문에 직설적으로 답하지는 않지만, 바그너의 경우를 통해 "열려 있음만을 지향"하는 음악 대신 "열려 있음과 닫혀 있음 사이의 독특한 상호작용"의 가능성을 옹호하는 듯싶다. 연속성과 불연속성, 전통과 혁신에 대해서도 근본적으로 동일한 말을 할 수 있다. "혁신은 새롭지 않은 어떤 것에 기초한 혁신이며, 예술이 재가해야만 하는 것, 그리고 예술의 힘을 창조하는 것은 바로 이런 변증법"이다. 나아가 "예술이 그런 힘을 지닐 수 있을 때, 예술이 역사를—절충적 종합을 통해서가 아니라 내재적 승인을 통해서—새로운 것 안에 편입시킬 수 있을 때, 오직 그때에만 예술은 하나의 민족이나 국민을 대표할 수 있다." 이 마지막 인용문에는 정치적 맥락의 바그너 비판에 대한 바디우의 답변이 들어 있다. 이 대목에서 바디우는 「명가수」를 논하고 있는데, 그에 따르면 이 오페라는 독일 예술에 특별한 의미를 부여한다. 그것은 독일 예술이 '독일의' 예술이기 때문이 아니라 독일 예술 자체가 바로 독일이기 때문이다. 다시 말해 독일의 본질은 특정 정치체의 운명과는 단절된 독일 예술이다. 그러나 이 민족예술의 관념은 배타적 · 운명론적 민족주의와, 또는 '정치의 미학화'와 아무 상관이 없다. 독일 예술은 하나의 특수한 예술이지만, 어떤 특수한 동일성의 표현이라는 의미에서가 아니라 전통과 혁신, 또는 열려 있음과 닫혀 있음의 변증법이 일어나는 역사적 장소라는 의미에서 그러하기 때문이다.

바디우가 제시하려는 새로운 바그너는 총체화와 순수예술 등의 반대항으로 이루어진 형상이라기보다 그 개념적 대립구조 자체를 넘어서 있는 형상일 것이다. 그러나 어쩌면 중요한 것은 바그너 자체가 아닐지 모른다. 바디우의 궁극적 관심은 실재로서의 바그너보다 가능성으로서의 바그너, 그가 미래의 예술을 향해 던지는 소리 없는 전언에 있는 것이 아닐까.

> 내가 표명하는 입장은 우리가 순수예술의 부활 직전에 와 있다는 것이겠는데, 바로 이 지점에서 바그너가 호출되어야 한다. 내 가설은 순수예술이 다시 한번 우리 미래의 일부가 되었다는 것이다. 어떻게 그런지는 모르겠지만 아무튼 나는 이것을 절대적으로 확신한다. 위대함은 더이상 우리 과거의 일부만이 아니다. 그것은 우리 미래의 일부이기도 한 것이다. 두말할 필요 없이 그것은 예전과 똑같은 종류의 위대함은 아니다. 그러면 그것은 어떤 위대함인가?
> 그것은 확실히 순수예술이지만, **총체성에서 분리된** 순수예술, 즉 총체성의 미학화로서의 순수예술이 아니라 오로지 총체성에서 분리되는 한에서의 순수예술이다. 그러므로 그것은 분명 새로운 유형의 위대함이다.

"**총체성에서 분리된** 순수예술" — 이것이 바디우가 예견하는, 또는 희구하는 예술의 미래다. 또 그것이 바그너 오페라의 상반된 요소들 또는 지향들로부터 바디우가 구성해내고자 하는 새로운 가능성이다. 물론 여전히 모호하기는 하다. 라쿠라바르트처럼 예술작품의 총체성을 거부하되 그와는 대조적으로 순수예술을 살려내고자 하는 바디우의 이 시도를 어떻게 이해해야 할 것인가? 바그너가 다만 그 그림자일 뿐이라면, 그런 순수예술의 실체를 어디서, 어떻게 분간할 것인가? 바디우의 "확신"은, 그가 그 근거에 관해서는 발을 빼지만, 어쨌거나 오늘날의 예술에 대한 직관에 기초하는가, 아니면 다만 바그너와 미래를 이어보겠다는 포부에 불과한가?

이 질문들에 대한 답은 바디우로부터, 적어도 바디우로부터 충분히, 오지 않을 것이다. 답을 구해야 하는 곳은 끊임없는 실험이 이루어지는 예술적 실천과 비평의 현장이다. 철학자 바디우의 몫은 미래를 위해 하나의 의제를 던지는 것이며, 이 책에서 그는 이 몫을 충분히 감당했다고 할 수 있다.

이는 긴 발문을 쓴 지젝의 경우도 마찬가지다. 지젝의 다른 책을 읽어본 사람이라면 그에게서 바디우의 논의에 대한 자상한 해설이나 제기되는 질문에 대한 답을 기대해선 안된다는 사실을 금방 알아차릴 것이다. 어떤 의미에서 '발문Afterword'이라는 명칭은 그저 형식적인 것에 불과하다. 지젝이 실제로 '덧붙여놓은' 것은 바디우의 바그너론에 관한 글이 아니라(물론 간간이 바디우가 언급되기는 한다) 자기 자신의 바그너론 및 모차르트론에다 이 논의들과 연관시킬 수 있는 온갖 주제—사랑과 섹스, 파스칼적 윤리, 자본주의적 요구로서의 경제외적 자선 등등—의 논의를 더한 어떤 것이다. 게다가 지젝의 바그너론이나 오페라에 관한 생각이 꼭 바디우와 일치하는 것도 아니다. (가령 지젝은 오페라에서 대사보다 음악이 진정한 의미를 전달한다는 생각에 반대한다.) 바디우에게는 미안한 말이지만, 지젝의 글만 따로 읽어도 우리는 충분한 재미와 통찰을 얻을 수 있고, 이런 의미에서 이 책을 (공저는 아니겠지만) 공편共編으로 부를 수도 있겠다. 자신의 글을 통해 바디우가 미래의 예술에 관한 의제를 제시한다면 지젝은 주체의 행위를 화두로 던진다. "참된 **열려 있음**은 결정 불가능성의 열려 있음이 아니라 **사건**의 여파 속에 살아가기, 결과를 이끌어내기의 열려 있음이다—무엇의 결과인가? 바로 **사건**이 열어놓은 새로운 공간의 결과다. 셰로가 말하는 불안은 행위의 불안이다." 이 불안을 견디는 것과 "총체성에서 분리된 순수예술" 또는 "새로운 유형의 위대함"에 헌신하는 것이 언제나 동일한 행위를 뜻하지는 않을 것이다. 그러나 둘 사이에는 본질적으로 상통하는 지점이 있다고 나는 믿는다.

마지막으로, 프랑스 철학자의 책을 우리말로 옮기면서 영어 텍스트를 저본으로 삼은 사정을 언급하지 않을 수 없다. 알랭 바디우가 서문 말미에 밝혀놓았듯이, 이 책은 파리고등사범학교에서 프랑수아 니콜라 주도로 진행한 세미나와 후속행사들의 한 결실이다. 그런데 바디우는 프랑스어로 된 강의노트를 가지고 프랑스어 저서가 아닌 영어 '번역본'을 펴내는 일에 먼저 착수했다. 이런 특수한 상황을 감안하여 그는 번역자 수전 스피처를 "공동저자"로 추켜세우는가 하면 "훗날 프랑스어본이 생겨난다면 그것은 이 영어본의 번역이 될 수밖에 없다"고 말한다. 이는 '원본'의 사후적 구성이라고 말할 수도 있는, 번역학적으로 사뭇 흥미로운 사태인데, 그 덕분에 나로서는 바디우의 책을 우리말로 번역할 기회를 얻은 셈이다. 그러나 영어 텍스트가 확실한 '원본'에 기초한 '번역본'도 아니고 그렇다고 원저자가 자신의 생각을 자신의 언어로 써내려간 글도 아니라는 이 사실은 우리말 번역작업에 추가적인 부담을 안겨주기도 했다. "공동저자" 스피처의 영어 문장은 바디우의 프랑스식 문법과 수사에 발목이 잡혀 있음이 분명하고, 게다가 깔끔하게 다듬어진 프랑스어 문장이 아니라 (바디우 자신의 표현에 의하면) "즉흥적이고 구어적인 문체"가 두드러진 "매우 불완전한 텍스트"를 가지고 작업한 결과이기 때문에, 처음에 시도한 우리말 문장 역시 군데군데 돌이 씹히는 듯이 불편한 느낌을 주었고 더러는 의미조차 애매한 경우가 있었다. 최종 번역본에서는 나름대로 이런 문제점을 해소하기 위해 노력했지만 오히려 번역자의 한계로 문제점이 더 부각된 것은 아닐까 하는 두려움이 채 가시지 않는다.

마감 기한을 수차례 연기한 끝에 나온 번역 원고를 세심하게 읽고 다듬어주신 안병률 선생님께 감사드린다. 잘못되거나 매끄럽지 못한 표현이 있다면 온전히 번역자의 책임이다.

| 찾아보기 |

ㄹ

ㅁ

ㅂ

ㅅ

ㅇ

ㅈ

ㅊ

바그너는 위험한가

초판 1쇄 인쇄 | 2012년 7월 30일
초판 1쇄 발행 | 2012년 8월 10일

지은이 | 알랭 바디우
옮긴이 | 김성호

펴낸이 | 안병률
펴낸곳 | 북인더갭
등록 | 제396-2010-000040호
주소 | 410-906 경기도 고양시 일산동구 장항동 코오롱레이크폴리스 B-617호
전화 | 031-901-8268
팩스 | 031-901-8280
홈페이지 www.bookinthegap.com
전자우편 mokdong70@paran.com
트위터 @bookinthegap
페이스북 facebook.com/bookinthegap
북 디자인 | 디자인홍시

ISBN 978-89-964420-5-9 03160